CB140146

# CONQUISTANDO O INIMIGO

JOHN CARLIN

# CONQUISTANDO O INIMIGO

## NELSON MANDELA E O JOGO QUE UNIU A ÁFRICA DO SUL

SEXTANTE

Título original: *Playing the Enemy*
Copyright © 2008 por John Carlin
Copyright da tradução © 2009 por GMT Editores Ltda.
Todos os direitos reservados. Nenhuma parte deste livro pode ser utilizada ou reproduzida sob quaisquer meios existentes sem autorização por escrito dos editores.

tradução
Teresa Carneiro

preparo de originais
Rachel Agavino

revisão
José Tedin e Luis Américo Costa

projeto gráfico e diagramação
Marcia Raed

design da capa
Darren Haggar

foto da capa
Dave Rogers / Getty Images

adaptação da capa
Miriam Lerner

impressão e acabamento
Yangraf Gráfica e Editora Ltda.

CIP-BRASIL. CATALOGAÇÃO-NA-FONTE
SINDICATO NACIONAL DOS EDITORES DE LIVROS, RJ

---

C279c Carlin, John, 1956-
Conquistando o inimigo: Nelson Mandela e o jogo que uniu a África do Sul / John Carlin [tradução de Teresa Carneiro]. – Rio de Janeiro: Sextante, 2009.

Tradução de: Playing the enemy: Nelson Mandela and the game that made a nation
ISBN 978-85-7542-505-3

1. Mandela, Nelson, 1918-. 2. Springboks (Time de Rúgbi) - História. 3. Prisioneiros políticos - África do Sul - Biografia. 4. Presidentes - África do Sul - Política e governo - Séc. XX. I. Título.

CDD: 869.065
09-3337 CDU: 94(680)

---

Todos os direitos reservados por
GMT Editores Ltda.
Rua Voluntários da Pátria, 45 – Gr. 1.404 – Botafogo
22270-000 – Rio de Janeiro – RJ
Tel.: (21) 2286-9944 – Fax: (21) 2286-9244
E-mail: atendimento@esextante.com.br
www.sextante.com.br

PARA MEU FILHO, JAMES NELSON

"Não falem para as mentes deles.
Falem para seus corações."

Nelson Mandela

# SUMÁRIO

# INTRODUÇÃO

A primeira pessoa a quem propus fazer este livro foi Nelson Mandela. Nós nos encontramos em sua casa em Johanesburgo em agosto de 2001, dois anos após ele ter deixado de ser presidente da África do Sul. Depois de um bate-papo descontraído, arte em que Mandela é imbatível, e de compartilharmos algumas reminiscências sobre os anos tensos de transição política na África do Sul, durante os quais trabalhei como repórter de um jornal britânico, abordei o assunto.

Depois de falar de temas gerais, expressei minha opinião de que todas as sociedades, saibam disso ou não, aspiram a Utopias de algum tipo. Os políticos se aproveitam da esperança das pessoas de que é possível atingir o paraíso na Terra. Como não é, as nações e os indivíduos vivem eternamente em busca de sonhos. No caso de Mandela, o sonho que o sustentou durante os 27 anos que passou na prisão foi o que ele compartilhou com Martin Luther King Jr.: que um dia as pessoas em seu país fossem julgadas não pela cor de sua pele, mas pelo seu caráter.

Enquanto eu falava, Mandela se manteve impassível feito uma esfinge, como sempre faz quando a conversa fica séria e ele é o ouvinte. Não se tem certeza se ele está prestando atenção ou perdido em seus próprios pensamentos. No entanto, quando citei King, ele assentiu balançando o queixo bruscamente para baixo, com os lábios franzidos.

Encorajado por sua reação, disse que o livro que pretendia escrever era sobre a transferência pacífica de poder na África do Sul de um regime de brancos para um regime majoritário, do apartheid para a democracia. Ele cobriria um período de 10 anos, começando com o primeiro contato político de Mandela com o governo, em 1985 (percebi um sinal de concordância com isso também), enquanto ainda estava na prisão. Quanto ao tema, ele seria relevante em qualquer lugar onde surgissem conflitos gerados pela incompreensão e pela desconfiança que andam de mãos dadas com o tribalismo congênito das espécies. Estou me referindo ao sentido mais amplo do termo "tribalismo", aplicado a raça, religião, nacionalismo ou política. George Orwell o definiu como o "hábito de pressupor que os seres humanos podem ser classificados como insetos e que grupos inteiros de milhões ou de dezenas de milhões de pessoas podem ser consistentemente rotulados de 'bons' ou 'maus'". Em nenhum lugar desde a queda do nazismo esse hábito desumanizador tinha sido institucionalizado de forma mais meticulosa que na África do Sul. O próprio Mandela descreveu o apartheid como um "genocídio moral" – não com campos de concentração, mas com o extermínio insidioso da autoestima das pessoas.

Por isso, no auge da Guerra Fria, o apartheid foi o único sistema político do mundo considerado por muitos países – Estados Unidos, União Soviética, Albânia, China, França, Coreia do Norte, Espanha e Cuba – "um crime contra a humanidade", segundo a definição da Organização das Nações Unidas. No entanto, dessa injustiça épica surgiu uma reconciliação épica.

Ressaltei para Mandela que, trabalhando como jornalista, eu tinha conhecido muitas pessoas que lutavam pela paz no Oriente Médio, na América Latina, na África e na Ásia: a África do Sul era um ideal ao qual todas elas aspiravam. Na indústria da "solução de conflitos", que se desenvolvia rapidamente desde o fim da Guerra Fria, quando disputas locais começaram a surgir por todo o mundo, o manual de como se chegar à paz por meios políticos era a "revolução negociada" da África do Sul. Nenhum país jamais tinha feito a transição da tirania para a democracia de forma mais hábil e humana. Reconheci que muito já tinha sido escrito a respeito dos aspectos básicos do "milagre sul-africano". O que estava faltando, a meu ver, era um livro sobre o fator humano, sobre a maravilha do milagre. Eu vislumbrava uma história extremamente positiva que mostrasse o animal humano em seu melhor momento; um livro protagonizado por um herói de carne e osso; um livro sobre um país cuja maioria negra deveria ter sede de vingança, mas, em vez disso, seguindo o exemplo de Mandela, deu ao mundo uma lição de perdão iluminado. Meu livro incluiria um vasto elenco de pessoas negras e brancas, cujas histórias seriam a face viva da grande cerimônia de redenção da África do Sul. Mas, sobretudo, numa época da história em que se olhava para os líderes mundiais e viam-se apenas minúsculos exemplos morais, meu livro seria sobre ele (a esfinge não se retraiu quando eu disse isso). Não seria uma biografia, mas uma história que lançaria luz sobre seu gênio político, seu talento de ganhar pessoas para sua causa por meio de um apelo a suas melhores qualidades, extraindo, como dizia Abraham Lincoln, anjos de sua natureza.

Disse que gostaria de pautar o livro em torno de um evento esportivo em particular. O esporte tem o grande poder de mobilizar as emoções das massas e moldar percepções políticas. (Ele assentiu de novo, rápida e enfaticamente.) Dei como exemplos os Jogos Olímpicos de Berlim de 1936 – que Hitler usara para promover a ideia da superioridade ariana, embora o atleta afro-americano Jesse Owens tenha atrapalhado seus planos ao conquistar quatro medalhas de ouro – e Jackie Robinson, o primeiro negro a jogar na liga principal de beisebol, o que ajudou a desencadear a mudança de consciência necessária que resultaria em grandes transformações sociais na América. Mencionei também a inesperada vitória dos Estados Unidos contra a União Soviética no hóquei sobre o gelo nos Jogos Olímpicos de Inverno de 1980, ainda mais saborosa por ter acontecido em solo nacional.

Então relembrei a Mandela uma frase que ele usara um ou dois anos antes, ao entregar o prêmio pelo conjunto da obra a Pelé, o "rei do futebol". Li, de algumas notas que tinha levado, o que ele dissera: "O esporte tem o poder de mudar o mundo. Tem o poder de inspirar, o poder de unir pessoas que têm pouco em comum... É mais poderoso que os governos para derrubar barreiras raciais."

Finalmente chegando ao ponto, contei a Mandela qual seria a narrativa central do meu livro e por que precisaria do seu apoio. Eu lhe disse que um determinado evento esportivo superava todos os outros que eu tinha mencionado. Era para ele que convergiam todos os temas abordados durante nossa conversa. Esse evento tinha evocado, de forma mágica, a "sinfonia de fraternidade" do sonho de Martin Luther King. Ele foi o resultado de todo o sofrimento de Mandela e de tudo pelo que ele lutara na vida. Eu estava me referindo à final da...

De repente seu sorriso iluminou a sala e, juntando suas mãos enormes num feliz reconhecimento, ele terminou a frase por mim: "...Copa do Mundo de Rúgbi de 1995!" Meu sorriso confirmou seu palpite e ele acrescentou: "Sim. Sim. Entendo perfeitamente o livro que você tem na cabeça." Falou com voz firme, como se não tivesse 82 anos, mas 40. "John, você tem a minha bênção. De todo o coração."

Muito animados, nos cumprimentamos, nos despedimos e combinamos nos encontrar em breve. Nessa segunda entrevista, com o gravador ligado, ele explicou como a ideia do poder político do esporte tinha lhe ocorrido pela primeira vez, enquanto estava preso, e como usara a Copa do Mundo de Rúgbi de 1995 como um instrumento para alcançar a grandiosa meta que estabelecera para si mesmo durante seus cinco anos como primeiro presidente da África do Sul democraticamente eleito: reconciliar negros e brancos e criar as condições para uma paz duradoura num país que, apenas cinco anos antes, quando ele foi solto, apresentava todas as condições para a guerra civil. Ele me contou, com um risinho de satisfação, da dificuldade que teve para convencer seu próprio povo a apoiar o time de rúgbi e falou com afeição de François Pienaar, o grande filho louro do apartheid, capitão do Springboks (o time sul-africano), e do dirigente do time, outro sul-africano gigantesco, Morné du Plessis, a quem Mandela descreveu, de forma educada e antiquada, como sendo "um excelente rapaz".

Depois que tive essa conversa com Mandela, todo tipo de gente concordou em me dar uma entrevista para o livro. Eu já tinha coletado bastante material para a minha história durante os seis memoráveis anos em que trabalhei na África do Sul, de 1989 a 1995, como chefe da sucursal do jornal londrino *Independent*. E, nos 10 anos seguintes, voltei algumas vezes àquele país em missões jornalísticas. Mas só comecei a me encontrar com as pessoas especificamente por causa do livro depois que conversei com Mandela, começando com uma das estrelas do Springboks daquele campeonato, Hennie le Roux. Não se espera que uma entrevista com um jogador de rúgbi suscite sentimentos cálidos, mas foi exatamente o que me aconteceu. Le Roux ficou comovido ao falar sobre Mandela e o papel que ele, um sul-africano decente, mas alheio à política, acabou desempenhando no destino de seu país. Passamos duas horas juntos num escritório que ocupava um andar inteiro, completamente vazio, ao anoitecer, e, por três ou quatro vezes, ele teve que parar no meio das frases para engolir o choro.

A entrevista com Le Roux deu o tom para dezenas de outras que fiz para este livro. Em muitos casos, houve momentos que os olhos de meus interlocutores ficavam marejados, principalmente o pessoal do rúgbi. E, em todos os casos – fosse o arcebispo Desmond Tutu ou o nacionalista de extrema direita sul-africano general Constand Viljoen, ou seu irmão gêmeo de inclinação esquerdista, Braam – eles reviveram os momentos que discutimos num clima alegre que às vezes beirava a euforia.

Mais de uma vez, as pessoas comentaram que o livro que eu ia escrever parecia uma fábula, uma parábola ou um conto de fadas. Isso era uma coisa estranha de se dizer para os protagonistas de carne e osso de um conto político tão violento, mas era a pura verdade. O fato de ter acontecido na África e envolvido um jogo de rúgbi era um mero detalhe. Se tivesse acontecido na China e o cenário fosse uma corrida de búfalos, continuaria sendo uma história exemplar, já que atendia a duas condições básicas de um bom conto de fadas: era interessante e continha uma lição duradoura.

Dois outros pensamentos me ocorreram quando avaliei todo o material que coletara para este livro. Primeiro, o gênio político de Mandela. Essencialmente, a política é a arte de persuadir as pessoas, de conquistá-las. Todos os políticos são sedutores profissionais. Eles fazem da adulação um modo de ganhar a vida. E, se forem espertos e bons nisso, se tiverem o talento para tocar o coração do povo, serão bem-sucedidos. Lincoln tinha essas qualidades, assim como Roosevelt, Churchill, De Gaulle, Kennedy, Martin Luther King, Reagan, Clinton e Blair. E também Arafat. E, nesse sentido, Hitler. Todos eles convenceram o povo a aderir à sua causa. O que faz Mandela – o anti-Hitler – se destacar entre eles, o que o torna único, é o tamanho de sua ambição. Após conquistar seu próprio povo – o que já é um grande feito, pois se tratava de um grupo muito diversificado, composto por pessoas de todos os credos, cores e tribos –, saiu para fazer o mesmo com o inimigo. Como fez isso – como conquistou as pessoas que aplaudiram a sua prisão, que o quiseram morto, que planejaram entrar em guerra contra ele – é o tema principal deste livro.

O segundo pensamento que me ocorreu foi que, mais que uma história, mais até que um conto de fadas, este livro poderia ser acrescentado ao vasto conjunto de obras de autoajuda que oferecem às pessoas modelos de como ter sucesso na vida. Mandela dominou, mais que qualquer outra pessoa viva (e, bem possivelmente, morta), a arte de fazer amigos e influenciar pessoas. Fossem elas de extrema esquerda ou de extrema direita, tivessem elas de início temido, odiado ou admirado Mandela, todas as pessoas que entrevistei acabaram se sentindo renovadas e melhoradas por seu exemplo. Todas elas, ao falar dele, pareciam brilhar. Este livro busca, de forma humilde, refletir um pouco a luz de Mandela.

## CAPÍTULO 1
# CAFÉ DA MANHÃ EM HOUGHTON

*24 de junho de 1995*

Ele acordou, como sempre, às 4h30 da manhã. Levantou-se, trocou de roupa, dobrou o pijama e fez a cama. Tinha sido um revolucionário a vida inteira e agora era presidente de um grande país, mas nada faria Nelson Mandela abandonar os rituais adquiridos durante seus 27 anos de prisão.

Nem quando estava na casa de outras pessoas, nem quando estava hospedado num hotel de luxo, nem mesmo depois de passar uma noite no Palácio de Buckingham ou na Casa Branca. Estranhamente, jamais era afetado pela mudança de fuso horário e, estivesse em Washington, Londres ou Nova Délhi, ele acordava pontualmente às 4h30 e depois arrumava a cama. Camareiras do mundo inteiro ficavam espantadas ao descobrir que o dignitário visitante já tinha feito metade de seu trabalho. Nenhuma delas se espantou mais que a moça enviada à suíte dele numa visita a Xangai. Ela ficou chocada com os hábitos individualistas de Mandela em seu quarto. Alertado por sua equipe de auxiliares sobre a aflição da camareira, Mandela a convidou ao seu quarto, se desculpou e explicou que arrumar a cama era como escovar os dentes, algo que ele simplesmente não podia deixar de fazer.

Também era fiel a uma rotina de exercícios que iniciara antes mesmo da prisão, nos anos 1940 e 1950, quando era advogado, revolucionário e boxeador amador. Naquela época, corria uma hora antes de o sol nascer, fazendo o percurso de ida e volta de sua casinha de tijolinhos em Soweto até Johanesburgo. Em 1964, foi para a prisão na ilha Robben, perto da Cidade do Cabo, permanecendo numa cela minúscula durante 18 anos. Lá, por falta de opção, corria no mesmo lugar. Todas as manhãs, sem falta, por uma hora. Em 1982, foi transferido para uma prisão no continente, onde dividiu uma cela com seu melhor amigo, Walter Sisulu, e três outros veteranos da luta antiapartheid na África do Sul. A cela era grande, quase do tamanho de metade de uma quadra de tênis, de forma que ele podia dar pequenas voltas correndo a passos curtos. O problema era que os outros ainda estavam dormindo quando ele começava essa meia maratona entre quatro paredes. Eles reclamavam ferozmente por serem acordados todas as manhãs pelos passos vigorosos de seu companheiro sexagenário, de quem, fora isso, gostavam muito.

Depois de ser libertado da prisão aos 71 anos, em fevereiro de 1990, ele afrouxou um pouco. Em vez de correr, passou a caminhar, mas vigorosamente, ainda todas as manhãs, durante uma hora, antes de o sol nascer. Essas caminhadas normalmente aconteciam no bairro de Houghton, em Johanesburgo, para onde se mudou em abril de 1992, depois de se separar de sua segunda esposa, Winnie. Dois anos mais tarde se tornou presidente e passou a ter duas grandes residências à sua disposição, uma em Pretória e a outra na Cidade do Cabo, porém se sentia mais à vontade em sua casa em Houghton – um refúgio nos ricos (e até pouco antes exclusivos para brancos) subúrbios ao norte da metrópole sul-africana. Um habitante de Los Angeles ficaria impressionado com as semelhanças entre Beverly Hills e Houghton. Os brancos tinham cuidado bem de si mesmos durante o longo período que Mandela passou na prisão e agora ele sentia que tinha ganhado um pouco da vida boa também. Gostava da imponência tranquila de Houghton, do ar fresco em suas caminhadas matinais, das conversas com os vizinhos brancos, a cujos aniversários e outras comemorações ele às vezes comparecia. No início de seu mandato, um garoto judeu de 13 anos foi até a casa de Mandela e entregou ao policial no portão um convite para seu bar mitzvah. Os pais do menino ficaram espantados ao receber um telefonema do próprio Mandela alguns dias depois, pedindo indicações de como chegar à casa deles. Ficaram ainda mais surpresos quando ele apareceu à porta, alto e sorridente, no grande dia de seu filho. Mandela se sentiu bem-vindo e à vontade numa comunidade em que, durante a maior parte de sua vida, ele só poderia ter vivido se fosse o que na África do Sul dos brancos era chamado de "garoto do jardim", independentemente da idade. Ele acabou se apegando a Houghton e continuou a viver lá durante toda a presidência, dormindo nas residências oficiais apenas quando o protocolo assim o exigia.

Nessa manhã de inverno no hemisfério Sul, Mandela acordou, como sempre, às 4h30, se vestiu e fez a cama... mas então, agindo de uma forma fora do comum para uma pessoa tão metódica quanto ele, quebrou a rotina e não saiu para sua caminhada matinal. Desceu as escadas, sentou-se na sua cadeira na sala de jantar e tomou o café da manhã. Tinha pensado nessa mudança de planos na noite anterior, o que lhe deu tempo para avisar a seus espantados guarda-costas, a Unidade de Proteção Presidencial – ou PPU (President Protection Unit) –, que no dia seguinte eles poderiam ficar uma hora a mais na cama. Em vez de chegarem às cinco, poderiam chegar às seis. Eles precisariam do descanso extra, pois o dia seria um desafio para eles, quase tanto quanto seria para o próprio Mandela.

Outro sinal de que esse não era um dia comum era que Mandela, normalmente pouco dado a nervosismos, sentia um frio na barriga. "Você não imagina o que passei naquele dia", confessou-me. "Eu estava tão tenso!" Era uma coisa bem curiosa para um homem com o seu passado dizer. Esse não era o dia de sua libertação em fevereiro de 1990, nem de sua posse como presidente em maio de 1994, nem mesmo aquela manhã de junho de 1964, quando acordou numa cela sem saber se o juiz o condenaria à morte ou, como acabou acontecendo, à prisão perpétua. Era, sim, o dia em que seu país, a África do Sul, iria jogar contra o melhor time do mundo, o da Nova Zelândia, na final da Copa do Mundo de Rúgbi. Seus compatriotas estavam tão tensos quanto ele. No entanto, o mais impressionante – num país que, historicamente, tinha passado da crise para o desastre – era que toda essa ansiedade se devia à expectativa de um iminente triunfo nacional.

Antes desse dia, quando uma história dominava as manchetes dos jornais, quase sempre se tratava de algo ruim que tinha acontecido ou que estava prestes a acontecer; ou então era algo que uma parte do país considerava bom e outra parte achava ruim. Mas, nessa manhã, um consenso nacional jamais visto antes tinha se formado em torno de uma ideia. Todos os 43 milhões de sul-africanos – negros, brancos e de todos os tons entre esses dois extremos – tinham o mesmo desejo: que seu time, o Springboks, fosse campeão.

Ou quase todos. Havia pelo menos um descontente naquelas derradeiras horas antes do jogo, uma pessoa que queria que a África do Sul perdesse. Seu nome era Justice Bekebeke. Ele se prendia ao que considerava uma posição baseada em bons princípios, apesar de saber que ninguém compartilhava o seu desejo de que o outro time ganhasse. Nem sua namorada, nem o resto de sua família, nem seus melhores amigos em Paballelo, o vilarejo de maioria negra onde morava. Todas as pessoas que ele conhecia estavam com Mandela e "os Boks", apesar de quase todos os 15 jogadores que estariam usando a camisa verde e dourada da África do Sul naquela tarde, com exceção de um, serem brancos. E isso num país em que quase 90% da população era negra ou mulata. Bekebeke não participaria disso. Ele estava se mantendo à parte, recusando-se a entrar nesse espírito de quase embriaguez de companheirismo multirracial que tinha confusamente possuído até mesmo Mandela, seu líder, seu herói.

Aparentemente, ele estava certo, e Mandela e todos os outros estavam não só errados como loucos. O rúgbi não era um esporte da África do Sul negra. Nem Bekebeke nem Mandela, nem a grande maioria de seus compatriotas negros, tinham crescido praticando esse esporte, nem tinham paixão por ele. Se Mandela, um grande fã repentino, fosse honesto, confessaria que tivera muita dificuldade para entender algumas regras. Como Bekebeke, Mandela tinha passado a maior parte de sua vida ativa detestando rúgbi. Era um esporte de brancos e principalmente o esporte dos africâneres – a raça dos senhores do apartheid. Por muito tempo o Springboks foi visto pelos negros como um símbolo da opressão do apartheid, tão repelente quanto os antigos hino e bandeira nacionais dos brancos. A repulsa contra o esporte era ainda mais forte entre aqueles que, assim como Bekebeke e Mandela, tinham sido presos por terem lutado contra o apartheid – no caso de Bekebeke, por 6 de seus 34 anos.

Outro personagem que, por razões bem diferentes, esperava-se que seguisse a linha anti-Springboks de Bekebeke naquele dia era o general Constand Viljoen. Viljoen estava então aposentado, mas tinha sido o chefe dos militares sul-africanos durante cinco dos mais violentos anos de confronto entre ativistas negros e o Estado. Ele derramara muito mais sangue defendendo o apartheid do que Bekebeke o combatendo, mas nunca foi preso. Poderia ser grato por isso, porém passou parte de sua aposentadoria mobilizando um exército para se revoltar contra a nova ordem democrática. No entanto, nessa manhã, levantou-se da cama na Cidade do Cabo no mesmo estado de vibrante tensão que Mandela e o grupo de amigos sul-africanos com quem planejara assistir ao jogo pela televisão à tarde.

Niël Barnard, um africâner que teve a curiosa honra de lutar contra Mandela e contra Viljoen em momentos diferentes, estava ainda mais tenso que seus ex-inimigos. Barnard, que estava se preparando para assistir ao jogo com sua família em Pretória, a mais de 1.400 quilômetros ao norte da Cidade do Cabo, a 40 minutos de viagem de Johanesburgo, tinha sido chefe do Serviço Nacional de Inteligência da África do Sul (National Intelligence Service – NIS) durante a última década do apartheid. Mais íntimo do que qualquer outra pessoa do notoriamente implacável presidente P. W. Botha, ele era visto como uma figura sombria e demoníaca tanto pela direita quanto pela esquerda e por pessoas de fora da África do Sul. Defensor do Estado por profissão e temperamento, independentemente de que forma o governo assumisse, Barnard tinha travado uma guerra contra o Congresso Nacional Africano de Mandela, tinha sido o líder por trás das negociações de paz com eles e depois defendeu o novo sistema político contra os ataques da direita, à qual pertencera originalmente. Tinha a reputação de ser assustadoramente frio e imparcial. Mas, quando se soltava, era para valer. O rúgbi era sua válvula de escape. Quando o Springboks estava jogando, deixava de lado todas as inibições e se tornava, como ele mesmo dizia, um torcedor idiota. Naquele dia, quando ia acontecer o maior jogo da história do rúgbi sul-africano, ele acordou com os nervos à flor da pele.

O arcebispo Desmond Tutu, sobre cuja vida Barnard costumava manter dossiês detalhados, se encontrava num estado de apreensão semelhante – ou se encontraria se não estivesse dormindo. Tutu, que tinha sido o substituto de Mandela no cenário global durante os anos que ele ficou na prisão, era talvez o mais excitável – e sem dúvida o mais animado – de todos os ganhadores do Prêmio Nobel da Paz. Havia poucas coisas de que ele teria gostado mais do que de assistir ao jogo no estádio, mas estava em São Francisco fazendo palestras e recebendo prêmios. Na noite anterior, após uma procura aflitiva, tinha encontrado um bar onde poderia assistir ao jogo pela televisão ao raiar do dia no horário local. Foi dormir inquieto, desejando que, contrariando as probabilidades, o Springboks vencesse na manhã seguinte.

Quanto aos jogadores, eles já estariam tensos o bastante se essa fosse apenas uma final de Copa do Mundo. Mas agora carregavam um fardo a mais. Talvez um ou dois dos jogadores mais expansivos do time sul-africano – não mais que isso – tenham tido algum pensamento político antes do início da Copa do Mundo. Eles eram como os outros sul-africanos brancos, que, por sua vez, eram como a maioria dos homens do mundo, que se importam pouco com a política e muito com os esportes. Porém, quando Mandela tinha ido se encontrar com eles no mês anterior, um dia antes de a Copa começar, um pensamento inusitado tomou conta deles: tinham se tornado, literalmente, jogadores políticos. Naquela manhã da final, eles entenderam com uma clareza assustadora que a vitória contra a Nova Zelândia poderia conseguir algo que aparentemente era impossível: unir o país mais dividido pela segregação racial do que qualquer outro no mundo.

François Pienaar, o capitão do Springboks, acordou com o resto do time num hotel de luxo ao norte de Johanesburgo, perto de onde Mandela vivia, num estado de concentração tão profundo que demorou a se dar conta de onde estava. No meio da manhã, quando saiu para se alongar e correr, seu cérebro não tinha noção de para onde suas pernas o estavam levando; ele estava totalmente concentrado no confronto daquela tarde. O rúgbi é como um jogo de xadrez gigantesco jogado em velocidade e com muita violência, e o Springboks estaria enfrentando os grandes mestres do esporte, o All Blacks da Nova Zelândia, o melhor time do mundo e um dos melhores de todos os tempos. Pienaar sabia que o All Blacks era favorito; as chances de ele vencer o Springboks eram de 9 para 1.

A única pessoa com uma responsabilidade maior que a dos jogadores naquele dia era Linga Moonsamy, membro da Unidade de Proteção Presidencial, a PPU. Ocupando o cargo de guarda-costas "número um" da PPU, ele não se afastaria mais de um passo de Mandela, desde que ele saísse de casa para o jogo até o momento em que estivesse de volta. Moonsamy era um ex-guerrilheiro do Congresso Nacional Africano de Mandela, o CNA. Como profissional, estava ciente dos perigos físicos que seu chefe corria naquele dia e, como ex-combatente pela liberdade, sabia quanto ele estava se arriscando politicamente.

Grato pela hora extra de sono que seu chefe lhe concedera, Moonsamy dirigiu até a casa de Mandela em Houghton e passou pelo posto policial nos portões às seis horas da manhã. Logo depois chegou a equipe da PPU que cuidaria da guarda de Mandela, no total 16 homens, metade composta por ex-policiais brancos e a outra metade, por ex-combatentes pela liberdade negros como ele. Todos se reuniram formando um círculo no pátio da frente, como faziam todas as manhãs, em volta de um membro da equipe, conhecido como oficial de planejamento, que passava adiante as informações recebidas do Serviço Nacional de Inteligência sobre possíveis ameaças a que eles deveriam prestar atenção, os detalhes da rota até o estádio e os pontos vulneráveis no caminho. Um dos quatro carros do destacamento da PPU saiu para fazer a escolta. Moonsamy ficou para trás junto com os outros, que se revezavam verificando suas armas, dando uma olhada no Mercedes-Benz prateado blindado de Mandela e ocupando-se da papelada. Por serem formalmente subordinados à polícia, eles sempre tinham que preencher formulários, e esse era o momento ideal para isso. A menos que algo inesperado acontecesse, e quase sempre acontecia, eles teriam muito tempo livre até a hora da partida, uma boa oportunidade para Moonsamy e seus colegas ficarem de papo antes do jogo.

Mas Moonsamy, ciente da responsabilidade especial que tinha naquele dia (o guarda-costas número um sempre mudava), estava tão concentrado em sua grande tarefa quanto François Pienaar. Moonsamy, um homem alto e ágil de 28 anos, enfrentaria o maior desafio de sua vida. Ele estava na PPU desde o dia em que Mandela se tornara presidente e já tinha vivido algumas aventuras. Mandela insistia em fazer aparições públicas em lugares improváveis (bastiões do domínio africâner rural de direita, por exemplo) e adorava se misturar indiscriminadamente à multidão para ter algum contato direto com seu povo. Ele também gostava de fazer paradas não programadas, mandando de repente o motorista deter-se diante de uma livraria porque tinha acabado de se lembrar de um livro que queria comprar. Sem se preocupar com o tumulto que causaria, Mandela entrava na loja. Certa vez, em Nova York, quando sua limusine ficou retida no trânsito a caminho de um compromisso importante, ele desceu do carro e saiu andando pela Sexta Avenida a pé, para espanto e deleite dos transeuntes. "Mas, senhor presidente, por favor...!", imploravam seus guarda-costas. E Mandela retrucava: "Olhe só. Cuide do seu trabalho que eu cuido do meu."

O trabalho da PPU naquele dia seria diferente de tudo o que tinham feito antes ou que fariam no futuro. O jogo daquela tarde, ou melhor, a participação de Mandela nele seria, segundo Moonsamy, a entrada de Daniel na cova dos leões – mas haveria 62 mil leões no estádio Ellis Park, um monumento à supremacia branca não muito distante da calma Houghton, para um só Daniel. Noventa e cinco por cento do público seria branco – a maioria africâner. Cercado por este anfitrião improvável (Mandela nunca tinha estado diante de uma multidão como essa), ele apareceria no campo para cumprimentar os jogadores antes do jogo e depois, no final, para entregar a taça ao capitão da equipe vencedora.

A cena que Moonsamy imaginava – as fileiras aglomeradas do antigo inimigo, africâneres com barrigas de chope usando camisas cáqui, em torno do homem que eles tinham visto, durante a maior parte de suas vidas, como o grande terrorista-chefe da África do Sul – parecia um sonho surrealista. Só que, contido nele, estava o objetivo de Mandela, sério e real. Sua missão, comum a todos os sul-africanos politicamente ativos de sua geração, tinha sido substituir o apartheid pelo que o CNA chamava de "democracia não racial". Só que ele ainda tinha que alcançar uma meta igualmente importante e não menos desafiadora. Ele era presidente agora. Um ano antes, pela primeira vez na história da África do Sul, tinham ocorrido eleições de voto universal. Porém, o trabalho não estava encerrado. Mandela tinha que garantir a base da nova democracia, tornando-a resistente às forças perigosas que ainda espreitavam. A história mostrava que uma revolução tão perfeita quanto a sul-africana, na qual o poder passara da noite para o dia para um grupo historicamente rival, levava a uma contrarrevolução. Eles ainda eram cercados por muitos extremistas treinados por militares e fortemente armados; muitos africâneres intransigentes de extrema direita – variações da Ku Klux Klan dos Estados Unidos, porém mais organizadas, mais numerosas e mais fortemente armadas. Nessas circunstâncias, de acordo com o que as leituras políticas de Moonsamy lhe haviam ensinado, o terrorismo branco de direita era esperado, e era exatamente isso que Mandela tentava evitar mais do que tudo como presidente.

O único jeito de conseguir isso era fazer a população branca se curvar à sua vontade. No início de seu mandato como presidente, ele vislumbrou a possibilidade de conquistá-los por meio da Copa do Mundo de Rúgbi. Foi por isso que ele trabalhou arduamente para convencer seus próprios partidários negros a abandonar o preconceito completamente justificado de uma vida inteira e apoiar o Springboks. Era por isso que ele queria mostrar aos africâneres no estádio que o time deles era seu time também, que ele seria solidário a eles no triunfo ou na derrota.

Mas o plano era muito perigoso. Os extremistas poderiam atirar em Mandela ou planejar um atentado a bomba. Ou toda aquela encenação pretendida com o jogo poderia ter um resultado contrário ao que era esperado. Uma derrota feia do Springboks não ajudaria muito. Ainda pior era a possibilidade de os torcedores africâneres vaiarem o novo hino nacional que os sul-africanos negros tanto estimavam ou desfraldarem a odiada antiga bandeira laranja, azul e branca. Os milhões de telespectadores nos vilarejos negros se sentiriam humilhados e ultrajados, mudando seu apoio para o time neozelandês e acabando com o consenso que Mandela tinha lutado tanto para construir em torno do Springboks, com consequências potencialmente desestabilizadoras.

Porém, Mandela estava otimista. Acreditava que tudo ia dar certo, assim como acreditava (e nisso estava em reduzida minoria) que o Springboks venceria. Por isso estava tenso mas alegre quando se sentou para tomar seu habitualmente vasto café da manhã naquele sábado frio e claro de inverno. Comeu, nesta ordem: metade de um mamão papaia, mingau de milho grosso, ao qual acrescentou um mix de nozes e passas antes de cobrir com leite quente, salada verde e, num prato separado, três pedaços de banana, três de kiwi e três de manga. Por fim se serviu de uma xícara de café adoçado com mel.

Mandela, ansioso para que o jogo começasse, se alimentou naquela manhã com uma satisfação especial. Não tinha percebido até então, mas toda a sua vida tinha sido uma preparação para aquele momento. Sua decisão de entrar no CNA como um homem jovem aos 40 anos; sua liderança desafiadora na campanha contra o apartheid aos 50; a solidão, a dureza e a rotina tranquila da prisão; o programa aplicado de exercícios físicos ao qual se submetera quando estava preso, acreditando sempre que um dia seria libertado e desempenharia um papel de liderança no destino de seu país: tudo isso e muito mais tinha proporcionado a plataforma para o salto final dos últimos 10 anos, um período que havia testemunhado Mandela travar suas mais duras batalhas e conquistar suas vitórias mais improváveis. Esse dia seria o grande teste, aquele que possivelmente ofereceria o prêmio mais duradouro.

Se funcionasse, seria o desfecho triunfante da jornada que ele empreendera, classicamente épica em sua ambição, na década final de sua longa caminhada rumo à liberdade. Como na *Odisseia* de Homero, ele progredira de desafio em desafio, superando cada um, não porque fosse mais forte que seus adversários, mas porque era mais inteligente e esperto. Desenvolvera essas qualidades após sua prisão em 1962, quando se deu conta de que o caminho da força bruta que tentara como comandante fundador da ala militar do CNA não funcionaria. Na prisão, entendeu que o caminho para vencer o apartheid era persuadir os próprios brancos a acabarem com ele, se juntar ao seu time e se submeter à sua liderança.

Foi também na prisão que aproveitou sua primeira grande oportunidade de pôr a estratégia em ação. O adversário naquela ocasião era um homem chamado Kobie Coetsee, cujo estado de espírito naquela manhã do jogo de rúgbi era de excitação e nervosismo, como o de todas as outras pessoas, e cuja clareza de propósitos estava enevoada apenas pela questão de se deveria assistir ao jogo em casa, fora da Cidade do Cabo, ou entrar no clima geral num bar da vizinhança. Coetsee e Mandela agora estavam do mesmo lado, algo que seria impensável quando se encontraram pela primeira vez, uma década antes. Naquela época, eles tinham todos os motivos para serem hostis um com o outro. Mandela era o preso político mais famoso da África do Sul e Coetsee era o ministro da Justiça e das Prisões. A tarefa que Mandela determinou para si mesmo, então, após ter cumprido 23 anos de sua condenação à prisão perpétua, era conquistar Coetsee, o homem que guardava as chaves de sua cela.

# CAPÍTULO 2
# O MINISTRO DA JUSTIÇA

*Novembro de 1985*

Em 1985, o mundo todo estava cheio de esperança, mas não a África do Sul. Mikhail Gorbatchev subiu ao poder na União Soviética, Ronald Reagan foi eleito presidente para um segundo mandato, e os dois líderes da Guerra Fria se reuniram pela primeira vez, dando o sinal mais forte em 40 anos de que as superpotências poderiam convencer uma à outra a arquivar seus estratagemas de uma garantida destruição mútua. A África do Sul estava correndo na direção oposta. As tensões entre os militantes antiapartheid e a polícia explodiram na escalada mais violenta de hostilidades raciais desde que os casacas vermelhas da rainha Vitória e os guerreiros do rei Cetshwayo se confrontaram numa carnificina selvagem na Guerra Anglo--Zulu de 1879. A liderança exilada do CNA incitou seus partidários dentro da África do Sul a se rebelarem contra o governo, mas também prosseguiu em sua ofensiva em outras frentes. Por meio dos poderosos sindicatos locais, por meio de sanções econômicas internacionais, por meio de isolamento diplomático. E por meio do rúgbi. Por 20 anos, o CNA vinha empreendendo uma campanha para privar os sul-africanos brancos, e especialmente os africâneres, do rúgbi internacional, sua grande paixão. Em 1985, eles obtiveram seus maiores triunfos, conseguindo frustrar uma viagem do Springboks à Nova Zelândia. Essa derrota fez com que os policiais de choque africâneres desferissem golpes ainda mais violentos na cabeça de suas vítimas negras.

Ao que parecia, a única perspectiva para aquele ano era a guerra civil. Uma pesquisa de opinião pública realizada em meados de agosto relatou que 70% da população negra e 30% da branca acreditavam que o país seguia para essa direção. Se isso acontecesse, o vencedor não seria o CNA de Mandela, mas seu maior adversário, o presidente P. W. Botha, mais conhecido na África do Sul como "P. W." ou, pelos amigos e inimigos que o temiam, *die groot krokodil*, o grande crocodilo. Botha, que governou a África do Sul de 1978 a 1989, decretou estado de emergência em meados de 1985 e mandou 35 mil soldados da Força de Defesa Sul-Africana, mais conhecida como SADF (South African Defense Force), para os vilarejos negros, a primeira vez que os militares foram convocados para ajudar a polícia a dominar o que o governo julgava ser uma rebelião cada vez mais organizada. Suas suspeitas foram confirmadas quando a liderança exilada do CNA reagiu ao avanço de Botha convocando uma "Guerra do Povo" para tornar o país "ingovernável", incitando os brancos a fugirem em bandos do país – para a Inglaterra, a Austrália e os Estados Unidos. Esse também foi o ano em que telespectadores do mundo todo se acostumaram a ver a África do Sul como um país de barricadas em chamas, em que jovens negros lançavam pedras em policiais brancos armados, em que os veículos blindados da SADF avançavam como naves alienígenas parecidas com aranhas sobre multidões negras furiosas e assustadas. Sob o regulamento do estado de emergência, as forças de segurança tinham poderes praticamente ilimitados de busca, apreensão e detenção, bem como a garantia de poder atacar suspeitos impunemente. Nos 15 meses que precederam a primeira semana de novembro daquele ano, 850 pessoas morreram vítimas da violência policial e milhares foram presas sem acusação formal.

Foi nesse clima que Mandela lançou sua ofensiva de paz. Convencido de que negociações eram a única maneira de derrotar o apartheid, assumiu o desafio sozinho e, como se descobriu depois, com um braço atado às costas. Mais cedo naquele ano, os médicos haviam descoberto que ele tinha problemas na próstata e, temendo que fosse câncer, decidiram que ele precisava de uma cirurgia de emergência. Chegaram ao diagnóstico na prisão Pollsmoor, para onde Mandela tinha sido transferido ao sair da ilha Robben três anos antes, em 1982. Pollsmoor fica no continente, perto da Cidade do Cabo. Lá, ele dividiu uma cela grande com Walter Sisulu e outros três antigos prisioneiros que se irritavam com suas corridas entre quatro paredes antes do amanhecer. A cirurgia, realizada em 4 de novembro de 1985, foi um sucesso, mas Mandela, com 67 anos, teve que ficar em observação. As ordens médicas foram para que ele convalescesse no hospital por mais três semanas.

Foi nesse período, o primeiro que passava fora da prisão em 23 anos, que ele começou a flertar com a África do Sul branca, um processo que levaria 10 anos. Por uma coincidência histórica impressionante, foi nesse mesmo mês que Reagan e Gorbatchev se encontraram. Exatamente quando o presidente americano começou a jogar seu charme para o líder soviético, Mandela se preparava para usar o seu com Kobie Coetsee, o homem com o cargo mais contraditório do mundo: ministro da Justiça da África do Sul.

Porém, enquanto a reunião de cúpula das superpotências em Genebra era uma atração para a mídia, esse encontro foi ultrassecreto. A imprensa só soube dele cinco anos depois. Mas, mesmo que tivesse sabido na época, mesmo que o caso tivesse vazado, os jornalistas teriam tido dificuldade de encontrar alguém que acreditasse nisso. O CNA era o inimigo, o responsável por uma (nas palavras de P. W. Botha) "Ofensiva Total" inspirada nos soviéticos, contra quem as forças de segurança do Estado tinham lançado o que chamaram de "Estratégia Total". Nada era mais impensável que o regime de Botha negociar com os "terroristas comunistas", muito menos com seu líder encarcerado.

Contudo, se alguém no governo tinha que fazer o primeiro contato com o inimigo, esse alguém era Coetsee, cuja pasta ministerial se estendia para além da Justiça, incluindo serviços correcionais, isto é, o sistema penitenciário. Botha escolheu Coetsee para ser seu emissário secreto porque ele era extremamente leal – uma das poucas pessoas em seu gabinete que Botha confiava que se comportaria com discrição – e porque, como ministro da Justiça e das Prisões, era o membro do governo adequado para ir se encontrar com Mandela. Além disso, tinha sido para Coetsee, assim como para seus antecessores no Ministério da Justiça, que Mandela por muito tempo enviara cartas solicitando uma reunião. Ao fazer isso, ele estava seguindo uma tradição bem infeliz do CNA, iniciada com sua fundação em 1912, de tentar convencer os governos brancos a se sentarem com ele para discutirem juntos o futuro do país. Mas então, finalmente, isso ia acontecer: as primeiras conversas entre um político negro e um membro da alta hierarquia do governo branco. Os motivos de Botha para sancionar o encontro foram em parte por uma questão de curiosidade – o CNA tinha lançado a campanha "Libertem Mandela" em 1980 e agora ele era o mais famoso, apesar de menos conhecido, prisioneiro do mundo. Mas Botha foi motivado principalmente pela situação cada vez mais volátil nos vilarejos e pela pressão que se intensificava no resto do mundo. Ele sentia que era a hora de tentar a reconciliação, de arriscar o primeiro passo para ver se, um dia, um entendimento com a África do Sul negra seria possível. Como Coetsee explicaria mais tarde: "Tínhamos nos encurralado e precisávamos encontrar uma saída."

O curioso era que, apesar de Mandela ter sido o solicitante, era Coetsee quem estava desconfortável. Ele sentia uma mistura de culpa e medo – culpa porque iria ao encontro como o representante do governo que estava matando o povo de Mandela; medo porque tinha lido a ficha de Mandela e, aparentemente, estaria frente a frente com um inimigo implacável. "A imagem que formei dele", disse Coetsee durante uma entrevista na Cidade do Cabo alguns anos depois de ter deixado o governo, "era a de um líder determinado a tomar o poder, se tivesse uma oportunidade, mesmo que isso custasse muitas vidas". Depois de ler a ficha de Mandela, Coetsee também passou a pensar nele como um imponente ex-boxeador peso-pesado que, 10 meses antes, tivera a petulância de humilhar seu inflexível e carrancudo chefe, P. W. Botha, perante toda a nação. Botha tinha se oferecido publicamente para libertar Mandela, mas tinha imposto algumas condições. Mandela teria que prometer abandonar a mesma "luta armada" que ele próprio tinha posto em movimento quando fundou a ala militar do CNA, Umkhonto we Sizwe (Lança da Nação), em 1961; ele também deveria se comportar "de forma que não tivesse de ser preso" sob as leis do apartheid. Mandela respondeu por meio de uma declaração lida por sua filha Zindzi numa manifestação em Soweto. Desafiando Botha a renunciar à violência contra os negros, Mandela zombou da ideia de que pudesse ser libertado, pois, enquanto existisse o apartheid, nenhum negro seria livre. "Não posso e não vou assumir nenhum compromisso enquanto eu e vocês, o povo, não estivermos livres", dizia Mandela em sua declaração. "A sua liberdade e a minha não podem ser separadas."

Os receios de Coetsee com relação à reunião eram compreensíveis, mas a balança pendia notavelmente a seu favor. Afinal de contas, Mandela era o prisioneiro e Coetsee, o carcereiro; Mandela estava magro e fraco após a cirurgia e usava roupas de hospital – roupão, pijama e pantufas –, enquanto Coetsee, de terno ministerial e gravata, resplandecia de saúde. E havia muito mais coisas em jogo para Mandela do que para Coetsee. Para Mandela, era uma oportunidade única, que poderia não se repetir; para Coetsee, era um encontro exploratório, quase um ato de curiosidade. Aos olhos de Mandela, era a chance que vinha buscando havia quatro décadas, desde que entrara para a política, de começar uma negociação séria entre a África do Sul negra e a branca sobre o rumo que o país tomaria. De todos os desafios que seus poderes de sedução política enfrentariam dali para a frente, nenhum apresentaria tantos riscos. Se ele falhasse, se discutisse com Coetsee ou se a química não funcionasse, isso poderia ser o começo e o fim de tudo.

Porém, no momento em que Coetsee entrou no quarto de hospital de Mandela, as apreensões de ambos os lados se evaporaram. Mandela, um anfitrião-modelo de sorriso largo, deixou Coetsee à vontade e, quase imediatamente, para surpresa velada dos dois, prisioneiro e carcereiro se viram conversando amigavelmente. Qualquer um que observasse a cena sem saber quem eles eram teria presumido que se conheciam bem, da mesma forma que um conselheiro real conhece seu príncipe, ou que um advogado conhece seu principal cliente. Em parte isso tinha a ver com o fato de que Mandela, com 1,85m, era muito mais alto que Coetsee, um indivíduo baixo de voz aguda, com grandes óculos de aro preto e ar de corretor imobiliário de cidade pequena. No entanto, tinha mais a ver com a linguagem corporal, com o impacto que Mandela causava em quem o conhecia. Em primeiro lugar, havia sua postura ereta. Depois, a maneira como cumprimentava as pessoas. Ele nunca se curvava nem inclinava a cabeça. Todo o movimento se restringia à articulação do braço com o ombro. Some-se a isso sua enorme mão de textura rija e o efeito era ao mesmo tempo suntuoso e intimidador. Ou seria, não fosse seu olhar cálido e seu sorriso largo e fácil.

"Ele era a pessoa certa", lembrou Coetsee animado, "e percebi isso no instante em que pus os olhos nele. Era um líder nato. E era afável. Os funcionários do hospital gostavam muito dele e o respeitavam, apesar de ser um prisioneiro. E ele estava claramente no comando de tudo o que acontecia ao seu redor".

Mandela mencionou alguns funcionários da prisão que ambos conheciam; Coetsee perguntou sobre sua saúde; eles falaram de um encontro casual que Coetsee tivera com Winnie, a esposa de Mandela, alguns dias antes, em um avião. O ministro estava surpreso com a gentileza de Mandela de falar em africâner e com seu conhecimento da história desse povo. Tudo era extremamente cortês. Mas os dois sabiam muito bem que a importância do encontro não estava nas palavras que trocavam, e sim no que não era dito. O fato de não haver hostilidade no encontro já era um sinal, transmitido e recebido por ambos, de que era hora de considerar a possibilidade de uma mudança fundamental na forma como sul-africanos negros e brancos se relacionavam politicamente. Era, segundo Coetsee, o começo de um novo exercício: "conversar em vez de brigar."

• • •

A ausência de câmeras, o ambiente tranquilo do hospital, os pijamas, a afabilidade inconsequente do bate-papo, tudo disfarçava o fato de que Mandela tinha realizado a proeza aparentemente impossível que o CNA vinha lutando para conseguir havia 73 anos. Como ele tinha feito isso? Como todos os que são bons no que fazem – sejam atletas, pintores ou violinistas –, ele trabalhara longamente e com afinco para desenvolver seus talentos naturais. Walter Sisulu tinha visto um líder em Mandela no primeiro dia que se encontraram, em 1942. Sisulu, seis anos mais velho que ele, era um veterano na organização do CNA em Johanesburgo. Mandela, com 25 anos, tinha acabado de chegar do interior. Ele parecia um caipira diante da esperteza urbana de Sisulu, mas, ao avaliar o jovem alto que estava à sua frente, o ativista sagaz em Sisulu viu algo que poderia lhe ser útil. "Ele me impressionou mais que qualquer outra pessoa que conheci", disse Sisulu mais de meio século depois desse primeiro encontro. "Sua postura, sua cordialidade... Eu estava procurando pessoas de alto calibre para ocupar postos de liderança e ele era um enviado de Deus."

Mandela sempre brincava que, se não tivesse conhecido Sisulu, teria evitado muitos problemas em sua vida. A verdade era que Mandela – cujo nome na língua xosa, Rolihlahla, quer dizer "encrenqueiro" – desviou-se de seu caminho para flertar com a confusão, usando seu dom de assumir posturas surpreendentes para obter um efeito político valioso durante o movimento de resistência pacífica nos anos 1940 e 1950. Atos públicos tinham que ser encenados para despertar a consciência política e dar um exemplo de ousadia à população negra como um todo. Mandela, o voluntário-chefe da "Campanha de Oposição" desse período, foi o primeiro a queimar sua "caderneta de passe", a identidade de homem negro, que nada mais era que uma forma humilhante de o governo do apartheid garantir que os negros entrassem nas áreas de brancos apenas para trabalhar. Antes de queimar o documento, escolheu a hora e o lugar ideais para causar o máximo de impacto na mídia. Fotografias da época o mostram sorrindo para as câmeras ao violar essa pedra angular do apartheid. Dias depois, milhares de outros negros fizeram a mesma coisa.

Como presidente da Liga Jovem do CNA nos anos 1950, se destacou como um indivíduo de autoconfiança singular. Durante uma reunião da alta liderança do CNA, um evento de gala ao qual compareceu num elegante terno marrom, chocou todos os presentes ao fazer um discurso em que previa que seria o primeiro presidente negro da África do Sul.

Havia algo do impetuoso jovem Muhammad Ali nele – além do fato de que praticava boxe para se manter em forma, uma forma que ele também gostava de exibir. Várias fotografias o mostram em poses clássicas de boxe, nu da cintura para cima. Em fotos de terno, parece um ídolo de Hollywood. Nos anos 1950, ele já era o rosto mais conhecido do protesto negro e se vestia impecavelmente: era o único negro que tinha seus ternos cortados pelo mesmo alfaiate do homem mais rico da África do Sul, o magnata do ouro e dos diamantes Harry Oppenheimer.

Quando o CNA entrou na luta armada em 1961, muito por sua vontade, e ele se tornou comandante em chefe do Umkhonto we Sizwe do CNA, abandonou os ternos e adotou os modelos de guerrilheiro chique de um de seus heróis, Che Guevara. No último compromisso público ao qual compareceu antes de ser preso em 1962, uma festa em Durban, apareceu em trajes de camuflagem verdes. Na época, era o homem mais procurado na África do Sul, mas dava tanta importância a alcançar o tom certo de desafio e tinha tanto prazer em se destacar na multidão que recusou o conselho de seus companheiros de raspar a barba "à Che" que ostentava nas fotografias de "Procurado" pela polícia.

Se, por um lado, a vaidade era o seu fraco, por outro, ele também sabia tirar proveito dela. Na prisão, enfrentando acusações de sabotagem, decidiu que em sua primeira aparição diante da corte roubaria a cena novamente. Entrou no tribunal com uma lentidão deliberadamente magistral, usando, como convinha a um integrante do clã xosa no qual fora criado, as vestes elaboradas de um chefe africano de alta hierarquia – com uma pele de animal cruzando o peito e cordões em volta do pescoço e dos braços. Ao caminhar para seu lugar, um silêncio sepulcral caiu sobre a sala, e até o juiz demorou a encontrar as palavras. Mandela se sentou e depois, obedecendo a um meneio de cabeça do juiz, se levantou, lentamente examinando a plateia antes de dar início ao que seria um discurso eletrizante. Começou dizendo "Sou um homem negro num tribunal de homens brancos", e com isso atingiu em cheio o propósito político que desejava, gerando um clima de altivo desafio da raça negra.

Foi uma descoberta importante. A prisão também serviria como um palco político. Mesmo atrás das grades, ele poderia causar impacto. Isso transformou sua perspectiva em relação à sentença que se apresentava diante dele e, a partir de então, desenvolvendo as habilidades que adquirira como advogado de defesa de clientes negros em tribunais de brancos nos anos 1950, usou a prisão como seu campo de treinamento, o lugar onde se preparava para o grande jogo que o esperava do lado de fora. Aperfeiçoou sua habilidade natural para o teatro visando ao alcance de metas políticas, ensaiando seu papel entre seus carcereiros e companheiros de prisão para o destino triunfante que tinha a temeridade de acreditar que o esperava do lado de fora.

O primeiro desafio era conhecer seu inimigo, uma tarefa à qual se dedicou com o mesmo rigor que devotava a seus exercícios físicos. Tinha duas ferramentas à mão: livros – por meio dos quais tomou conhecimento da história dos africâneres e aprendeu a sua língua – e os guardas da prisão, homens simples que ocupavam o mais baixo degrau no grande esquema de empregos para brancos no regime do apartheid. Fikile Bam, que passou um tempo na prisão com Mandela, lembrou-se vividamente da seriedade com a qual, desde o início de sua pena, Mandela decidiu compreender a mentalidade africâner. "Em sua cabeça, e ele realmente nos pregava isso, o africâner era um africano. Ele pertencia ao solo e qualquer que fosse a solução para as questões políticas, ela teria que envolver o povo africâner."

Na época, a posição oficial do CNA era que o poder africâner era uma versão atualizada do colonialismo europeu. Foi preciso coragem para Mandela desafiar essa visão e declarar que os africâneres tinham tanto direito de serem chamados de africanos quanto os negros com quem dividia a cela. Ele também não disfarçava sua nova paixão por saber mais sobre o passado dos africâneres. "Ele tinha um interesse muito grande pelos personagens históricos, não apenas pelos líderes africâneres da época da Guerra dos Bôeres", disse Bam. "Ele sabia o nome de vários comandantes bôeres."

Na prisão, Mandela fez um curso de africâner por dois anos e nunca perdeu a oportunidade de melhorar a sua proficiência na língua. "Ele não tinha qualquer escrúpulo em saudar as pessoas em africâner e treinar com os guardas da prisão. Outros prisioneiros tinham dúvidas e inibições, mas não Nelson. Ele realmente queria conhecer os africâneres. Os guardas serviam maravilhosamente bem a seu propósito."

E não apenas para aprender a língua deles. Mandela olhou para esses homens, os representantes mais próximos do inimigo, e estabeleceu para si um objetivo: convencê-los a tratá-lo com dignidade. Se conseguisse isso, as chances de um dia fazer o mesmo com os brancos do mundo inteiro seriam muito maiores, pensava ele.

Sisulu o tinha observado fora da prisão e dentro dela e – como o treinador que descobre o jovem boxeador que se torna campeão de pesos-pesados – parabenizou-se pela sagacidade de sua escolha. Sisulu estava sempre, por escolha própria, à sombra de Mandela, mas a vida toda Mandela confiou nele para buscar conselhos sobre assuntos pessoais e políticos. Era Sisulu, por exemplo, que conhecia a melhor maneira de derreter os corações gelados dos carcereiros brancos. O segredo, como explicaria mais tarde, era "respeito, simples respeito". Ele não queria vencer seus inimigos. Não queria humilhá-los. Não queria pagar na mesma moeda. Só queria que eles o tratassem com um respeito normal, sem frescuras.

Também era isso que os homens brancos grosseiros e de pouca instrução que controlavam a prisão esperavam receber e era o que Mandela se esforçava para lhes oferecer desde o começo, independentemente de eles transformarem sua vida num inferno. Sua cela, seu lar por 18 anos, era menor que um banheiro de tamanho médio dos sul-africanos brancos. Media 2,5 por 2 metros, ou três passos de Mandela de comprimento por dois e meio de largura, e tinha uma janelinha de meio metro quadrado, gradeada, que dava para um pátio cimentado onde os prisioneiros passavam horas seguidas sentados, quebrando pedras. Mandela dormia numa esteira de palha e três cobertores puídos eram a única proteção contra os ventos gelados do inverno do Cabo. Assim como os outros prisioneiros políticos, que gozavam de menos privilégios que os criminosos ocupantes da ala mais luxuosa da ilha, ele era obrigado a usar calças curtas (as compridas só eram dadas a prisioneiros indianos ou mestiços, não aos africanos negros) e a comida era não só escassa como horrível: um mingau de milho misturado, nos dias bons, com cartilagem. Mandela logo perdeu peso e sua pele, carente de vitaminas, se tornou amarelada, mas ainda assim era obrigado a fazer trabalhos pesados, fosse manejando uma picareta na pedreira de cal da ilha ou catando algas marinhas que seriam exportadas para o Japão, para serem usadas como fertilizante. Para o banho, recebiam baldes de água gelada do Atlântico.

Dois meses depois da chegada de Mandela à ilha Robben, seu advogado, George Bizos, teve a primeira oportunidade de ver o tributo que a prisão estava cobrando dele. Mandela agora estava muito mais magro e vestido com aquelas humilhantes calças curtas e sapatos sem meias. À sua volta estavam oito guardas elegantemente uniformizados, dois na frente, dois atrás e dois de cada lado. Mas, assim que Bizos viu seu cliente, pôde perceber que Mandela se comportava de maneira diferente da do prisioneiro típico. Quando saiu da caminhonete com sua escolta, foi ele, e não os guardas, que determinou o ritmo dos passos. Bizos abriu caminho entre os dois homens que estavam à frente de Mandela e o abraçou. Isso confundiu os guardas, que nunca tinham sequer considerado a possibilidade de um homem branco abraçar um negro. Os dois homens conversaram brevemente. Mandela perguntou pela família de seu velho amigo e, de repente, se interrompeu e disse: "George, me desculpe, não o apresentei à minha guarda de honra." Mandela identificou cada um dos oficiais pelo nome. Os guardas ficaram tão espantados, lembrou Bizos muitos anos depois, "que realmente se comportaram como guardas de honra e cada um deles apertou minha mão respeitosamente".

Nem sempre era assim. Os guardas e os oficiais no comando da prisão inevitavelmente tinham que fazer rodízio e algumas equipes eram brutais, outras relativamente brandas. Mandela, reconhecido pelos outros prisioneiros políticos como líder desde o primeiro dia, se aprimorou na arte de manipular todos eles, independentemente da personalidade de cada um. Lutou para convencer seus companheiros de que, no fundo, todos os guardas eram seres humanos vulneráveis e que o sistema é que os deixara tão embrutecidos. Mas, quando a ocasião assim o exigia, Mandela lutava agressivamente para garantir seus direitos. A única vez, durante todo o tempo que passou na ilha, que um guarda esteve prestes a lhe dar um soco, Mandela, o advogado-boxeador, manteve-se firme e disse: "Se você puser as mãos em mim, eu o levarei ao tribunal de mais alta instância do país. E, quando eu acabar com você, estará arruinado." O guarda bufou, mas se deteve e depois saiu andando envergonhado.

Na ilha, que tinha se tornado uma miniatura da África do Sul, os prisioneiros negros se rebelavam contra o regime carcerário dos brancos do mesmo modo que faziam contra o governo quando eram livres. A desobediência civil era o princípio geral e era demonstrada por meio de greves de fome, de operações tartaruga e do hábito de resguardar qualquer migalha de dignidade que pudessem. Os guardas da prisão que Mandela conheceu quando chegou à ilha estavam acostumados a que os prisioneiros os chamassem de *baas*. Mandela se recusou e, mesmo sujeito a intimidações, nunca cedeu.

As condições carcerárias no pequeno feudo insular, que já tinha sido uma colônia de leprosos e um asilo de loucos, eram a expressão perfeita da personalidade de seu diretor, dependendo de quem fosse. Um diretor gentil e afável chamado Van Aarde foi substituído em 1970 pelo coronel Piet Badenhorst, a figura mais temida que Mandela encontraria durante os anos que passou preso. Os novos recrutas que Badenhorst trouxe com ele para a ilha também eram muito cruéis e estabeleceram um reinado de terror que durou um ano. Badenhorst era incapaz de abrir a boca sem praguejar e logo criou o hábito de escolher Mandela como alvo de seus abusos mais sórdidos. Seus guardas seguiam as instruções do mestre, empurrando os prisioneiros a caminho da pedreira, submetendo as celas a inspeções-surpresa e confiscando seus livros mais queridos, entre eles os de Shakespeare e os clássicos gregos, os favoritos de Mandela e Sisulu. Numa manhã de maio de 1971, os guardas de Badenhorst entraram na ala de presos políticos, a seção B, muito bêbados. Ordenaram que os prisioneiros ficassem completamente nus enquanto faziam uma busca em suas celas. Uma hora mais tarde, um deles desmaiou e outro, quando protestou, foi espancado tão violentamente que sua cela ficou toda respingada de sangue.

Mandela manteve a calma e, sob sua orientação, os prisioneiros retomaram as lições que tinham aprendido em sua luta política fora da prisão. Buscaram ajuda fora do microcosmo da ilha. Enviaram mensagens por meio de visitantes e da Cruz Vermelha Internacional. Também receberam ajuda de Helen Suzman, a progressista mais em evidência no Parlamento da África do Sul, que tinha visitado os prisioneiros na ilha e a quem eles mandaram Mandela, escolhido como porta-voz deles por unanimidade, procurar.

O momento decisivo chegou quando três juízes visitaram a prisão no final de 1971. Na presença de Badenhorst, os três se encontraram com Mandela, que não se conteve e denunciou o tratamento severo que o coronel lhes dispensava. Mencionou a comida deplorável e os trabalhos pesados, mas se alongou mesmo contando o incidente em que os guardas embriagados despiram e espancaram os prisioneiros. Badenhorst levantou o dedo para Mandela e disse: "Cuidado, Mandela. Se você falar de coisas que não viu, terá problemas, entendeu bem?" Mandela se aproveitou do erro de Badenhorst. Virando-se triunfante para os juízes, como se fosse novamente um advogado num tribunal, disse: "Os senhores acabaram de ver que tipo de homem temos como diretor. Se ele é capaz de me ameaçar aqui, na presença dos senhores, imaginem o que faz quando não estão aqui." Um dos juízes virou-se para os outros e disse: "O prisioneiro tem toda a razão."

Mandela amansara seu perseguidor. Depois que os juízes partiram, as condições da prisão melhoraram e, três meses mais tarde, chegou a notícia de que Badenhorst seria transferido. Mas a história não termina aí. A parte mais interessante ainda estava por vir. O que aconteceu em seguida causou tamanho impacto em Mandela que iria ajudar a moldar sua atitude em relação aos "opressores" africâneres pelo resto da vida e foi decisivo quando finalmente lhe foi permitido se reunir a eles na batalha política.

Poucos dias antes da data prevista para a partida de Badenhorst, o diretor-geral dos presídios, general Steyn, visitou a ilha Robben. Ele se encontrou com Mandela na presença de Badenhorst. Quando a reunião acabou e Steyn já estava distante o bastante para não conseguir ouvi-los, Badenhorst virou-se para Mandela e, incrivelmente educado em sua conduta, o informou sobre sua partida iminente. Depois disse: "Só queria desejar boa sorte ao seu povo." Mandela ficou momentaneamente sem palavras, mas conseguiu se recompor o bastante para agradecer e desejar-lhe boa sorte em seu novo cargo.

Mandela refletiu longamente acerca desse incidente, examinando as lições que poderia tirar dele, pensando em como um homem que lhe parecera tão desumano e bárbaro tinha, no final, se revelado mais suave. Afastou esses pensamentos, mas também encontrou meios de colocá-los em prática imediatamente. Aplicando as estratégias que desenvolvera durante os sete anos na ilha Robben, usou toda a ajuda que conseguiu de pessoas como Helen Suzman e do sistema judiciário para tornar a prisão um lugar mais digno de se viver. No final dos anos 1970, a qualidade da comida, das roupas e da roupa de cama era muito melhor do que em 1964, a coleta de algas marinhas e os trabalhos forçados na pedreira de cal tinham acabado e toda sorte de luxos inimagináveis tinha sido introduzida. Os prisioneiros podiam assistir a filmes, ouvir programas de rádio no sistema de alto-falantes instalado em todo o presídio e, o melhor de tudo, praticar esportes. O tênis fazia parte da programação. E também o futebol, o passatempo favorito dos sul-africanos negros. Por insistência das autoridades, o rúgbi também foi incluído na lista de atividades. As ordens dos superiores determinavam que seria uma semana de futebol e uma de rúgbi, sempre em alternância. Os jovens prisioneiros jogavam rúgbi e ouviam as transmissões de partidas importantes no rádio. Apesar de eles torcerem ruidosamente para os times rivais quando o Springboks jogava, as autoridades persistiam, como se esperassem uma conversão milagrosa.

Isso aconteceria bem mais tarde. Antes disso, aconteceu a conversão de Kobie Coetsee naquele dia de novembro de 1985.

• • •

Quando Mandela teve alta do hospital em 24 de novembro de 1985, Botha concordou com Coetsee que ele não deveria voltar para a grande cela que dividira nos últimos três anos com seus quatro velhos camaradas. Ele continuaria em Pollsmoor, mas seria mantido numa cela própria, numa ala vazia da prisão. Isso não era uma punição, mas o primeiro passo rumo à liberdade. A intenção era manter os contatos entre Mandela e o governo o mais secretos possível, até mesmo para os outros prisioneiros. Mandela ficou agradecido por ter o espaço de que precisava para organizar as ideias e preparar sua estratégia. Além disso, Coetsee tomou providências para que Mandela, sozinho em sua cela, fosse paparicado como nenhum *baas* jamais tinha paparicado um negro na África do Sul. Sua comida melhorou e ele recebia jornais, tinha um rádio e acesso a uma invenção desconhecida na África do Sul quando foi para a prisão: a televisão.

Também tinha a companhia de um guarda chamado Christo Brand, que tinha sido transferido com ele da ilha Robben e que o adorava. Criado numa fazenda, Brand fora apresentado à eletricidade aos 10 anos de idade e largou a escola aos 15. Com metade da idade de Mandela, era um homem de temperamento tranquilo que acabou vendo seu prisioneiro como um pai. Mandela desempenhou esse papel e, entre outras coisas, escrevia cartas para a mulher de Brand dizendo que seu marido não estava fazendo o bastante para se desenvolver; que ele tinha uma mente ágil e que, se fosse convencido a estudar, poderia realmente subir na vida. O filho de Brand, Riaan, que nasceu em 1985, acabou se tornando um neto postiço para Mandela. Quando o menino tinha oito meses, Brand o levou clandestinamente a Pollsmoor, para que Mandela pudesse pegá-lo no colo. Mandela o fez com lágrimas nos olhos – havia 23 anos que ele não podia tocar em nenhum de seus seis filhos. À medida que Riaan crescia, Mandela nunca deixou de perguntar como ele estava se saindo na escola e lhe escrevia cartas religiosamente em todos os aniversários.

Os oficiais veteranos de Pollsmoor, mais distantes, eram mais difíceis de lidar que Brand. Mandela tinha que manter os sentidos muito aguçados para conquistá-los. O oficial responsável pela ala C de segurança máxima era o major Van Sittert, um homem que, segundo Brand, se sentia mais à vontade ao lidar com criminosos comuns do que com prisioneiros políticos. "O major costumava visitar as celas uma vez por mês", disse Brand. "Ele achava os prisioneiros políticos irritantes: eles reclamavam e pediam muito mais coisas que os prisioneiros comuns. O major também se sentia desconfortável perto deles porque não falava inglês muito bem." Além disso, Mandela agora era mundialmente famoso, uma celebridade a seu modo. E isso irritava o major Van Sittert ainda mais, deixando-o mais constrangido na sua presença.

Mandela refletiu a fundo sobre essa questão. Ele tinha conquistado todos os outros diretores, mas o irritadiço e inseguro Van Sittert realmente iria pôr seu poder de sedução à prova. Mandela conversou com Brand, para sondar as fraquezas do major. E conseguiu descobrir uma. Sittert era fanático por rúgbi. Então, Mandela, que não tinha interesse especial por esse esporte, decidiu se preparar para a visita mensal do major aprendendo tudo sobre o jogo. Nos jornais, leu as páginas sobre rúgbi pela primeira vez na vida, assistiu aos programas esportivos na TV e estudou detidamente todas as notícias recentes, para que pudesse conversar com o major sobre sua maior paixão de forma razoável.

Mandela teve um incentivo além da satisfação política de capturar novas presas brancas. Ele tinha uma necessidade particular, um pedido que gostaria de fazer e que afetaria significativamente seu bem-estar imediato, mas só o major poderia atendê-lo. Ele não queria esperar mais um mês por uma chance de satisfazer essa necessidade, então teve que aproveitar a oportunidade quando ela surgiu. Mandela se encontrou com o major Van Sittert pela primeira vez no corredor fora de sua cela. E, apesar de estar em visível desvantagem – exatamente como no dia em que se encontrara com Kobie

Coetsee –, usando uniforme de prisioneiro, enquanto o major estava vestido como oficial do Exército, Mandela de novo foi o senhor da situação. Deu as boas-vindas ao major como se ele fosse um convidado em sua casa. Então, percebendo como Van Sittert se sentia desconfortável falando inglês, se dirigiu a ele em africâner.

"Mandela foi muito educado, como sempre", lembrou Brand. "Cumprimentou-o com um largo sorriso e imediatamente começou a falar de rúgbi. Fiquei muito surpreso! Lá estava ele falando que determinado jogador estava se saindo muito bem, mas que outro não estava fazendo jus a seus talentos e tinha sido uma decepção no último jogo e que talvez fosse hora de dar uma chance a um jogador jovem, porque ele parecia promissor, e daí por diante." Depois que o major superou o espanto, ficou bastante animado, concordando com praticamente todos os comentários de Mandela. "Dava para perceber todas as suspeitas do major se dissipando", disse Brand.

Depois de montar a armadilha, Mandela atraiu o major para ela. Cuidadosamente, conduziu-o à sua cela, mencionando que estava com um pequeno problema que, tinha certeza, o major não gostaria que um torcedor de rúgbi enfrentasse. Contou-lhe que recebia mais comida no almoço que no jantar e, por isso, criara o hábito de guardar uma parte do almoço para a noite. O problema é que, quando chegava a hora do jantar, a comida tinha esfriado. Porém havia uma solução. Ele tinha ouvido falar de um aparelho para aquecer o prato de comida, um tipo de chapa elétrica. Parecia que isso poderia resolver a questão. "Major, seria possível o senhor me ajudar a obter um aparelho desses?"

Para surpresa de Brand, Van Sittert concordou sem hesitar. "Brand", ordenou ele, "vá comprar essa tal chapa elétrica para Mandela!"

Ele conseguiu isso e mais ainda, encontrando-se de novo secretamente com Kobie Coetsee, dessa vez na casa dele. O ministro, ansioso para conceder a Mandela a dignidade que ele merecia, tomou providências para que as autoridades carcerárias o vestissem com um paletó pela primeira vez em 23 anos e o conduzissem não numa caminhonete da prisão, mas num elegante carro de passeio. Nesse segundo encontro, o teor da conversa foi mais explicitamente político. Coetsee, satisfeito, relatou a Botha que a prisão tinha tornado Mandela mais suave, que ele não era mais um terrorista incendiário e parecia querer tentar uma conciliação com os brancos.

Mandela foi recompensado com mais privilégios. Brand e Van Sittert ficaram espantados ao receberem ordens para levá-lo para passear pela Cidade do Cabo. Um pequeno comitê de homens de confiança de Botha, que estavam a par dos encontros secretos (Coetsee; Niël Barnard, o chefe da inteligência; e mais um ou dois), temia que, se todo o gabinete ficasse sabendo das conversas, alguém poderia deixar vazar o caso para a imprensa. Mesmo assim, eles consideravam tão importante que Mandela começasse a se acostumar à vida fora da prisão que até ordenaram que seus carcereiros o deixassem sair para curtas caminhadas sozinho, misturando-se a cidadãos comuns. Uma vez, Christo Brand o levou até sua casa e o apresentou à sua mulher e a seus filhos. Em outra ocasião, dois oficiais o levaram até uma cidade chamada Paternoster, 120 quilômetros ao norte da Cidade do Cabo, à beira do oceano Atlântico. Enquanto Mandela caminhava sozinho na praia de areia branca, um ônibus cheio de turistas alemães apareceu de repente. Os dois oficiais entraram em pânico, temendo que ele fosse reconhecido. Não precisariam ter se preocupado. Os turistas, enlevados pela beleza selvagem do lugar, começaram a tirar fotos, ignorando o homem negro de cabelos grisalhos que estava por perto. Mandela poderia ter corrido para o meio deles e pulado no ônibus em busca de asilo político, mas ainda não queria sair da prisão, apesar do crescente clamor em todo o mundo por sua libertação. Ele seria mais útil, pensava, se continuasse falando do lado de dentro.

CAPÍTULO 3

# BENEFÍCIOS SOCIAIS SEPARADOS

Em novembro de 1985, Justice Bekebeke era um jovem negro revoltado, um entre milhões. Alto e magro, como uma escultura africana, tinha um jeito cortês e uma relaxante voz de barítono que, quando ele falava, transmitia uma sabedoria, obtida a duras penas, que ultrapassava seus 24 anos de idade.

Bekebeke morava em Paballelo, um pequeno distrito desarborizado 800 quilômetros ao norte da prisão de Mandela na Cidade do Cabo e 800 quilômetros a oeste de Johanesburgo, na fronteira com o deserto de Kalahari, no fim do mundo. Na África do Sul, sempre havia um distrito de negros junto de uma cidade de brancos. No entanto, apesar de o distrito de negros invariavelmente ter muito mais habitantes, só as cidades de brancos apareciam nos mapas. Os distritos eram as sombras negras das cidades. Paballelo era a sombra negra de Upington.

Upington era a caricatura perfeita de uma cidade do apartheid. Numa grande cidade como Johanesburgo talvez um visitante desatento não percebesse os pontos mais críticos do racismo. Mas em Upington esses pontos eram nítidos e flagrantes – placas de *Slegs*

*Blankes* ("Só para brancos") em piscinas e banheiros públicos, bares, bebedouros, cinemas, parques, pontos de ônibus e estações de trem. Tal absurdo, legalmente exigido pela Lei da Reserva de Benefícios Sociais Separados de 1953, às vezes gerava situações tragicômicas. Uma mulher negra carregando o bebê branco de sua patroa deveria viajar em que parte do trem: na "só para brancos" ou na de "não brancos"? Um visitante japonês que usasse um banheiro público "só para brancos" estaria violando a lei? O que um motorista de ônibus deveria fazer quando exigisse que um passageiro moreno descesse de um ônibus só para brancos e o passageiro se recusasse, insistindo que era um branco muito bronzeado?

Com frequência, entre os brancos mais liberais estabelecidos na Cidade do Cabo ou em Johanesburgo, esses pontos mais sutis da lei eram ignorados. Em lugares como Upington, no coração do território africâner, eles eram obedecidos com rigor doutrinário. Paballelo era mais pobre, mais suja e mais apinhada que Upington, mas menos sufocante. Lá era possível escapar das restrições mais banais do apartheid. Podia-se comer, fazer compras e se sentar onde se quisesse. Para se chegar a Paballelo vindo de Upington, seguia-se por 1,5 quilômetro pela estrada oeste na direção da Namíbia, até o matadouro municipal. Lá, ao virar à esquerda, encontrava-se uma placa enferrujada onde se lia "Bem-vindo a Paballelo". O contraste entre os dois lugares, como sempre acontecia quando se atravessava a fronteira do mundo dos brancos para o mundo dos negros na África do Sul, era desconcertante, como se a pessoa tivesse retrocedido um século ou tivesse passado de uma área de classe média de Connecticut direto para Burkina Faso. Uma era seca, um labirinto apinhado de casas que pareciam caixas de fósforos numa vastidão reta e árida; a outra era um oásis criado pelo homem, com salgueiros-chorões, gramados verdes como campos de golfe, jardins de rosas cuidadosamente tratados e grandes casas cujos donos não se intimidavam em sugar os recursos do rio Orange, que corria ao lado. Upington poderia ter sido quase graciosa, se fosse menos artificial, se todo aquele verde não parecesse uma ornamentação falsa em meio ao calor sufocante e à monotonia do deserto em torno, se não fosse um lugar onde os brancos rotineiramente chamassem os negros de nomes vergonhosos e ultrajantes como *kaffir* – a versão sul-africana para o ofensivo *nigger* dos Estados Unidos.

Três lembranças de infância tiveram uma grande influência sobre o homem que Justice Bekebeke se tornaria. A primeira datava do início da infância, quando visitou a Cidade do Cabo com sua família. Olhando para o oceano Atlântico, avistou um pontinho de terra não muito longe do continente. Seu pai, semianalfabeto mas firme em seu posicionamento político, contou-lhe que aquele era o lugar onde "nossos líderes" estavam. O pontinho de terra era a ilha Robben. Justice implorou ao pai que lhe desse uma moeda para pôr no telescópio à beira-mar para dar uma olhada em seus líderes. Não conseguiu, pois a ilha ficava a 11 quilômetros de distância, mas viu os contornos dos prédios onde ficavam as celas – o bastante para criar em sua mente a fantasia de que realmente tinha estado na ilha. Voltou para casa e contou a fantasia como sendo um fato, deixando seus colegas tão impressionados que, antes que se desse conta, tinha adquirido, em Paballelo, o status de líder também, alguém a quem seus jovens pares estavam preparados para seguir na política.

Graças a esse episódio e à influência de seu pai, Justice se aliou, desde a mais tenra idade, ao Congresso Nacional Africano de Mandela, em vez de a seu rival, o Congresso Pan-Africanista (PAC – Pan Africanist Congress), que era mais radical. O PAC era um partido abertamente racista e rancoroso. Entre seus lemas estavam "um colonizador, uma bala" e "jogue os brancos no mar". Ele quase se tornou a força dominante na política negra durante os anos 1960. O PAC era o Hamas da África do Sul.

Imagine Yasser Arafat convencendo o Hamas a submeter-se à sua liderança e a unir o povo palestino sob a égide de seu partido Fatah e terá uma ideia do que Mandela conseguiu com seu eleitorado, muito maior e composto por diversas tribos distintas. Na África do

Sul negra havia zulus, xosas, sotos e outras seis tribos, cada uma delas falando línguas diferentes e a maioria com algum histórico de hostilidade entre si. Mandela, que todos sabiam ser um xosa da casa real, acabou por conquistar mais de 90% de todos os negros sul-africanos.

A segunda lembrança que teve influência sobre Bekebeke aconteceu quando ele tinha 10 anos. Soube que um negro havia discutido com um policial branco. A discussão foi ficando cada vez mais acalorada até que o policial sacou a arma e atirou no negro, que, ao cair, apunhalou o policial com uma faca e o matou. Justice não conhecia o negro, mas a história ganhou a força de uma parábola para ele. "Adorei aquele homem", vibrou ele, recuperando o ânimo da juventude muitos anos mais tarde, quando contou a história. "Eu o venerei como a um herói por ter enfrentado o policial branco, por ter revidado."

Se essa lembrança é uma sugestão do desafio que Mandela enfrentaria ao tentar convencer seu povo a aceitar um fim negociado para o apartheid, a terceira lembrança de infância de Justice ilustrava como seria difícil convencê-los a torcer pelo Springboks. Tratava-se de um jogo de rúgbi em Upington, em 1970, quando ele ainda estava com 10 anos.

Como a maioria das crianças negras, ele não se interessava muito pelo esporte. Era um passatempo estrangeiro estúpido de um povo estrangeiro estúpido. Mas dessa vez a curiosidade e a possibilidade de se vangloriar de uma derrota rara de seus vizinhos brancos o impeliram ao estádio local. O time de rúgbi da Nova Zelândia estava participando de um campeonato na África do Sul e tinha ido a Upington para jogar contra o maior time local, o North West Cape. O estádio era pequeno, com capacidade para nove mil pessoas, e espaço – onde o sol era causticante – para apenas algumas centenas de negros. Mas Justice foi até lá, acreditando que o time local, o orgulho da Upington africâner, sofreria uma derrota humilhante.

Os africâneres, a maioria descendente de holandeses, falando uma língua que a maior parte dos holandeses de hoje entenderia, eram

65% dos cinco milhões de brancos da África do Sul. Os outros 35% falavam inglês, eram em sua maioria descendentes de ingleses (apesar de haver alguns portugueses, gregos e judeus lituanos) e dominavam o mundo dos negócios, principalmente dos grandes negócios – o que, na África do Sul, significava minas de ouro, diamantes e platina. No entanto, em termos de poder político, os africâneres reinavam absolutos. Dominavam o governo – todo ministro, general do Exército e oficial sênior da inteligência era africâner – e também eram eles que possuíam e cultivavam a terra. A associação entre eles e a terra era tão estreita que a palavra *bôer*, que significa "fazendeiro" em sua língua, na prática era sinônimo de africâner. Isso não era de surpreender, já que 50 mil fazendeiros brancos possuíam 12 vezes mais terras aráveis e de pastagens que os 14 milhões de camponeses negros do país.

Como detentores dos alimentos e das armas, os africâneres eram os protetores do resto da África do Sul branca. Ou, como P. W. Botha disse uma vez: "A segurança e a felicidade de todos os grupos minoritários na África do Sul dependem do africâner. Não faz diferença se eles são ingleses, alemães, portugueses, italianos ou judeus."

Botha foi incisivo, mas estava certo. Os africâneres eram os senhores e os protetores do apartheid. E o motivo pelo qual o jovem Justice vibrou como louco naquele dia era que a equipe neozelandesa, formada só de brancos, era chamada, para confusão e satisfação do garoto, de All Blacks (por causa de seu uniforme todo preto). Ele teve muito que comemorar. Liderados por um jogador calvo e atarracado chamado Sid Going, os visitantes arrasaram o North West Cape por 26 a 3. Justice, ao evocar a memória de infância, esfregou as mãos com alegria, para mostrar como os neozelandeses "arrasaram" com os bôeres de Upington, aqueles gigantes superalimentados que humilhavam sua família e seus amigos todos os dias, que insistiam que os negros os chamassem de *baas*. A partir desse dia, Justice se tornou um torcedor de rúgbi, pelo menos da forma limitada e estritamente vingativa que milhões de negros sul-africanos eram. Ele só gostava do esporte quando os adversários estrangeiros eram bons o bastante para derrotar os bôeres.

Justice se tornou um adolescente engajado na política, que entendia como o rúgbi era importante para os africâneres; o mais próximo que chegavam, fora da igreja, de uma vida espiritual. Eles seguiam um Cristianismo de Velho Testamento, conhecido como Igreja Reformada Holandesa; e tinham sua religião secular, o rúgbi, que era para os africâneres o que o futebol era para os brasileiros ou o futebol americano (primo-irmão do rúgbi) era para os residentes de Green Bay, em Wisconsin. E quanto mais direitistas fossem os africâneres, quanto mais fundamentalista fosse sua fé em Deus, mais fanático era seu apego ao esporte. Eles eram tementes a Deus, mas adoravam o rúgbi, principalmente quando o Springboks jogava.

Equipes nacionais da África do Sul tinham construído, uma após outra e ao longo do século XX, a reputação de jogadores de rúgbi mais agressivos do mundo. A maioria era de africâneres, apesar de às vezes um "inglês" (como os africâneres os chamavam, quando estavam sendo educados) extraordinariamente pesado, durão ou rápido conseguir entrar no time. E, principalmente, por serem africâneres, eram homens de ossos largos e mãos calosas que, na infância, tinham aprendido a jogar descalços, sobre pedaços de piche duro e seco, onde, se caíssem, certamente se machucariam.

Como uma metáfora da esmagadora brutalidade do apartheid, os Boks funcionavam muito bem. Por isso sua característica camisa verde tinha se tornado tão detestável para os negros quanto a polícia de choque, a bandeira e o hino nacional, "Die Stem" (O chamado), cuja letra louvava a Deus e celebrava a conquista da extremidade sul da África pelos brancos.

Era sobre essas indignidades que Justice refletia naquele decisivo mês de novembro de 1985. Mandela, de forma inimaginável, estava se encontrando secretamente com Kobie Coetsee, mas Justice estava menos interessado numa conciliação do que nunca. Ele fervilhava com a sombria indignação de um homem que sabia que, por ter nascido negro, nunca conseguiria explorar ao máximo suas habilidades inatas. Sempre fora um aluno brilhante, bem à frente de seus colegas e do que seus pais (sua mãe nunca aprendeu a ler) tinham sido aos 15 anos. Porém, as autoridades de Upington que governavam Paballelo não ofereciam estudo para adolescentes negros acima dessa idade. Elas cumpriam à risca o espírito e as palavras do arquiteto-mor do apartheid, Hendrik Verwoerd, que, em 1953, como chefe da secretaria do Interior, projetou o currículo escolar para, segundo ele, "a natureza e as exigências do povo negro". Verwoerd, que chegaria a primeiro-ministro, declarou que a meta de sua Lei do Ensino Banto era impedir que os negros recebessem uma educação que lhes permitisse aspirar a cargos acima de seu nível. O objetivo mais profundo era resguardar o velado e gigantesco esquema de proteção de empregos do sistema do apartheid para os brancos. O pai de Justice, determinado a fazer o que pudesse para causar um curto-circuito no sistema, o mandou para o outro lado do país, para uma escola metodista em Eastern Cape chamada Healdtown, onde o próprio Mandela tinha estudado.

Justice passou os 10 anos seguintes fazendo a viagem de ida e volta entre Upington e Eastern Cape, percorrendo uma distância de 960 quilômetros, numa busca quase sempre frustrante por uma formação que o ajudasse a realizar seu sonho de se tornar médico. Estava se aproximando de seu objetivo, se submetendo a todos os exames necessários para, por fim, obter uma vaga na faculdade de medicina, quando, no final de 1985, houve um imprevisto. Ele se apaixonou por uma moça e a engravidou. Justice tinha 25 anos, mas a instituição de ensino cristã que então frequentava considerou esse comportamento intolerável. Ele foi expulso, voltando para Paballelo na primeira semana de novembro, completamente frustrado.

O retorno de Justice coincidiu com o primeiro episódio sério na cidade do que as autoridades do apartheid chamavam de "agitação de negros". Esses distúrbios estavam acontecendo em todo o país, mas eram um fenômeno recente numa cidadezinha de interior como Paballelo, onde até então a resistência política era clandestina. No primeiro fim de semana que Justice passou em casa, no domingo, 10 de novembro, as manifestações no vilarejo eclodiram. A "agitação" seguiu a coreografia cruel que já era familiar para os telespectadores do mundo inteiro, exceto na África do Sul, onde tais imagens eram censuradas. Um grupo de negros se reuniu num espaço aberto em Paballelo para denunciar a mais recente ladainha de injustiças sociais. A polícia local há tempos temia que seus negros, até então dóceis ("nossos negros" era a expressão que usavam, desconhecendo os pensamentos revoltosos em turbilhão em suas cabeças), estivessem prestes a seguir a violenta liderança de seus primos arrogantes de Johanesburgo e da Cidade do Cabo. Certos de que o dia fatal finalmente tinha chegado, seguiram o roteiro de seus colegas da cidade grande acostumados a abafar manifestações e atiraram gás lacrimogêneo na pequena multidão de manifestantes. Justice não estava presente nesse dia, mas não faltaram jovens negros furiosos para reagir jogando pedras na polícia, que respondeu avançando contra a multidão, soltando os cachorros nos lançadores de pedras, perseguindo-os e batendo com cassetete nos que eram pegos.

A polícia não estava preparada para lidar com a ação violenta que se seguiu, na qual os manifestantes incendiaram casas e veículos cujos donos eram vistos como colaboradores do regime, pessoas como os vereadores pagos pelo governo para dar ao regime um verniz de respeitabilidade democrática. A polícia abriu fogo, matando uma mulher negra grávida. Mais tarde, os policiais disseram que ela estava jogando pedras neles, mas, pelo que se falava em Paballelo, a verdade era que ela simplesmente tinha saído de casa para comprar pão.

A revolução finalmente tinha chegado a Upington. Nos dois dias seguintes, segunda e terça-feira, o povo de Paballelo se engajou em lutas com a polícia, desta vez com Justice na liderança.

Na tarde de terça-feira, reforços policiais chegaram de Kimberley, a cidade mais próxima, a cerca de 290 quilômetros de distância. À frente deles estava um certo capitão Van Dyk, que propôs conversações de paz. Naquela noite, Justice e outros líderes locais se reuniram com ele na cidade. Eles não chegaram a uma resolução, mas concordaram em se encontrar de novo na manhã seguinte, dessa vez com toda a comunidade presente, no poeirento campo de futebol local. A ideia, com a qual o capitão Van Dyk concordou, era que os habitantes de Paballelo deveriam expor as injustiças que tinham ocasionado toda a confusão. Se o capitão de polícia pudesse atender a alguma reivindicação – alguns acreditavam que as questões deveriam ser discutidas num nível político –, o clima se acalmaria e eles evitariam o confronto violento que ganhava vulto. Justice e seus companheiros na liderança foram encorajados pelo comportamento sensato de Van Dyk. Ele se diferenciava do policial rude com o qual estavam acostumados em Upington.

Na manhã seguinte, dia 13 de novembro, milhares de pessoas foram ao campo de futebol. De novo, o ritual seguiu um padrão familiar, reproduzindo a sequência de eventos de milhares de outros encontros de protesto no país inteiro. Observada por uma falange da polícia de choque em uniformes cinza-azulados e uma fila de horrorosos veículos amarelos blindados com rodas enormes chamados Casspirs, uma multidão pacífica de negros se reuniu no centro do campo de futebol. As discussões começaram, como sempre, com o hino oficial da libertação negra, "Nkosi Sikelele iAfrika". As palavras, na língua de Mandela, o xosa, significavam:

Deus abençoe a África
Que sua glória se eleve ao alto
Ouça nossas queixas
Que Deus nos abençoe
Nós, seus filhos
Venha, Espírito
Venha, Espírito Santo
Deus, nós Lhe pedimos que proteja nossa nação
Intervenha e acabe com todos os conflitos

Proteja-nos
Proteja nossa nação
Que assim seja
Para sempre

A canção era generosa, triste, desafiadora e se propagou como uma onda no mar. Para os negros sul-africanos e para quem simpatizava com sua causa, era um convocação à coragem. Para as autoridades do apartheid e, em particular, para os jovens policiais brancos diante da multidão que cantava o hino, era uma expressão ameaçadora do vasto mar negro que poderia se agitar e engolfá-los.

Depois do *"Nkosi Sikelele"* seguiu-se uma oração cristã. Enquanto os milhares de pessoas se dirigiam a seu Deus, de cabeça baixa, e antes que qualquer questão política fosse abordada, um policial local, o capitão Botha, tirou o poder das mãos do capitão Van Dyk. Botha era de Upington.

Para espanto de Van Dyk, Botha levou um chifre de boi aos lábios e anunciou, num grito familiar a todos os veteranos dos protestos de negros na África do Sul, que a multidão tinha "10 minutos para se dispersar". A única coisa incomum a respeito da advertência foi que ela aconteceu cedo demais, antes mesmo que as orações tivessem acabado. O capitão Van Dyk poderia ter chegado ao mesmo ponto, mas teria respeitado mais os preceitos religiosos e pelo menos tentaria chegar a um desfecho por meio da negociação.

O capitão Botha não esperou 10 minutos para investir. Antes de se passarem dois minutos, ordenou que as tropas abrissem fogo com gás lacrimogêneo e balas de borracha e soltassem seus cães furiosos. Alguns dos negros mais jovens atiraram pedras, mas a maioria da multidão fugiu, os gritos das mulheres abafados pelo temível barulho dos motores dos Casspirs perseguindo as pessoas. A maior parte das estradas estava bloqueada por policiais armados, empunhando cassetetes ou batendo chicotes finos de couro no chão pedregoso. Percebendo uma brecha, Justice guiou um grupo de cerca de 150 pessoas – homens e mulheres, jovens e velhos – pela Pilane Street, deixando os policiais brancos para trás.

De repente, de uma das pequenas casas de tijolos cinza da rua, foram disparados alguns tiros. Uma criança caiu, gravemente ferida. Então um homem saiu de uma casa segurando uma arma acima da cabeça. Ele correu na direção do ódio, do medo e do caos. Seu nome era Lucas Sethwala. Ele era uma raridade na África do Sul dos tempos do apartheid: um policial negro; ele e outros "colaboradores" eram a causa do tumulto daquela noite de domingo. Em algum lugar no fundo da mente de Justice, impulsionando-o, estavam as imagens que o tinham moldado. A ilha Robben e o sofrimento de "nossos líderes", a alegria momentânea de assistir o All Blacks massacrar o time de rúgbi de Upington, a Lei da Reserva de Benefícios Sociais Separados, as Zonas de Grupo, a educação formal que ia somente até os 15 anos, o excitante exemplo do herói que matou o policial branco esfaqueado... essas e outras lembranças o consumiam. Mas, naquele momento, ao sair correndo sozinho perseguindo o policial Lucas Sethwala, a sensação que se sobrepunha era um frenesi e seu único objetivo era vingança.

"Não tive tempo de parar e pensar. Não foi uma escolha racional. Foi pura emoção", lembrou Justice.

O fato de Justice estar desarmado e Sethwala ainda estar segurando a arma e, enquanto corria, se virar para atirar mostra quão irracional foi a reação de Justice. Mas os tiros não o acertaram e ele por fim pegou Sethwala, o desarmou e deu coronhadas em sua cabeça. Só bateu duas vezes, mas foi o suficiente. Sethwala caiu inerte, morto. Justice se levantou e continuou correndo, mas o grupo atrás dele, que comemorava ruidosamente a captura e os golpes no policial, fez o que as multidões de negros sul-africanos costumavam fazer nessas circunstâncias. Eles chutaram o corpo inerte de Sethwala e alguém correu para buscar uma lata de gasolina. Justice não viu nada disso; só lhe contaram mais tarde. Cerca de 100 pessoas se reuniram em volta do corpo, pulando de alegria. Finalmente, uma vitória. Ou, no calor do momento, foi o que pareceu para Paballelo. Eles encharcaram o corpo com gasolina, riscaram um fósforo e atearam fogo nele.

Justice fugiu cruzando a fronteira para Windhoek, a capital da Namíbia, que, à época, ainda não era um país independente, pertencia à África do Sul. Seis dias depois, em 19 de novembro, foi capturado e levado de volta para Upington, onde ele e outros 25 negros foram presos e acusados de assassinato. A Lei de Objetivo Comum, como era chamada, permitia a acusação não só das pessoas diretamente responsáveis por um crime, mas também de todos os que compartilhassem o desejo de cometê-lo e que tivessem dado apoio moral. Diante de uma definição tão vaga, a polícia poderia prender duas, cinco, 10, 20 ou 62 pessoas. Eles optaram por 26, acusando todas elas pela morte de um único homem. Entre os réus estava um casal de cerca de 60 anos que tinha 11 filhos e nenhum antecedente criminal, nem mesmo registro de leve envolvimento político. Os investigadores da polícia não fizeram qualquer esforço para diferenciar o grau de culpa do casal de idosos e o de Bekebeke. Eles não sabiam que Bekebeke fora quem tinha desferido os golpes fatais. Nem iriam descobrir durante o longo julgamento que se seguiu. Se considerados culpados, os "26 de Upington" enfrentariam a mesma sentença para a qual Mandela estava se preparando havia 21 anos desde que estivera no cais em Pretória: morte por enforcamento.

CAPÍTULO 4

# CONQUISTANDO O CROCODILO

*1986-1989*

Kobie Coetsee sucumbira mais rápido do que ele ou Mandela poderiam imaginar. Porém, Mandela duvidava que atingiria sua próxima meta tão facilmente. Seu objetivo final – uma reunião com o presidente Botha – só poderia ser atingido depois que, e se, ele conquistasse o homem que guardava a porta presidencial, Niël Barnard, o chefe do Serviço Nacional de Inteligência (NIS). Por volta dos 20 anos, Barnard, que estudara política internacional na Universidade de Georgetown, em Washington, D.C., adquirira uma reputação de garoto gênio. Botha ouviu falar dele pela primeira vez quando Barnard era palestrante na Universidade do Estado Livre de Orange. De forma impulsiva, Botha o tirou da universidade aos 30 anos, para chefiar o NIS. Isso foi em 1º de junho de 1980. Barnard permaneceria no cargo até 31 de janeiro de 1992, servindo a Botha por quase 10 anos e a seu sucessor, F. W. de Klerk, por dois.

Ninguém no aparato de Estado do apartheid sabia mais sobre o que estava acontecendo na política sul-africana do que Barnard, que tinha informantes por toda parte, alguns deles bem enfronhados no

CNA. Ele era sagaz e discreto, um funcionário público civil extremamente dedicado, com um grande senso de dever. Durante os 12 anos que permaneceu como chefe do NIS, uma organização que suas congêneres CIA e MI6 da Grã-Bretanha passaram a respeitar, se não admirar, seu rosto era tão desconhecido do público geral quanto o de Mandela tinha sido na prisão. Não havia um homem em que Botha confiasse mais.

Barnard era alto, moreno, educado e desprovido de humor. Como um Dr. Spock africâner, ele falava num tom monótono e era tão impassível que, se você cruzasse com ele um dia depois de terem sido apresentados, provavelmente não o reconheceria. Porém, sua mente funcionava de forma bastante clara e, apesar de ter uma maneira afetada de falar, anos mais tarde sua memória permanecia nítida em relação ao clima político e às lutas dentro do governo nos anos 1980.

"Algumas pessoas, principalmente no meio militar, mas também na polícia, no fundo acreditavam que tínhamos que lutar até o fim, de uma forma ou de outra", lembrou ele. "Nós, no NIS, acreditávamos que essa era a maneira errada de brigar pelas coisas. Acreditávamos que um acordo político era a única solução para os problemas do país." De fato, essa era uma mensagem muito dura para se enviar à máquina do governo sul-africano. Barnard não tinha ilusões quanto a isso. "Mas o importante era que P. W. Botha, que tinha mais ou menos nascido e crescido na segurança do sistema, acreditava que, de uma forma ou de outra, tínhamos que... como direi... estabilizar a situação sul-africana e daí em diante tentar encontrar algum tipo de solução política."

Botha convocou Barnard ao seu gabinete num dia de maio de 1988 e lhe disse: "Dr. Barnard, queremos que vá se encontrar com o Sr. Mandela agora. Tente sondar o que o senhor vem defendendo há algum tempo. É possível chegar a um acordo pacífico com o CNA, com esse homem, Mandela? Tente descobrir o que ele acha do comunismo... e depois tente descobrir se o Sr. Mandela e o CNA estão interessados num acordo pacífico. Pois nós também temos sérias suspeitas sobre qual seria o verdadeiro interesse deles."

O primeiro encontro de Barnard com Mandela aconteceu no escritório do diretor de Pollsmoor. Como Barnard disse, relembrando as primeiras impressões de Kobie Coetsee: "O Sr. Mandela entrou e eu vi de imediato que, mesmo de casacão e botas, ele tinha uma presença e uma personalidade imponentes." Os dois homens se sentaram, cientes de que o verdadeiro objetivo daquela reunião era que se conhecessem e desenvolvessem uma relação capaz de sustentar as negociações políticas que talvez se seguissem. Eles bateram papo – Mandela perguntou a Barnard de que parte da África do Sul ele vinha e Barnard quis saber sobre a saúde de Mandela – e concordaram em se encontrar de novo.

No entanto, antes que isso acontecesse, Barnard ordenou, exatamente como Coetsee tinha feito, que Mandela recebesse roupas mais adequadas a um homem de sua importância. Segundo Barnard: "Obviamente era inaceitável falar do futuro do país usando casacão e botas. Combinamos com Willie Willemse, diretor dos presídios, que, nas reuniões seguintes, ele estaria vestido de maneira compatível com sua dignidade e seu orgulho como ser humano." Não era só em relação a roupas que as coisas deveriam ser ajustadas, decidiu Barnard. Era necessário achar um local mais apropriado para o próximo encontro. "O Sr. Mandela deveria estar numa situação de igual para igual em qualquer encontro futuro, isso estava bem claro para mim. Lembro-me de dizer a Willie Willemse que nunca mais poderíamos realizar uma reunião como essa dentro da prisão. Isso não contribuiria para criar uma situação de igualdade." Daí em diante, Barnard e Mandela se reuniriam na casa de Willemse, dentro dos limites de Pollsmoor.

Isso começou no segundo encontro, um jantar na casa de Willemse ao qual Mandela compareceu vestindo um paletó. "Ele foi um convidado magnífico", lembrou Barnard, sua reserva natural se dissolvendo com a recordação. Nessas reuniões, a mulher de Willemse preparava refeições deliciosas, regadas a vinho, e os dois homens conversavam durante horas sobre como encerrar o apartheid de forma pacífica.

Por sua parte, Kobie Coetsee chegou à conclusão de que manter Mandela na prisão era tão impróprio e inútil para o objetivo maior das conversas quanto vesti-lo com roupas de prisioneiro. Não que ele estivesse sendo maltratado em Pollsmoor. Em comparação com a claustrofobia que tinha enfrentado na ilha Robben, sua cela em Pollsmoor parecia um mar aberto. Porém, o lugar para onde ele foi em seguida parecia uma viagem num cruzeiro de luxo.

Quanto pior era o regime de Botha para os negros na rua, melhor ele tratava Mandela. Ele poderia ter protestado. Poderia ter vociferado contra Barnard, feito reivindicações, ameaçado cancelar as reuniões secretas. Mas não fez nada disso. Entrou no jogo, pois sabia que, apesar de seu poder de intervir nos eventos contemporâneos ser praticamente nulo, seu potencial para influenciar o formato que a África do Sul teria no futuro era enorme. Assim, quando, em dezembro de 1988, o general Willie Willemse, o mandachuva do serviço penitenciário sul-africano, o informou de que ele seria removido de sua cela grande e solitária em Pollsmoor para uma casa dentro dos limites de uma prisão chamada Victor Verster numa bela cidade de nome Paarl, distante uma hora ao norte pela estrada bem no meio da região de vinhedos do Cabo, Mandela não fez objeções.

Trocou sua cela por uma casa espaçosa sob a supervisão – ou melhor, sob os cuidados – de um outro Christo Brand, um outro guarda africâner que tinha estado com ele tanto em Pollsmoor quanto na ilha Robben. Seu nome era Jack Swart e seu trabalho era cozinhar para Mandela e bancar o mordomo, abrindo a porta para os visitantes, ajudando-o a organizar sua agenda, mantendo a casa limpa e arrumada. A cozinha era ampla e bem equipada, incluindo eletrodomésticos inimagináveis quando Mandela foi para a prisão. Ele tinha permissão para receber visitas de outros prisioneiros políticos. Um deles era Tokyo Sexwale, um agitador do Umkhonto we Sizwe que passou 13 anos na ilha Robben, acusado de terrorismo. Sexwale era membro de um pequeno grupo de jovens radicais do CNA e tinha se tornado próximo de Mandela na ilha. Lembrando-se dessa visita a Mandela em Victor Verster, Sexwale disse, rindo: "Vimos um aparelho de televisão na casa. Isso já era ruim. Então vimos outro. Duas televisões! Isso, sem dúvida, era a prova definitiva de que ele tinha se vendido para o inimigo!"

Com um sorriso largo, Mandela garantiu-lhes que aquilo não era uma televisão. Explicou para seus convidados boquiabertos que aquela máquina podia ferver água. Pegou uma xícara de água e fez uma demonstração triunfante, colocando a xícara lá dentro e apertando dois botões. Poucos minutos depois, Mandela retirou a xícara de água fervente do micro-ondas – um eletrodoméstico que seus convidados nunca tinham visto.

Com Jack Swart sempre a seu serviço, Mandela oferecia jantares a convidados tão variados quanto Barnard, Sexwale e seu advogado George Bizos, em sua nova "casa". Antes que os convidados chegassem, Swart e Mandela discutiam questões de etiqueta, como qual o vinho correto para se servir primeiro. Quanto aos legumes, alguns vinham da horta do próprio Mandela, que tinha uma piscina e vista para as magníficas montanhas escarpadas em torno dos exuberantes vales dos vinhedos do Cabo. O paraíso para Mandela não seria completo sem uma sala de ginástica equipada com bicicleta ergométrica e pesos, onde ele se exercitava todo dia de manhã, antes do nascer do sol.

A ideia, segundo Barnard, era facilitar sua transição, após os, até então, 26 anos de isolamento, para o admirável mundo novo de micro-ondas e computadores pessoais. "Estávamos ocupados criando uma atmosfera onde o Sr. Mandela poderia ficar e viver num ambiente o mais normal possível", disse Barnard. O objetivo mais profundo, ou assim afirmava Barnard, era ajudá-lo a se preparar para o governo e para um papel de vulto no cenário mundial. "Muitas vezes eu lhe disse: 'Sr. Mandela, governar um país é um trabalho difícil. Não é como, com todo o respeito, sentar-se em Londres num hotel, beber cerveja Castle da África do Sul e falar sobre o governo.' (Barnard estava ironicamente se referindo aos líderes exilados do CNA.) Eu disse a ele: 'Governar é uma tarefa árdua, o senhor precisa entender como isso é difícil.'"

Barnard também se responsabilizou pela tarefa mais difícil de preparar o presidente Botha, o "crocodilo", para se encontrar com Mandela. A pressão inicial para que essa reunião acontecesse partiu do próprio Mandela, que começou a demonstrar uma certa impaciência com o ritmo com que as coisas estavam progredindo. Ele queria que essas conversas preparassem o caminho para um processo de negociação que envolvesse o CNA, o governo e todos os partidos que quisessem participar, com o objetivo de acabar com o apartheid por meios pacíficos. Quando chegou o ano de 1989, depois de mais de seis meses de reuniões entre prisioneiro e espião, Mandela já estava farto. "É bom ter discussões preliminares com você sobre assuntos fundamentais", disse ele a Barnard, "mas você entenderá que não é um político. Não tem nem a autoridade nem o poder. Preciso conversar com o próprio Sr. Botha, o mais rápido possível."

Em março de 1989, Barnard entregou a seu chefe uma carta de Mandela. Nela, ele argumentava que a única maneira de se chegar a uma paz duradoura na África do Sul seria por meio de um acordo negociado. Ele disse que a maioria negra, no entanto, não tinha intenção de aceitar os termos de uma rendição. "Governo majoritário e paz interna", escreveu ele, "são como os dois lados de uma mesma moeda, e a África do Sul branca simplesmente precisa aceitar que nunca haverá paz e estabilidade neste país enquanto esse princípio não for aplicado totalmente."

Talvez mais significativo do que sua carta tenha sido o fato de que Mandela já tinha convencido Barnard de seus argumentos. Barnard convenceria o seu chefe, mesmo que a carta não o fizesse.

"Sim...", disse Barnard, com uma afeição se manifestando furtivamente em seu frio tom monocórdio, "o velho homem" – ele se referia a Mandela – "é um desses indivíduos estranhos que o cativam.

Ele tem aquele carisma estranho. Você se pega querendo ouvi-lo... Então nunca houve em nossas mentes, do ponto de vista da inteligência, a mínima dúvida. Ele era o homem – se não fosse possível chegar a um acordo com ele, então nenhum acordo poderia ser alcançado."

Esse foi seu argumento para Botha. Mas havia outros argumentos que ele também recomendou que o presidente considerasse. O mundo estava mudando rapidamente. O movimento anticomunista Solidariedade tinha chegado ao poder na Polônia; demonstrações na Praça da Paz Celestial pediam uma reforma chinesa; o Exército soviético encerrou sua ocupação de nove anos do Afeganistão; o Muro de Berlim estava balançando. O apartheid pertencia, como o comunismo, a uma outra era.

Os argumentos de Barnard influenciaram Botha, mas o presidente poderia ter continuado a tremer, se eriçar e atrasar as coisas se o destino biológico não tivesse intervindo. Um derrame sofrido por ele em janeiro de 1989 injetou uma nova urgência nas negociações. Ele era mais respeitado que amado por seus colegas de gabinete e alguns deles o temiam. Seus inimigos dentro do próprio Partido Nacionalista, finalmente percebendo uma fraqueza, estavam fechando o cerco. Barnard, uma das poucas pessoas que realmente tinham afeição por Botha, percebeu que os dias de seu chefe no gabinete estavam contados e que era preciso agir rapidamente. "Lembro-me de lhe dizer que aquela era a melhor hora para ele se encontrar com o Sr. Mandela o mais rápido possível. Se não, deixaríamos escapar uma das oportunidades mais importantes de nossa história. Minhas observações para o Sr. Botha foram: 'Sr. Presidente, se o senhor se encontrar com Mandela e isso se tornar a base, a fundação para o futuro desenvolvimento de nosso país, a história sempre o reconhecerá como o homem que iniciou esse tão esperado processo. Na minha respeitosa opinião, esta é uma situação em que todos só têm a ganhar.'"

Era uma maneira educada de dizer que aquela talvez fosse a última oportunidade que Botha teria de ser lembrado não só como um grande e aterrorizante réptil. Botha captou a mensagem e Barnard voltou a Mandela com a boa-nova de que o presidente tinha concordado em se encontrar com ele. "Mas eu o avisei: 'Preste atenção, esta será uma reunião para quebrar o gelo. Não serão tratados assuntos fundamentais. Vá conhecer o homem. Fale sobre amenidades. E não mencione a questão de Walter Sisulu... Se você mencionar de novo a libertação de Walter Sisulu, o Sr. Botha vai dizer não. Eu o conheço. E, se ele disser não, é não... Deixe isso de lado. Há uma outra maneira de abordar essa questão. Além disso, não fale de questões difíceis, esse não é o motivo do primeiro encontro.'"

Mandela ouviu educadamente, mas não tinha a intenção de seguir as instruções desse jovem brilhante, petulante e ligeiramente estranho mais de 30 anos mais novo que ele. Os dois tinham conversado bastante sobre uma possível libertação de Sisulu, que estava na prisão havia 25 anos e, se Mandela julgasse adequado, tocaria no assunto com Botha. Contudo, não recusou a oferta de Barnard de uma roupa especial para a ocasião. Como cortesia do NIS, um alfaiate tirou suas medidas para fazer um terno. Quando o terno foi entregue, Mandela se olhou no espelho e ficou satisfeito com o efeito. Essa era a reunião mais importante de sua vida e ele estava ansioso para obter o clima certo. Como um ator prestes a entrar em cena, releu as notas que vinha preparando há dias, ensaiou suas falas, entrou no personagem. Ele se encontraria com seu carcereiro-mor de igual para igual. Dois chefes representando dois povos orgulhosos.

Na manhã de 5 de julho de 1989, o general Willemse foi de carro buscar Mandela em Victor Verster para acompanhá-lo no trajeto de 45 minutos de Paarl até a pomposa residência presidencial na Cidade do Cabo conhecida como Tuynhuys, um monumento do século XVIII ao regime colonial branco. Pouco antes de entrarem no carro, Willemse, momentaneamente assumindo o papel de mordomo que cabia a Jack Swart, curvou-se para Mandela e o ajudou a ajeitar a gravata. Mandela, um dândi antes de ir para a prisão, tinha perdido o jeito.

Cerca de uma hora mais tarde, depois que Mandela desceu do carro e estava se preparando para entrar no gabinete de Botha, o solícito Barnard fez algo notável. Ansioso para que seu tutelado causasse uma boa impressão, ele se ajoelhou diante de Mandela e amarrou os cadarços de seus sapatos.

• • •

Mandela parou sorrindo à entrada da toca do crocodilo, intuindo que, se usasse o tom certo e escolhesse as palavras com sabedoria, o triunfo que vinha construindo havia um quarto de século poderia finalmente estar ao seu alcance. Ele sabia que a decisão de Botha de se encontrar com ele era um reconhecimento de que as coisas não poderiam mais continuar como estavam. Foi por isso que ele não se torturara pensando se seria apropriado ou não se sentar e conversar com o grupo mais violento de governantes que a África do Sul já conhecera desde o estabelecimento do apartheid em 1948.

Mandela entendia, antes de tudo e de uma forma que Justice Bekebeke, que estava lá fora na linha de fogo, não conseguia entender, que a violência que Botha tinha desencadeado contra a população negra nos últimos quatro anos demonstrava uma fraqueza e um desespero crescentes. Com o fim da ilusão de legitimidade, o único instrumento que restava para manter o apartheid funcionando eram as armas. Se havia uma coisa que Mandela aprendera na prisão era ter uma visão mais ampla das coisas. E isso significava manter os olhos voltados para seu objetivo, por mais distante que ele estivesse, e não se deixar desviar pelos horrores do presente.

E havia mais uma coisa. Em todos os anos que passou estudando os africâneres, sua língua e sua cultura, Mandela aprendeu que eles eram, acima de tudo, sobreviventes. Eles tinham chegado da Europa, se estabelecido na África e feito dela o seu lar. Para obter sucesso nessa empreitada, tiveram que ser duros, mas também pragmáticos. Havia dois P. W. Bothas. Havia o valentão impiedoso e havia o homem que certa vez advertira os africâneres, num famoso discurso, de que eles tinham que "se adaptar ou morrer".

Barnard bateu à porta do presidente, a abriu e entrou no suntuoso salão decorado com tapeçaria de Versalhes. Mandela relembra esse momento em sua autobiografia, *Longo caminho para a liberdade*: "Do lado oposto de seu grande gabinete, P. W. Botha caminhou na minha direção. Ele vinha com a mão estendida e com o sorriso largo e, de fato, desde esse primeiro momento, ele me desarmou completamente." Kobie Coetsee, que, junto com Barnard, ficou em segundo plano na reunião e observou com espanto quando Botha serviu a Mandela uma xícara de chá, notou que o tom conciliatório era mútuo. Mandela deixou o ríspido velho crocodilo à vontade, amaciou-o com um sorriso franco e modos elegantes, conversando em africâner. "Eu diria que houve quase um alívio ao se encontrarem pela primeira vez", disse Coetsee.

Botha demonstrou um respeito absoluto por Mandela. Mandela também foi a educação em pessoa, mas onde tinha uma vantagem sobre o presidente era na malícia de suas artes de sedução. Ele se expressou traçando analogias entre a atual luta do povo negro pela libertação e o esforço semelhante dos africâneres na Guerra Anglo-Bôer, quase 100 anos antes, para se livrar do jugo do Império Britânico. Botha, cujos pai e avô tinham combatido os ingleses nessa guerra, ficou impressionado com o conhecimento de Mandela sobre a história de seu povo.

Julgando que tinha amaciado o presidente, Mandela seguiu adiante e desobedeceu as orientações de Barnard, trazendo à baila o assunto da libertação de seu amigo Sisulu. Era uma questão de suma importância, tanto em termos políticos quanto pessoais, que Sisulu, cuja saúde era frágil, fosse libertado, argumentou ele. "O mais estranho", recordou Barnard uma década mais tarde, "é que o Sr. Botha ouviu e disse: 'Dr. Barnard, o senhor conhece os nossos problemas. Imagino que o senhor os tenha explicado ao Sr. Mandela, mas acho que temos que ajudá-lo. Acho que isso precisa ser feito. Cuide desse assunto.' Eu disse: 'Está certo, Sr. Presidente.'"

Porém, nem tudo foi tão fácil entre os dois homens. "Houve momentos de grande sinceridade", relembrou Coetsee, "e ambas as partes estavam muito firmes em suas posições." Mandela provavelmente teve que se conter quando Botha, segundo Coetsee, começou a bater na tecla dos "padrões e normas, civilização e Escrituras", que era a maneira codificada dos políticos do Partido de contrastar os méritos de sua cultura com o barbarismo inculto do mundo dos negros. Por sua vez, Botha também não deve ter ficado muito satisfeito ao ouvir Mandela reafirmar sua visão de que o Partido Comunista era um aliado de longa data e que "agora ele não iria repelir parceiros que tinham estado com o CNA durante toda a luta".

No entanto, os dois homens se despediram de forma tão afável quanto tinham se encontrado. A química que Coetsee identificou tinha funcionado, pois Botha imediatamente confirmou uma das impressões de Barnard: Mandela era um homem de fortes convicções e não tinha medo de expressá-las. "Mandela era muito sincero e tão direto que às vezes chegava a ser rude", disse Barnard. "Os africâneres gostam disso." Botha olhou para o líder da África do Sul negra e decidiu ver uma versão idealizada de seu próprio ego insensível. Apelando para sua vaidade e para o orgulho africâner, Mandela tinha conquistado o "crocodilo". "Mandela", disse Barnard, "soube como usar seu poder de forma sutil. É como comparar dinheiro novo e dinheiro velho. Ele soube como lidar com o poder sem humilhar seus inimigos."

Uma declaração oficial depois da reunião deu a vitória a Mandela em palavras suaves: os dois homens "tinham confirmado seu apoio a desdobramentos pacíficos" na África do Sul. Em outras palavras, Botha tinha se comprometido com o plano que Mandela arquitetara durante 27 anos na prisão: a paz por meio do diálogo. Os preparativos para negociações plenas entre o CNA e o governo, agora abençoadas pelo africâner-chefe, continuariam a passo acelerado. E também tinha havido o agradável bônus do aparente movimento pela libertação de Walter Sisulu e meia dúzia de outros prisioneiros veteranos, que aconteceu três meses depois, apesar de Botha estar então fora do cargo, substituído por F. W. de Klerk.

Os dois saíram da reunião em Tuynhuys se sentindo melhor com relação a si mesmos e ao mundo do que quando tinham entrado. Mandela, em particular, saiu em clima de tranquilo triunfo. Como escreveria em sua autobiografia: "O Sr. Botha já vinha falando há muito tempo sobre a necessidade de tomar uma decisão e enfrentar as consequências, mas nunca tinha feito isso até aquela manhã em Tuynhuys. Agora eu sentia que não havia como voltar atrás."

Era o fim do trabalho político de Mandela por trás das grades. Tinha conquistado seus carcereiros imediatos, como Christo Brand e Jack Swart; depois os chefes da prisão – o coronel Aucamps e o major Van Sittert; depois Kobie Coetsee, Niël Barnard e, contra todas as expectativas, o próprio "grande crocodilo". O próximo passo era sair da prisão e começar a exercer sua magia sobre a população em geral, ampliando sua ofensiva charmosa até conquistar toda a África do Sul branca.

# CAPÍTULO 5
# PLANETAS DIFERENTES

O mundo em que Mandela se viu vivendo em 1989 estava muito afastado no tempo e no espaço moral da dureza da vida na África do Sul, principalmente na África do Sul negra. Enquanto se vestia para jantar na casa do gentil casal Willemse, enquanto mexia no micro-ondas, discutia vinhos com seu mordomo, mergulhava na piscina e admirava a vista de seu jardim, os homens mais poderosos do país – os mesmos com quem ele se sentaria e tomaria xícaras de chá de forma muito distinta – se esgueiravam pela porta dos fundos e vestiam sua roupa de vampiro, soltando as fúrias no povo que Mandela tinha dedicado sua vida a libertar.

Afora as ações violentas normais da polícia de choque nos vilarejos, os esquadrões da morte da polícia e do Exército, cuja criação Botha tinha aprovado, estavam eliminando ativistas que eles consideravam particularmente perigosos para o Estado. E Kobie Coetsee ainda presidia um sistema judicial que estava condenando à morte mais pessoas que a Arábia Saudita e os Estados Unidos (embora menos que a China, o Iraque e o Irã) e proferindo uma sentença mais injusta que a outra. Em abril de 1989, dois fazendeiros brancos julgados culpados por espancar um agricultor negro até a morte tinham recebido a sentença de uma multa de 1.200 rands (cerca de 500 dólares) e seis meses de prisão suspensa por cinco anos. No mesmo dia, outro tribunal condenou três policiais por espancarem um homem negro até a morte, mas prenderam apenas um deles, o único que era negro, por 12 anos.

No entanto, nada disso se comparava ao que o pessoal de Coetsee estava fazendo num tribunal no centro de Upington. Dos 26 indivíduos acusados do assassinato de Lucas Sethwala, o policial negro que havia atirado contra a multidão, tinham conseguido condenar 25. O que ainda faltava ser decidido, em meados de 1989, era se os 25, que estavam na prisão desde o final de 1985, receberiam a sentença de morte obrigatória.

As atenções de Paballelo estavam todas voltadas para os detalhes do julgamento. Mas, para a população branca de Upington, era como se ele estivesse acontecendo em Bornéu, dada a pouca atenção que atribuíram ao assunto. Com exceção dos policiais de plantão, nenhum habitante branco de Upington apareceu durante os três anos e meio que durou o julgamento. O drama se baseia na premissa de identificação com seus protagonistas. Para Upington, Paballelo era um mundo paralelo pouco iluminado e habitado por uma espécie alienígena; o melhor era deixá-lo de lado.

Seria injusto sugerir que Upington monopolizava o mercado no que dizia respeito ao racismo branco. O julgamento que acontecia lá e as circunstâncias em torno dele poderiam ter acontecido em qualquer uma das centenas de outras cidades da África do Sul. Upington, no meio do deserto, proporcionava uma visão nitidamente focada do apartheid, das linhas claramente traçadas que mantinham as raças separadas. Mas os cidadãos brancos locais não estavam de forma alguma sozinhos nem eram muito diferentes da maioria de seus compatriotas de pele clara. E, apesar de serem satirizados e ridicularizados em todo o mundo, imagina-se que o cidadão médio dos Estados Unidos, do Canadá ou da Austrália, se tivesse nascido na África do Sul do apartheid, não teria se comportado de forma muito diferente. Eles habitavam a mesma órbita geral das pessoas mais privilegiadas do mundo ocidental. Suas existências centravam-se na casa e no trabalho, em levar uma vida boa e confortável. A política raramente se infiltrava nesse mundo. A diferença era que moravam lado a lado com algumas das pessoas mais pobres e maltratadas do mundo. Essa era também a sua sorte, pois, à custa do infortúnio de seus vizinhos negros, os sul-africanos brancos certamente gozavam da qualidade de vida mais confortável e talvez do mais alto padrão de vida do mundo.

Escolha uma família entre as classes econômicas mais baixas da África do Sul branca. Por exemplo, a família de François Pienaar, que acabaria sendo o capitão do time do Springboks na final da Copa do Mundo de Rúgbi de 1995. Seu pai era um trabalhador braçal da indústria do aço. Sua família não tinha uma boa situação de acordo com os padrões da África do Sul branca. A vida para eles era uma peleja financeira. Pienaar ficava envergonhado com o velho carro caindo aos pedaços da família, com os presentes que recebia no Natal, menos extravagantes que os de outros garotos. Mas a família Pienaar tinha uma casa grande o bastante para acomodar duas empregadas domésticas negras, que chamavam François e seus três irmãos mais novos de *klein baas*, "senhorzinhos". Esse tipo de relação entre garotos brancos de 6 anos e empregadas com idade para serem suas mães ou avós era – há muito tempo – normal nas casas dos brancos. P. W. Botha certa vez descreveu numa entrevista para *The New York Times* sua relação com os negros na infância. "Meu pai me ensinou a ser rígido com eles", disse ele, "porém justo."

Pienaar cresceu numa cidade industrial ao sul de Johanesburgo, 800 quilômetros a leste de Upington, chamada Vereeniging. A Vereeniging branca tinha a mesma relação com Sharpeville, seu vilarejo negro mais próximo, que Upington tinha com Paballelo. Para a família Pienaar, Sharpeville tinha uma importância pouco maior que Selma, no Alabama. No entanto, Vereeniging pesava muito na cabeça dos residentes de Sharpeville. Era de lá que a morte tinha vindo para visitá-los. Sharpeville sofreu a pior atrocidade da era do apartheid. Em 1960, a polícia abriu fogo contra manifestantes negros desarmados em fuga, matando 79.

Provavelmente havia mais ódio contra os brancos de Vereeniging que em qualquer outra parte da África do Sul. Sharpeville era o vilarejo onde o PAC – o pessoal do "um colonizador, uma bala" – tinha sua base de apoio mais forte. Mas, durante sua infância e adolescência, Pienaar tinha pouca noção de que os negros o viam como inimigo mortal e nenhuma ideia da existência de Sharpeville, muito menos de sua história. Os negros estavam além dos limites de sua consciência juvenil. Como ele admitiria: "Éramos uma família típica da classe trabalhadora africâner, sem consciência política, que nunca tocava nesse assunto e que acreditava 100% na propaganda da época."

Era assim para praticamente todo mundo que foi criado no mundo de Pienaar. Não passava pelas suas cabeças questionar se era justo os brancos terem casas maiores, carros, escolas e instalações esportivas melhores ou o direito ancestral de passar na frente dos negros na fila dos correios. Ainda mais remota para Pienaar, assim como para a maioria dos africâneres de sua classe social, era a noção de que a vida de privilégios que esses brancos levavam tinha sido obtida de maneira dúbia e, um dia, poderia lhes ser abruptamente tomada. Em sua adolescência, a ideia de que os negros pudessem se organizar numa força que merecesse o título de "inimigo" pareceria forçada. O inimigo, até onde o jogador de rúgbi François sabia, era os "ingleses". Eles também jogavam rúgbi, apesar de nunca o terem feito tão bem quanto os africâneres, a quem os brancos que falavam inglês chamavam de "holandeses". O jovem Pienaar tinha muito orgulho de, durante sua trajetória escolar, seu time nunca ter perdido uma só vez para uma escola cuja língua predominante fosse o inglês.

A lacuna entre a paixão da família de Pienaar pelo rúgbi e sua falta de interesse pela política foi revelada durante uma série de jogos do Springboks pela Nova Zelândia em 1981. Normalmente um dos países politicamente mais tranquilos do mundo, a Nova Zelândia estava perigosamente dividida ao meio pela presença do time em seu país, tal era a força dos sentimentos da metade do país que partilhava a devoção cega dos africâneres pelo jogo e da metade que abominava o grande "crime contra a humanidade" da África do Sul. Nunca antes a população da ilha tinha estado tão polarizada. A viagem durou oito tumultuadas semanas e, aonde quer que o Springboks fosse, era recebido por manifestantes exaltados, polícia de choque com escudos, soldados e arame farpado. Os estádios estavam sempre cheios, mas as ruas também ficavam apinhadas de um número igual de manifestantes amotinados. O último jogo, em Auckland, foi interrompido por um avião leve que voava baixo e que jogou quatro bombas no campo. Isso tudo, combinado com as imagens de policiais batendo com seus cassetetes nos manifestantes vestidos de palhaços, foi um prato cheio para a televisão. A família Pienaar estava assistindo. Mas ficaram francamente confusos com o que viram.

• • •

Arnold Stofile chamava o rúgbi de "o ópio dos bôeres". Um negro que, assim como Bekebeke, não permitira que as indignidades do apartheid anulassem sua poderosa personalidade, ele foi criado numa fazenda, se juntou a uma organização de frente do CNA no início dos anos 1960, tornou-se professor de teologia na Universidade de Fort Hare (onde Mandela tinha estudado), foi ordenado ministro presbiteriano e jogava rúgbi, um fenômeno menos incomum entre negros nascidos em Eastern Cape que em qualquer outra parte da África do Sul. Mas ele não deixou que sua paixão pessoal pelo jogo obscurecesse sua visão do quadro político maior. Tornou-se um dos principais militantes organizadores de boicotes a jogos internacionais. "Sempre definimos o esporte como o apartheid de uniforme", disse Stofile. "Ele era um elemento muito importante nas relações exteriores deste país, os ídolos do esporte eram os embaixadores de fato da África do Sul, uma parte central do esforço para tornar o apartheid menos inaceitável. E, no que dizia respeito à política interna, era uma barreira que mantinha jovens brancos separados dos negros, de forma que recebia muito apoio do governo e as grandes empresas obtinham reduções de impostos por patrocinar o esporte. Então, era o ópio que mantinha os brancos na feliz ignorância; o ópio que entorpecia a África do Sul branca."

Negar a droga da felicidade à África do Sul e ao governo seus "embaixadores" foi a missão à qual Stofile dedicou quase 20 anos de sua vida. "Uma greve de trabalhadores e até mesmo uma bomba afetaria um pequeno grupo", explicou ele. "Isso afetava todos eles, todos os homens brancos, todo lar num país louco pelo esporte cuja principal fonte de orgulho em relação ao resto do mundo eram suas proezas esportivas."

Niël Barnard, que estava entre os alvos da ofensiva de Stofile, não discordava. "A política do CNA de isolamento internacional do esporte, principalmente do rúgbi, era muito dolorosa para nós, africâneres. Psicologicamente, era um golpe cruel, porque o rúgbi era um terreno no qual nos sentíamos como uma pequena nação, no qual podíamos nos manter de cabeça erguida. Impedir-nos de jogar rúgbi com o resto do mundo acabou se tornando a alavanca mais bem-sucedida de influência política."

O sucesso mais espetacular de Stofile aconteceu em 1985, um ano divisor de águas em que praticamente tudo parecia acontecer na África do Sul. Ele saiu ilegalmente do país e conseguiu chegar, com a ajuda de um ex-All Blacks que era um alto comissário de seu país no Zimbábue, até a Nova Zelândia. Lá, usou seu prestígio de forma decisava em prol de uma campanha com o objetivo de impedir que o All Blacks participasse de um torneio na África do Sul.

A Nova Zelândia estava tão dividida e enraivecida que toda a cultura do rúgbi, orgulho e paixão do país, estava sob ameaça. Os pais estavam proibindo seus filhos de praticarem o esporte na escola e ameaçando nunca mais deixá-los jogar, tal era a força do sentimento de boicote à viagem do time. Stofile relembrou com satisfação como prosseguiu com a ofensiva da propaganda, dirigindo-se a grandes multidões, aparecendo na televisão e no rádio, elevando a discussão nacional para além de noções abstratas de branco e negro, dando à causa um rosto e um nome. Quando chegou à Nova Zelândia, o apoio ao boicote ao esporte era de 40%. Três semanas depois, esse número tinha subido para 75%. Mesmo assim, a associação de rúgbi da Nova Zelândia decidiu prosseguir com a viagem, mas então os próprios jogadores aderiram ao boicote, sendo que um grupo deles levou o caso à justiça.

O aparecimento de Stofile como testemunha no caso foi decisivo. Um sujeito parrudo que adorava rúgbi tanto quanto o neozelandês médio, ele argumentou que havia uma causa maior em jogo e então fez um relato eloquente sobre as piores injustiças que os negros sofriam, enfatizando principalmente a Lei da Reserva de Benefícios Sociais Separados e o que isso significava na vida cotidiana dos negros. Concluiu lembrando ao tribunal que um país com a tradição democrática memorável da Nova Zelândia deveria se envergonhar por compactuar com um regime que tinha o descaramento de retratar o time do Springboks oriundo de apenas 15% da população como autêntico representante de toda a África do Sul. "Eu era a testemunha número dois", disse Stofile, sorrindo com a lembrança, "e, quando acabei, o caso estava ganho. A viagem foi cancelada. Foi uma grande vitória."

Ao voltar para casa, Stofile foi preso e condenado a uma pena de 12 anos. A África do Sul negra comemorou seu feito como tinha comemorado as cenas do "tumulto branco" antipódico quatro anos antes, que tinha frustrado tanto a família Pienaar.

• • •

Para Pienaar, o rúgbi não passava de um esporte, seu principal divertimento na infância, assim como as brigas. Sua vida, desde a mais tenra idade, foi violenta, mas nunca com intenção política ou criminosa, como era nos vilarejos problemáticos; era violência pelo mero gosto da violência. Quando Pienaar estava com 7 anos, membros de uma gangue rival o penduraram numa árvore, para enforcá-lo. Se um adulto não tivesse passado na hora, ele teria morrido. Ele sobreviveu, mas a corda deixou lanhos profundos em seu pescoço. Mais tarde, quando estava na faculdade, mais ou menos na mesma época que Bekebeke matou Sethwala, Pienaar quase fez o mesmo – ou temia ter feito – a um estranho com quem cruzou do lado de fora de um bar, numa rua de Johanesburgo, tarde da noite. Durante uma briga de bêbados, Piennar jogou no chão o homem, que bateu com a cabeça na calçada, fazendo um estrondo terrível. Entre esses dois incidentes, ele rachou mais maxilares e quebrou mais dentes, dentro e fora do campo de rúgbi, do que podia se lembrar.

Do ponto de vista do mundo de Justice Bekebeke, onde o futebol e a dança eram o que as pessoas faziam para se divertir, o rúgbi era um esporte confuso e selvagem, em que os jogadores eram retirados de campo como soldados de uma batalha; em que espectadores inevitavelmente fortes e bêbados, em seu uniforme de guarda florestal bôer, de bermuda e camisa cáqui, meias grossas e botas, mastigavam com apetite feroz tradicionais salsichas *boerewors* e tomavam sua bebida favorita, uma mistura de brandy com coca-cola. Quanto aos garotos, eles pareciam seguir os passos dos pais. Sua vida parecia consistir de sucessivas brigas sangrentas, nas quais as crianças estavam sempre atirando cadeiras na cabeça umas das outras, quando não enforcavam seus colegas em árvores.

A ideia de enforcamento não saía da cabeça de um africâner chamado J. J. Basson na manhã de 24 de maio de 1989. Basson, o juiz que tinha chegado ao veredito recordista no caso de Upington, vinha ouvindo, havia quase seis meses, argumentos dos advogados de defesa, principalmente Anton Lubowski, para encontrar circunstâncias atenuantes que pudessem suavizar as sentenças de morte de Justice Bekebeke e dos outros 24 condenados.

Lubowski era um africâner alto e bonito de 37 anos, criado na Cidade do Cabo, cuja aparência sugeria, assim como seu nome, um enérgico conde polonês. Ativista profundamente envolvido na luta política contra o apartheid, ele pertencia àquele menos de 1% da população branca que não só via a África do Sul da mesma forma que o resto do mundo via, mas que também agia com base nessas ideias – assumia riscos e tinha tomado uma decisão consciente de nadar contra as ferozes correntes da sabedoria *volk* tradicional. Ele era um daqueles raros brancos que realmente conheciam seu país, todo ele; que passava um tempo nos vilarejos negros, socializando e, ao mesmo tempo, tramando complôs; que fazia um esforço para adquirir conhecimentos superficiais da língua dos negros.

Lubowski foi uma personalidade com quem os jornalistas que estavam cobrindo o julgamento fizeram amizade durante os primeiros meses de 1989. Justice Bekebeke, na época apenas mais um rosto na lotada sala do tribunal, foi quem falou sobre esse período: "Anton era um de nós", disse ele, com sofrida solenidade. "Ele e nós éramos um só. Nós o chamávamos de 'número 26', como se ele fosse o 26º acusado. Ele era muito mais que apenas nosso advogado." Dentro do prédio do tribunal de Upington, havia uma sala de consultas onde os advogados se reuniam com seus clientes. "Mas ele não queria se encontrar conosco lá, e sim no nosso ambiente. Então vinha às nossas celas para conversar conosco. Disse que se sentia mais à vontade lá. Ele era nosso camarada. Não víamos a sua cor, nem percebíamos que ele era um africâner."

Lubowski descia para as celas que ficavam embaixo do tribunal, cantava canções de protesto e participava com eles das danças de desafio. E então se levantava por eles, imponentemente alto em sua beca preta folgada de advogado no calor desértico do tribunal, onde as janelas ficavam escancaradas na esperança de uma corrente de ar. Ele enfrentava Basson, argumentando com expressões jurídicas suaves ou, quando tudo o mais falhava, vociferando contra ele. Mandela teria sido mais propenso que Lubowski a perdoar Basson, teria se disposto mais a ver sua dureza como consequência do mundo em que tinha sido criado. Mas Mandela também teria sabido que Lubowski oferecia uma visão desse mundo melhor que ele queria criar na África do Sul e que, em grande parte, era graças a pessoas como Lubowski que ele conseguia convencer seus compatriotas negros de que uma pessoa não era necessariamente má só por ser branca.

Bem cedo na manhã de 24 de maio, o dia em que Basson daria seu veredito, Lubowski confessou durante o café da manhã que o melhor que se poderia esperar era que um vislumbre de paternalismo benevolente penetrasse no coração gélido de Basson. Lubowski nutriu mais esperanças pelo casal sexagenário Evelina de Bruin e Gideon Madlongolwana. "Não acho que nem mesmo Basson seria louco o bastante para enforcá-los", disse. Eles tinham 10 filhos, dois ainda em idade escolar. Evelina era uma empregada doméstica rechonchuda, que mancava de uma perna. Por 36 anos Gideon tinha sido um leal funcionário da Companhia de Estradas de Ferro Sul-africana. Nenhum dos dois tinha ficha criminal. Eles iam se livrar, imaginava Lubowski. O acusado por quem não alimentava esperanças era Justice Bekebeke, que na época tinha 28 anos, era militante e o mais articulado membro do grupo.

Se ele tivesse sido o único condenado e o resto fosse poupado, haveria uma estranha lógica nisso. "O verdadeiro culpado era eu", disse Justice. "Caminhando para o final dessa fase de atenuação das penas, Anton desceu às celas e nos falou sobre nossas chances. Minha resposta foi dizer aos rapazes que eu achava que deveria confessar para o bem do grupo. Eles nem me deixaram completar a frase. Todos pularam em cima de mim, loucos de raiva. 'Preferimos matá-lo com nossas próprias mãos a deixá-lo morrer pelas mãos deles', disseram. Eles não queriam que eu me entregasse para aquele juiz branco. Era uma questão de dignidade e solidariedade e logo ficou claro para mim que não haveria possibilidade de aquela discussão continuar. Anton estava presente e disse: 'Tudo bem, rapazes, não ouvi nada disso. Vamos fazer de conta que essa conversa nunca aconteceu.'"

No final, os companheiros de Bekebeke fizeram um enorme sacrifício, pois o juiz Basson superou as piores expectativas de Lubowski. Ele determinou que a atenuação se aplicaria a apenas 11 dos acusados, e que, junto com Justice Bekebeke, Evelina de Bruin e Gideon Madlongolwana estariam entre os outros 14, em cujo comportamento o juiz não via desculpas e cujo propósito em 13 de novembro de 1985 ele acreditava ser assassinato.

Gritos de dor, espanto e raiva encheram a sala do tribunal, enquanto os acusados e seus parentes escondiam o rosto com as mãos em desespero e descrença, pois isso não era o que seus advogados tinham dito que eles poderiam esperar. Evelina de Bruin apoiou-se no marido e chorou. Basson, impassível, adiou a sentença final para o dia seguinte. Mas as emoções que ele tinha desencadeado no tribunal transbordaram para as ruas. Quarenta ou cinquenta mulheres, jovens e idosos se reuniram, observados por um número igual de policiais fortemente armados. Eles choraram, depois explodiram cantando canções de protesto do tipo ouvido na África do Sul em funerais, manifestações ou julgamentos políticos.

Um adolescente se destacou da multidão e começou a dançar uma Toyi Toyi, dança de guerra que simbolizava a raivosa resistência ao apartheid. Sibilando "Zaaa!! Za-Zaaa! Zaaa! Za-Zaaa! Zaaa! Za-Zaaa!" e marchando tão forte que seus joelhos subiam à altura do queixo, ele rodava como se estivesse em transe, braços em posição de combate, punhos embranquecidos de tão cerrados. Mas ele não portava uma lança e os policiais tinham armas, cães ferozes e uma câmera de vídeo apontada em sua direção.

As mulheres olharam para ele e balançaram com a cabeça. Elas tremiam por ele. E com razão. Naquela noite, a polícia ficou furiosa. O porquê, era difícil dizer. Talvez porque as mães dos condenados tivessem abalado o rígido e intacto equilíbrio do centro da cidade branca de Upington, reunindo-se ali para verter suas lágrimas e cantar suas tristes canções. Talvez fosse porque, no único momento de leve alívio num dia de desgraça, as mulheres negras fora do tribunal tivessem explodido em risadas e aplausos acalorados quando uma viatura policial bateu acidentalmente na lateral de um Toyota que passava por ali. Talvez fosse só porque Upington ainda não tivesse saciado seu desejo de vingança e ainda se sentisse ultrajada pela intrusão da manifestação negra em suas confortáveis vidas no apartheid.

Qualquer que tenha sido a razão, ao anoitecer daquela quinta-feira, um esquadrão da polícia de choque passou a toda velocidade pelo matadouro nos limites da cidade, dobrou à esquerda em direção a Paballelo e atacou todo mundo que encontrou. Pelo menos 20 pessoas foram gravemente espancadas. Algumas ficaram inconscientes por causa dos golpes de cassetete. Algumas foram pisoteadas. Algumas foram chutadas no abdome até sangrarem. Das 20 que tiveram que ser hospitalizadas, cinco tinham 13 anos e quatro tinham 14.

No dia seguinte, o último do julgamento em Upington, a sala do tribunal novamente estava quente como uma fornalha. Porém, o juiz J. J. Basson, envolto em sua beca vermelha cerimonial, não suou uma gota. Ele ia proferir sentenças de morte naquela manhã, mas foi com uma voz ausente – como um burocrata impaciente para voltar para casa no final de um longo dia – que convidou cada um dos acusados a dirigir breves palavras ao tribunal, como a lei permitia.

Justice Bekebeke tinha sido solicitado pelos outros 13 a falar em nome deles. Ele planejara escrever alguma coisa, mas não conseguiu. Falou o que lhe veio à mente.

"Num país como a África do Sul", começou ele, dirigindo-se a Basson, "me pergunto como a justiça pode realmente ser aplicada. Não consigo responder a essa pergunta. Mas, meu senhor, gostaria de pedir: vamos esquecer o ódio racial. Vamos buscar a justiça para toda a humanidade. Estamos lutando para que todo e qualquer grupo racial viva em harmonia. Mas, em nome de Deus, será que isso é possível? Isso é possível num país como este?... Gostaria que Deus lhe desse muitos anos de vida para que um dia pudesse me ver, um homem negro, andando pelas ruas de uma África do Sul livre... E, meu senhor, que Deus o abençoe, meu senhor."

Ao final dessas palavras, um idoso de baixa estatura de pé no fundo do tribunal murmurou: "Amém!" Ele estava ereto, empertigado com a ajuda de uma bengala de madeira com punho de marfim, impecavelmente vestido num terno com colete e gravata. Era o pai de um dos acusados e – com quase a mesma idade de Mandela – uma figura distinta na velhice. Mas, quando o juiz Basson anunciou seus veredítos, ele se sentou bem lentamente e seu corpo se curvou, com a cabeça apoiada nas mãos. A sentença era de morte para Justice Bekebeke e os outros 13. Basson fez o anúncio numa voz monocórdia, antes de declarar encerrada a sessão pela última vez. Os prisioneiros voltaram para as celas embaixo da sala do tribunal, onde Lubowski se juntou a eles. Ele estava desesperado. "Nós é que o consolamos", lembrou Bekebeke.

Os "14 de Upington", como logo ficaram conhecidos, foram amontoados numa caminhonete amarela da polícia e levados para a Prisão Central de Pretória, um presídio de segurança máxima mais conhecido na África do Sul como o Corredor da Morte. Dedos de pele negra agarravam a grade de metal do veículo. Liderados por Bekebeke, os condenados cantavam "Nkosi Sikelele", o único gesto de revolta que lhes restava.

Chegaram ao Corredor da Morte na tarde do dia seguinte, um sábado, e, na alvorada de segunda-feira, uma mulher foi enforcada. Durante o resto do ano de 1989, um prisioneiro era morto a cada semana. Desde 1985, a África do Sul tinha realizado 600 execuções legais. O prisioneiro recebia o aviso de sua morte com uma semana de antecedência e depois era colocado numa cela conhecida como "o pote", a duas celas de distância de onde Justice Bekebeke estava encarcerado. Antes do amanhecer do dia de uma execução, ele ouvia os condenados chorando a noite inteira. Ouvia os carcereiros abrindo a cela, ouvia as preces sendo pronunciadas, ouvia o prisioneiro aos prantos sendo levado pela escada até a forca. Quando o choro parava, ele sabia que o prisioneiro estava morto. "O horror disso tudo", disse Justice, "se tornava ainda maior por saber que na semana seguinte poderia ser você."

Não foi ele. Foi Anton Lubowski. Os "14 de Upington" passaram por muitos sofrimentos no Corredor da Morte, mas nenhum foi pior que ficar sabendo pelo rádio, em 13 de setembro de 1989, dois meses depois de Mandela ter tomado chá em Tuynhuys com Botha, que, na noite anterior, Lubowski tinha sido executado a tiros na entrada de sua casa, em Windhoek, na Namíbia. Justice nunca se esqueceu desse momento. "Havia seis de nós vindos de Upington juntos na cela naquela manhã. Nossa primeira reação foi a descrença. Não podia ser verdade. Depois, conforme o tempo foi passando, aceitamos a realidade e ficamos destruídos, arrasados – inconsoláveis. Sabíamos quem tinha feito isso. É claro que sabíamos. Tinha sido o Estado."

## CAPÍTULO 6
# AIATOLÁ MANDELA

*1990*

Depois de anos no exílio, o mito virou homem; o velho patriarca apareceu novamente para seu povo, prometendo libertá-lo. Personificação da virtude revolucionária, ele era seguido em toda parte por grandes e arrebatadas multidões. "Acertarei meu punho na boca do governo", gritou ele no dia em que voltou de seu longo exílio e, em 10 dias, em 11 de fevereiro de 1979, o Estado tinha ruído e suas milícias controlavam as ruas. Com aplausos extasiados, o aiatolá Khomeini se autoproclamou chefe de um novo governo revolucionário.

Exatamente 11 anos depois, em 11 de fevereiro de 1990, Nelson Mandela pôs fim a seu próprio exílio, saindo da prisão. A coincidência de datas não passou despercebida pelo governo sul-africano. Eles temiam que, ao libertá-lo e ao permitir que o CNA voltasse à legalidade depois de uma proscrição de 30 anos, se desencadeasse o que descreviam uns aos outros, em momentos de pânico, como "o fator aiatolá". Niël Barnard estava menos preocupado que a maioria. Mas até ele, em algum lugar recôndito de seu coração de espião cético, temia que talvez Mandela o tivesse iludido. O pesadelo dos oficiais do Estado era que, depois de ser libertado na Cidade do Cabo, Mandela partisse para uma longa marcha ao norte para o centro político de Johanesburgo e Soweto. "Lá haveria um impulso se formando e ele viajaria pelo país", era como Barnard expunha a situação, "e ele chegaria a Johanesburgo e seria quase como o aiatolá – um impulso em movimento... centenas de milhares de pessoas comportando-se de forma agressiva, atirando e matando. A aflição era se conseguiríamos passar pelas primeiras 24, 48, 72 horas sem um levante de vulto, sem uma revolução."

Se o precedente iraniano tinha dado uma pausa ao governo, foi outro episódio externo mais recente que impeliu o novo presidente, F. W. de Klerk, a impulsionar urgentemente o trabalho que P. W. Botha tinha começado. A queda do Muro de Berlim, que ocorrera quase dois meses antes, deu motivos para acreditar que, não importando o que acontecesse na África do Sul, o comunismo nunca mais seria viável, fosse lá ou na Europa Oriental. Além disso, se antes o apartheid tinha sido um constrangimento, agora era internacionalmente insustentável. Foi uma sorte para De Klerk que seu antecessor tenha tido a sabedoria de preparar o caminho para a libertação de Mandela e para o início das negociações.

Porém, nesse dia, 11 de fevereiro de 1990, De Klerk pensava menos em sua boa sorte que nos perigos que poderiam se esconder por trás da libertação de Mandela. Não ajudava ao seu estado de espírito nem ao de ninguém no governo que, por razões que De Klerk, assistindo pela televisão, não entendeu de imediato, o evento superasse todas as expectativas. Uma enorme quantidade de câmeras de televisão foi posicionada na entrada da prisão Victor Verster e milhões de pessoas estavam assistindo em todo o mundo, mas já passavam duas horas do horário anunciado para seu aparecimento e nada tinha acontecido.

Quando Mandela por fim surgiu, atravessando os portões da prisão a passos firmes, na brilhante luz do sol do meio da tarde, o sorriso triunfante que ele exibia, feliz como um soldado voltando da guerra, mascarava o fato de que pouco antes estivera furioso. Sua mulher, Winnie, parecendo não tão alegre ao lado dele, era o motivo. O atraso devia-se a ela, que tinha chegado tarde por ter ficado presa em Johanesburgo, pela manhã, por causa de uma hora marcada no cabeleireiro. Uma consequência foi que Mandela a repreendeu com severidade; a outra foi que as tensões estavam crescendo perigosamente na praça Grand Parade, a grande praça aberta na Cidade do Cabo onde se esperava que Mandela fizesse seu primeiro discurso como homem livre. Uma imensa multidão se reuniu sob o sol quente. Havia muitos jovens negros que tinham poucos motivos para serem favoráveis aos policiais brancos responsáveis pela segurança. Surgiu um tumulto, gás lacrimogêneo foi lançado e pedras atiradas. Não foi um banho de sangue, longe disso, mas foi o suficiente para dispersar as pessoas, que saíram correndo em todas as direções.

A comitiva de Mandela, agora um comboio de carros, foi informada de que seria melhor que eles esperassem as coisas se acalmarem. Não foi um início auspicioso, mas a prisão tinha ensinado Mandela a ser paciente. Seus seguranças lhe disseram que o melhor seria parar o comboio e esperar, e ele concordou. Decidiram estacionar na periferia da cidade, num distinto subúrbio politicamente liberal chamado Rondebosch, onde morava um jovem médico chamado Desmond Woolf com sua mulher, Vanessa, e seus filhos gêmeos Daniel e Simon.

Os Woolf estavam assistindo às notícias do dia pela televisão com a mãe do Dr. Woolf. O médico e sua mulher pertenciam a um pequeno setor politicamente sensível da sociedade branca que era entusiasticamente favorável à libertação de Mandela. Eles tinham até discutido se deveriam se reunir à multidão na praça Grand Parade. No entanto, a questão agora era se o próprio Mandela conseguiria chegar lá. Pelo que viam pela televisão, ninguém parecia saber direito onde ele se encontrava.

De repente, ouviram alguém bater à porta. Uma amiga de Vanessa Woolf entrou e disse que Mandela estava sentado dentro de um carro do lado de fora da casa. "Não seja ridícula", disse o Dr. Woolf. "Não", disse a amiga. "Ele está bem aqui. Venham ver, rápido!"

O casal saiu com os dois filhos e a mãe do Dr. Woolf e, à sua frente, viram uma fileira de cinco carros estacionados. "E lá estava ele", contaria o Dr. Woolf mais tarde, "sentado no carro do meio. Paramos... e ficamos olhando para ele espantados. As atenções do mundo inteiro estavam voltadas para aquele homem e lá estava ele, do lado de fora da nossa casa, quando deveria estar em outro lugar. Nós simplesmente ficamos parados, olhando. Então ele desceu o vidro da janela, acenou para que nos aproximássemos e pediu: 'Por favor, venham aqui.'"

O Dr. Woolf e Mandela se apresentaram e se cumprimentaram com um aperto de mãos. O médico carregava no colo Simon, que mal tinha completado 1 ano, e Mandela esticou o braço para tocar a mão da criança antes de perguntar ao pai se poderia pegá-lo e levá-lo, passando pela janela aberta, para dentro do carro. "Ele pôs o bebê no colo e perguntou seu nome. Depois quis saber por que o tínhamos chamado de Simon, se havia algum significado especial no nome. Ele parecia muito satisfeito por poder pegar uma criança no colo." Vanessa Woolf se apresentou e Mandela entregou Simon e pegou Daniel. Depois a mãe do Dr. Woolf foi cumprimentá-lo, completando a alegre cena de uma tarde de domingo.

• • •

Outro habitante de Rondebosch, Morné du Plessis, também discutira mais cedo naquele dia se deveria ir à praça Grand Parade, decidindo por fim que sim. Uma das pessoas mais famosas na multidão – e certamente o mais famoso dos brancos –, para os africâneres ele era como um deus.

Du Plessis tinha sido capitão do Springboks, assim como seu pai, Felix, fora antes dele. Felix du Plessis levou o time de rúgbi sul-africano a quatro famosas vitórias sobre a Nova Zelândia em 1949, o ano seguinte à primeira vitória eleitoral do Partido Nacionalista, o partido que estabeleceu o apartheid na África do Sul pelos 40 anos seguintes. Morné, que também nasceu em 1949, acabaria melhorando os recordes de seu pai, não só infligindo uma punição semelhante ao All Blacks, mas aposentando-se em 1980 com um recorde internacional de 18 vitórias em 22 jogos. Enquanto foi capitão, a África do Sul ganhou 13 jogos e perdeu apenas dois. Ele foi um herói nacional africâner durante os nove anos em que jogou por seu país e, como tal, a mais visível expressão da opressão racial que a camisa verde do Springboks simbolizava para os sul-africanos negros. A diferença em relação a seus companheiros de time era que ele não fechava os olhos para isso. Ele nunca esqueceu como em jogos realmente grandes, em 1974, contra o British Lions e, em 1976, contra o All Blacks, os poucos negros no estádio eram, segundo ele, "fanáticos em seu apoio ao time adversário".

Então não foi nenhuma surpresa – Du Plessis provavelmente era o mais alto dos milhares de pessoas reunidas na praça Grand Parade – que um negro, aparentemente bêbado, se aproximasse dele e lhe dissesse, de forma agressiva, para ir embora, que aquela era uma cerimônia à qual ele não pertencia. "Mas não foi o comportamento ameaçador do homem que ficou na minha memória", disse Du Plessis, "e sim o fato de outro negro tê-lo repreendido imediatamente. Depois outros se reuniram a ele, furiosos com o homem que tinha me tratado daquela forma, e o levaram embora." Eram pessoas pobres falando na língua xosa, a língua de Mandela, mas Du Plessis percebeu que eles tinham sofisticação política para entender que, quanto mais brancos fossem atraídos para as comemorações pela libertação de Mandela, melhor seria para todos.

Du Plessis estava lá naquele dia porque tinha percebido a importância histórica do momento e queria participar dele. Porém, a explicação mais profunda remontava aos tempos do homem que primeiro tinha seguido o rumo político que ele tomaria agora – seu pai. Felix du Plessis era o capitão do Springboks quando o Partido

Nacionalista assumiu o poder pela primeira vez, mas sempre fora partidário do mais suave e liberal Partido Unificado, que tinha sido derrotado em 1948. Ele também havia lutado na Segunda Guerra Mundial com os Aliados, um outro fator que o pôs em oposição aos nacionalistas antibritânicos e, em alguns casos, ambiguamente pró-nazistas. A mãe de Morné era uma sul-africana branca que falava inglês e mais decididamente antinacionalista que seu marido. Isso não queria dizer que eles defendessem o regime majoritário. O Partido Unificado era contra o apartheid porque o achava racista demais, mas os pais de Du Plessis nunca questionaram o fato de que o poder branco fosse fundamentalmente desejável.

Nem seu filho, que nasceu na mesma cidade que François Pienaar, Vereeniging, uma coincidência surpreendente não só porque os dois acabaram sendo capitães do Springboks, mas também porque, exatamente cinco anos depois da libertação de Mandela, Du Plessis se tornou dirigente do time da Copa do Mundo de Pienaar. A coincidência acabava no relativo esclarecimento político da família Du Plessis – que tinha uma situação melhor que a da família Pienaar –, embora, na verdade, a política contasse pouco mais na vida do pequeno Morné do que na do jovem François.

No entanto, em 1970, Du Plessis cruzou com um homem que atiçou as brasas da rebelião que seus pais tinham acendido nele. Seu nome era Frederik van Zyl Slabbert. Professor de sociologia na Universidade Stellenbosch, onde Du Plessis estudava, Slabbert era um pensador progressista brilhante em termos acadêmicos mas de má reputação aos olhos do sistema africâner, além de ser um bom jogador de rúgbi em nível local. A combinação dos dois – um jogador de rúgbi a favor do voto unitário – era surpreendente. Du Plessis fez a reveladora descoberta de que era possível admirar alguém que considerava o apartheid perverso.

Se Slabbert deu a Du Plessis um impulso discreto, sua estreia no Springboks, em 1971, num torneio na Austrália, mostrou-se uma revelação notável. Em termos esportivos, foi um grande sucesso. A

África do Sul derrotou a Austrália em todos os três jogos disputados e, ao voltar para casa, Du Plessis imediatamente se tornou um herói, proclamado a nova estrela do rúgbi. Porém, a alegria da estreia de Morné foi ofuscada pela hostilidade com que o time foi recebido por grande parte do público australiano. "Foi desconcertante ver tal ferocidade de sentimentos em pessoas tão distantes", lembrou ele. "As imagens daqueles rostos australianos furiosos e a maneira como eles pareciam realmente nos odiar nunca me abandonaram."

Dentro de Du Plessis brotou a ideia de que algo estava "seriamente errado" em seu país. Mas uma coisa era se sentir desconfortável, outra muito diferente era deixar a política distraí-lo de sua carreira no rúgbi. Ele nunca tinha se posicionado – como poderia ter feito, causando um efeito sensacional – durante os nove anos em que foi estrela do Springboks. Nunca expressou seus receios, nem mesmo seu apoio ao Partido Federal Progressista (PFP), ao qual Helen Suzman, antiga visitante de Mandela na prisão, pertencia e ao qual Slabbert se aliou, tornando-se membro do Parlamento por Rondebosch em meados dos anos 1970 e, logo em seguida, líder do partido. Vistos como livres-pensadores excêntricos dentro do mundinho insular da África do Sul branca, os progressistas eram conservadores pelos padrões mundiais. Representando um eleitorado majoritariamente abastado, de língua inglesa, pronto para expressar sua desaprovação ao tratamento bruto que os bôeres davam aos negros, mas sem muita probabilidade de ir até um vilarejo para encontrá-los, o PFP, contudo, teve o mérito de ser uma voz pública legal em oposição ao apartheid na África do Sul, bem como uma ponte para facilitar a transição para as mudanças que viriam mais tarde. O próprio Slabbert se tornaria um intermediário crítico nos contatos secretos iniciais entre o governo e o CNA em 1987, logo depois dos primeiros encontros de Mandela com Kobie Coetsee na prisão.

Morné du Plessis, corajoso como era no campo de rúgbi, não assumiu riscos políticos em relação a isso. Pelo menos não até a tarde de 11 de fevereiro de 1990, na praça Grand Parade na Cidade do

Cabo. Ele foi até lá porque esperava, assim como Joel Stransky, que a libertação de Mandela pudesse curar um país que estava doente havia muito tempo. Stransky assistiu à libertação de Mandela pela televisão num café na França. Não foi um gesto tão notável quanto ir até a Grand Parade, mas ele demonstrou mais interesse que a maioria de seus futuros companheiros do Springboks, cuja atitude foi resumida por um dos gigantes atacantes do time, Kobus Wiese. Muito tempo depois, ao ser questionado sobre sua reação à libertação de Mandela, sua resposta foi: "Para ser honesto, eu não estava prestando muita atenção." Mas Stransky se sentiu, como lembrou mais tarde, "absolutamente animado".

A vida de Stransky foi dedicada aos esportes, mas isso não o impediu de vivenciar dois momentos efêmeros de consciência política. O primeiro foi após um evento do qual ele quase não tinha consciência: o levante de Soweto de 1976 por estudantes não muito mais velhos que ele. Uma consequência disso foi que seus pais começaram a temer que a escola de seu filho pudesse ser incendiada. "Eu me lembro de meu pai tendo que ir montar guarda em nossa escola de noite durante as manifestações e o tumulto. Não estou certo se eu sabia exatamente o que estava acontecendo, porque os adultos não falavam muito sobre o assunto, mas a partir daquele momento ficou claro para mim que as coisas estavam confusas no país."

O segundo momento foi durante a tumultuada viagem do Springboks à Nova Zelândia, em 1981, quando estava com 14 anos. Ele percebeu que tinha que haver uma boa razão para metade da Nova Zelândia estar revoltada com seus compatriotas. Stransky era a imagem perfeita do efeito que Arnold Stofile e seus companheiros de campanha anti-rúgbi do CNA esperavam causar na população branca. Ao negar-lhes sua droga da felicidade, eles os estavam arrancando de seu torpor. Estavam criando as condições para uma mudança política. Alguns brancos foram mais receptivos que outros. Mas a reação de Stransky foi perfeita, pois ele estava encantado com a libertação de Mandela.

Stransky também acreditava que a libertação de Mandela pudesse ser boa para sua carreira no rúgbi. Ele já era reconhecido como um dos melhores jogadores do país. Aos 20 anos, tinha se tornado um jogador fundamental para o Natal Province, um dos quatro maiores times da África do Sul. Como não era grande e forte, do tipo brutamontes, tinha que ser corajoso e flexível o bastante para aguentar os cerca de 12 golpes que levava dos rivais do porte de Pienaar a cada jogo. Mas Stransky ocupava a única posição num time de rúgbi em que não era preciso ter nem velocidade nem tamanho espetaculares – a de médio de abertura, ou meio-campo. O equivalente no futebol americano seria o *quarterback*, o atleta que dita as jogadas, em quem cérebro e habilidades de jogo são essenciais. Ele também chutava como ninguém.

E era ambicioso. Foi por isso que, quando a temporada de rúgbi sul-africana terminou em outubro de 1989, no início da primavera, ele foi jogar num clube na França. O jogo lá não era tão intenso quanto na África do Sul, mas isso lhe permitiu manter-se em forma durante o verão sul-africano de modo que, quando a temporada se encerrou, em abril de 1990, pôde voltar correndo, em excelente forma física e pronto para jogar. Funcionou. Depois que Stransky voltou da França, o Natal Province foi campeão nacional. A libertação de Mandela funcionaria para ele também da forma que tinha esperado. Para Stransky, um Mandela livre significava o fim do boicote internacional ao Springboks. Sentado naquele café francês, ele imaginava que um dia poderia jogar rúgbi defendendo as cores de seu país.

• • •

Mandela era esperado na praça Grand Parade por volta das 15 horas, mas o pandemônio foi tão grande que ele só conseguiu chegar quase cinco horas depois, ao anoitecer. E, para aumentar a estranha sensação de anticlímax que ofuscou os acontecimentos históricos do dia, ele fez um discurso que ficou aquém das expectativas e não chegou a comover.

A manhã seguinte, a primeira em que acordava como um homem livre em 27 anos e meio, guardava o que pareceria um teste ainda mais difícil: uma entrevista coletiva para a imprensa de todo o mundo. Havia 200 jornalistas, muitos deles âncoras de noticiários de TV, muito famosos em seus países: Peter Jennings, Dan Rather, Tom Brokaw e seus equivalente no mundo todo. Não existia televisão na África do Sul quando Mandela foi preso. Ele próprio só tinha aparecido diante das câmeras uma vez, numa entrevista com um repórter inglês um ano antes de sua prisão, em 1961. Em 1990, todo político vivo já tinha passado por um curso sobre como se comportar diante das câmeras. E lá estava Mandela, que era tão famoso quanto destituído de experiência na era da mídia de massa, prestes a enfrentar o exercício que todos os políticos temiam: uma coletiva de imprensa. Ele não tinha como saber o que os jornalistas iriam perguntar. E seu discurso menos do que carismático da noite anterior tinha criado dúvidas quanto ao seu desempenho nessa manhã. Afinal de contas, estava com 71 anos e tinha passado quase três décadas na prisão. Quão bem ele poderia se sair? Quão esperto seria?

A coletiva foi realizada de manhã cedo na Cidade do Cabo, no jardim da residência oficial do chefe da Igreja Anglicana da África do Sul, o arcebispo Desmond Tutu, que até aquele momento, na qualidade de ganhador do Prêmio Nobel da Paz de 1984, tinha sido a principal figura da resistência ao apartheid em todo o mundo. A mansão, no estilo da arquitetura colonial holandesa (Cape-dutch), se localizava nos contrafortes íngremes e densamente arborizados da montanha da Mesa, o monólito cujo contorno retangular Mandela observava por sobre as águas que separavam a ilha Robben do continente. Com Mandela, que sempre acordava às 4h30, o dia começava cedo: os repórteres tiveram que chegar lá às 6h30. Quando surgiu de dentro da casa, com sua mulher, Winnie, ao seu lado, ainda havia orvalho sobre as folhas. Mandela e sua mulher sorriram e acenaram ao descer os degraus de pedra até o gramado onde a imprensa esperava. Tutu, movendo-se cheio de satisfação por não ter mais que desempenhar o papel da celebridade antiapartheid mais proeminente do mundo, mostrou o caminho. Houve apenas uma surpresa, quando Mandela parou em sua mesa e olhou para uma artilharia de cilindros felpudos que ficariam dispostos em fila diante dele quando se sentasse. Um de seus ajudantes sussurrou algo em seu ouvido, a que Mandela respondeu acenando com a cabeça e dizendo: "Ah, sim, entendo..." Os objetos felpudos eram microfones.

A partir desse momento, tudo correu sem problemas. Ele acalmou seus próprios apoiadores e companheiros líderes do CNA reiterando seu compromisso simbólico com a luta armada e com a velha política do CNA (que logo seria rejeitada) de nacionalização da riqueza mineral do país. Ao mesmo tempo, sinalizava sua decisão de mostrar uma forte liderança dando o passo ousado de descrever o presidente F. W. de Klerk – um veterano que há 20 anos fazia parte do governo do apartheid e que tinha acabado de chegar ao poder numa nova eleição "geral" só para brancos – como "um homem íntegro"; e aproveitou todas as oportunidades que teve para se expressar de forma a tranquilizar a África do Sul branca.

Houve um agradecimento a seus carcereiros mais respeitosos – homens como Christo Brand, Jack Swart e Willem Willemse – quando lhe fizeram a pergunta inevitável: se, depois de 27 anos e meio preso, ele guardava algum rancor. Também reconheceu, de forma rápida mas contundente, o valor que a prisão tivera para o desenvolvimento de sua estratégia política. "Apesar dos momentos difíceis na prisão, também tivemos oportunidade de pensar sobre os programas... e na prisão havia homens muito bons, que entendiam nosso ponto de vista e faziam de tudo para nos deixar o mais felizes possível. Isso", disse Mandela enfaticamente, como que tentando ressaltar suas palavras, "acabou com qualquer rancor que alguém pudesse ter."

Perguntado sobre o que mais o tinha surpreendido ao voltar para o mundo, ele declarou que estava "absolutamente surpreso" com o número de brancos que tinham ido às ruas cumprimentá-lo no dia anterior. O mais importante foi Mandela ter declarado que o caminho para uma solução negociada residia numa fórmula que soava simples: conciliar os temores dos brancos com as aspirações dos negros. "O CNA está muito interessado em abordar a questão da preocupação que os brancos têm sobre a reivindicação do voto unitário universal", disse ele. "Eles insistem em... garantias... para assegurar que a conquista dessa reivindicação não resulte na dominação dos brancos pelos negros. Entendemos esses sentimentos e o CNA tem interesse em discutir esse problema e encontrar uma solução que atenda tanto aos negros quanto aos brancos deste país."

Ao ouvir em público essas palavras que tantas vezes ouvira em particular, Niël Barnard deu um suspiro de alívio. Esta não era a linguagem da insurreição. Não eram os punhos esmagadores do aiatolá na boca do povo. Quando a coletiva de imprensa acabou, 45 minutos depois de ter começado, todas as ansiedades iniciais pareciam absurdamente infundadas. Mandela transformara o que tinha sido anunciado como seu primeiro interrogatório público na versão a céu aberto de um aconchegante bate-papo ao pé da lareira. Tinha semeado, entre alguns sul-africanos brancos, a ideia de que um homem negro poderia tocar seus corações. François Pienaar, ainda longe de ser politizado, viu-se surpreendentemente comovido com a imagem de Mandela na TV. "A única emoção de que me lembro foi tristeza", contou ele. "Fiquei triste por ele ter ficado tanto tempo na prisão e, apesar de seu rosto estar cheio de orgulho, senti que ele tinha perdido muito tempo."

Outros telespectadores brancos foram menos simpáticos e muitos foram ríspidos. Uma parcela significativa da opinião direitista achava que o sistema branco tinha cometido um erro por não ter enforcado Mandela, cuja influência como fonte de inspiração para revolucionários negros tinha aumentado durante o tempo de prisão. Essas pessoas assistiram à libertação de Mandela pela televisão e só sentiram raiva e desprezo por De Klerk e seu governo traiçoeiro por vender a África do Sul branca, por soltar nas ruas o principal chefe terrorista.

Mandela causou um efeito muito diferente sobre os jornalistas que estavam diante dele no gramado do arcebispo Tutu na manhã de 12 de fevereiro de 1990. Só foram precisos 45 minutos para que Mandela envolvesse a mídia mundial em seu abraço astuto. Os jornalistas não perceberam muito bem no momento, pois estavam hipnotizados demais, porém, com o tempo, entenderiam que Mandela era um estrategista sagaz, um talentoso manipulador do sentimento das massas. Seu dom para a cena política era tão sofisticado quanto o de Bill Clinton ou Ronald Reagan. Nessa coletiva de imprensa, Mandela aplicou um golpe que tanto Clinton quanto Reagan teriam invejado. A sessão terminou com todos os 200 jornalistas reunidos fazendo algo que nunca tinham feito antes. O ser humano dentro de cada um deles suplantou o jornalista e todos se viram, para sua confusão e surpresa, aplaudindo de forma espontânea.

• • •

Trazer a imprensa africâner para seu lado não foi tão simples. Como os brancos em geral e os africâneres em particular estavam inseguros e temerosos das consequências de sua libertação, eles se agarraram às suas declarações mais alarmistas – a política de nacionalização, a "luta armada", a lealdade do CNA aos seus aliados do Partido Comunista –, deixando de registrar o afeto que Mandela demonstrou por seus guardas na prisão ou seu desejo de chegar a um acordo aceitável para todos. Ele enfrentou um desafio semelhante para manter seu próprio povo junto de si, tanto no nível da liderança, em que houvera algumas reclamações sobre sua decisão unilateral de se engajar em conversas secretas com o governo, quanto entre a grande massa da população, para quem Mandela era um mito poderoso, mas, como líder de carne e osso, de capacidade desconhecida.

Para enfrentar esses dois desafios, Mandela voou para Johanesburgo, a duas horas de distância, na manhã da coletiva de imprensa, e de lá foi de carro até Soweto, onde, naquela tarde, Arrie Rossouw foi vê-lo na pequena residência familiar que ele deixara quando foi para a prisão. Era uma daquelas casinhas pequenas e sem graça dispostas em fileiras iguais em todos os vilarejos da África do Sul, quase idêntica ao lugar onde Justice Bekebeke vivera antes de ir para a prisão. Rossouw era o principal repórter político do *Beeld*, o jornal do sistema africâner. Era um dos cinco jornalistas africâneres convidados para uma entrevista coletiva nessa casinha de tijolinhos vermelhos desbotados com o homem que os jornais durante décadas tinham ensinado os leitores a encarar como a encarnação do *swart gevaar*, o "perigo negro". Rossouw era mais sofisticado que o membro médio do *volk*. Ele tivera contato com o CNA no exílio, estava ciente da necessidade de a África do Sul branca entrar em acordo com a África do Sul negra e tinha bastante consciência do modo como o apartheid era visto no resto do mundo para se sentir constrangido e envergonhado quando viajava para o exterior. Por tudo isso, estava à frente da maioria de seus leitores – assim como Niël Barnard estava à frente das pessoas que votavam no Partido Nacionalista. Rossouw, no entanto, tinha motivos para estar nervoso. Ainda era muito cedo para declarar o "alerta Aiatolá" definitivamente encerrado (uma manifestação de massa, como o CNA a chamou, aconteceria no dia seguinte, em Soweto).

Mesmo assim, Mandela lançou sobre Arrie Rossouw o mesmo feitiço que usara horas antes com seus colegas estrangeiros na coletiva de imprensa na Cidade do Cabo. "Lá estava ele na minúscula sala de sua casinha de tijolinhos e nos cumprimentou como um rei, o rei mais charmoso que se poderia imaginar", disse Rossouw. "Ele se apresentou a mim: 'Olá, sou Nelson Mandela, como você está?' Depois eu me apresentei e ele já sabia tudo sobre mim. Sabia exatamente quem eu era. Disse que vinha lendo meus artigos com grande interesse havia algum tempo e realmente se lembrava de trechos que eu tinha escrito meses antes!"

Os africâneres foram o primeiro grupo pequeno de jornalistas com quem Mandela se encontrou – antes mesmo da imprensa negra, da imprensa branca liberal ou da imprensa internacional. "Ele nos escolheu deliberadamente para transmitir a mensagem de que todos os sul-africanos tinham um lugar na nação do futuro e, acima de tudo, para mostrar que ele não estava saindo da prisão com ódio no coração. Ele via, é claro, que os africâneres eram a chave para uma paz duradoura e, por meio de nós, estava tentando enfrentar seus temores literalmente desde o primeiro dia."

Rossouw era perspicaz o bastante para entender que Mandela estava pregando uma peça nele. Mas caiu nela mesmo assim. "Dava para ver que ele tinha uma intuição de como tocar os africâneres. Basicamente o que ele nos disse foi: 'Veja bem, conheço você e o seu povo e sei que os africâneres fizeram muito por este país e conheço seus temores, mas vamos conversar sobre isso e ser amigos.' E, conforme falava, fazia piadas autodepreciativas, de forma que você não se sentia intimidado por ele, mas à vontade. De repente, senti que era um grande privilégio estar diante dele. Eu só fiquei lá sentado, olhando para aquele homem, e lembrei que havia boatos de que ele estava gravemente doente e pensei: 'Deus, que isso não seja verdade!' Porque entendi a vasta importância que ele teria para o bem de nosso país."

• • •

Uma diferença entre sul-africanos brancos politicamente esclarecidos como Rossouw e o sul-africano negro médio era que este último não tinha que processar a libertação de Mandela com a parte lógica do cérebro para entender a feliz grandiosidade do momento. Exceto pelo perigoso reduto de zulus conservadores parados no tempo, a leste do país, ninguém discutiu o direito de Mandela à liderança. Nem mesmo Justice Bekebeke, que poderia ter se sentido esquecido ou amargamente fora de sintonia com o tempo. Apesar de ter passado nove meses e 40 enforcamentos no Corredor da Morte, ele também adiou todas as razões, esqueceu todas as suas promessas solenes e comemorou como se a libertação de Mandela fosse a sua própria. "Costumávamos fazer exercícios por uma hora diariamente, mas naquele dia ficamos todos nas celas para ouvir o rádio. Eles tocavam uma canção enquanto esperávamos indefinidamente: 'Libertem Mandela', de Hugh Masekela. Cantamos juntos e dançamos. O momento em que o rádio anunciou que ele estava saindo com Winnie foi como a liberdade para nós. Esquecemos onde estávamos."

Aonde quer que Mandela fosse, havia multidões. Mas ele não falava a língua da multidão. Partiu numa longa marcha por toda a África do Sul logo nas semanas seguintes à sua libertação e, aonde quer que fosse, surgiam diversas pessoas ávidas por conseguirem vê-lo, sonhando em receber um sorriso, tocar a ponta de um dedo quando ele estendia a mão para o povo – desde o começo ele foi o pesadelo dos guarda-costas. A África do Sul negra reagia a ele como se fosse uma mistura de Napoleão com Jesus Cristo. Mas, enquanto o subtexto do que ele falava era interpretado por cristãos como o arcebispo Tutu como uma súplica do tipo "amai vossos inimigos", seus argumentos eram bastante práticos.

Para convencer os militantes do CNA, ele teve que apelar para mais que moralidade; teve que usar a dura linguagem da necessidade política e fazer setores de sua plateia acreditarem, se assim o decidissem, que não havia nada de que ele gostaria mais que uma revolução total à moda de Castro. Então falou da necessidade de chegar a um acordo com a África do Sul branca, e não se isso era ou não desejável, e o fez numa linguagem tão intransigente que persuadiu os militantes, reiterando que princípios básicos não eram passíveis de serem negociados. Lembrou ao governo que, se eles não chegassem a uma democracia completa, com voto unitário para todas as pessoas, se eles acreditassem – como De Klerk de fato pensou por um tempo – que poderiam surgir com algum acordo legítimo que continuasse a perpetuar os privilégios dos brancos, então teriam que enfrentar uma grande batalha. Ninguém entre os milhões de pessoas que viram ou ouviram Mandela nos primeiros dias após sua libertação o teria confundido com um pacifista ao estilo de Gandhi.

Por muitos anos, Mandela fora famoso mas não tinha um rosto. Agora sua imagem tinha se espalhado pelos quatro cantos do mundo e, na África do Sul, ele parecia estar em todos os lugares ao mesmo tempo. Sua longa marcha parecia uma gigantesca festa, um cortejo real que se deslocava de cidade em cidade. Seu primeiro grande comício aconteceu dois dias depois de sua libertação, no estádio Soccer City, em Soweto, diante de 120 mil pessoas. Foi a coroação de Mandela como rei da África do Sul negra. A cada parada a partir daí, a mesma cerimônia se repetia. Em Durban, a maior cidade da Província de Natal, um número semelhante de zulus prestou homenagem a ele. Em Bloemfontein, a sede do mais alto tribunal da África do Sul, 80 mil pessoas compareceram. Em Port Elizabeth, capital da região de Eastern Cape, onde Mandela nasceu, foram 200 mil.

Em todas as ocasiões, o frenesi de um megashow popular e a paixão de uma final esportiva se combinavam ao solene fervor das massas. Arroubos acompanhavam sua primeira aparição no palco ladeado por Sisulu e outros altos sacerdotes da luta. Mas então uma estranha ordem tomava conta das atividades e seguia-se uma liturgia cujos rituais todos conheciam.

Primeiro vinha o grito do mestre de cerimônias no palco, "*Amandla!*", que significa "poder" em xosa. Ao qual a multidão reunida respondia, "*Awethu!*" – "Ao povo!" –, três, quatro ou cinco vezes, num volume cada vez mais alto.

Depois vinha o que os líderes negros sempre tinham chamado de "hino nacional", "Nkosi Sikelele", cuja cadência de canto fúnebre a plateia, com o punho direito erguido, agora insuflava com uma nota triunfante nunca antes ouvida. Eles cantavam esse hino com a perfeição de um coro profissional, como se a vida toda, num protesto após outro, tivessem ensaiado para aquele evento, o que, em certo sentido, era verdade. Todas as 120 ou 200 mil pessoas não só conheciam a letra completa como os homens sabiam quando ficar em silêncio para deixar as mulheres cantarem, e as mulheres sabiam quando deixar as vozes masculinas, mais graves, sobressaírem.

Depois havia mais *"Amandla! Awethu!"*. Em seguida "O mal para um!", que tinha como resposta "É o mal para todos!". Então vinha "Viva o CNA, Viva!", "Viva!", e finalmente: "Vida longa a Nelson Mandela!"

Seguia-se mais cantoria e depois danças, uma discoteca de massas, e então mais "Vida longa a Nelson Mandela!". Depois ele finalmente ficava de pé, parecendo ter mais que seus 1,85m, e levantava o punho bem alto. Os pescoços se esticavam e os rostos resplandeciam ao se voltarem para ele em adoração. Ele gritava *"Amandla!"* e recebia como resposta o *"Awethu!"* mais alto do dia e as pessoas apontavam, exclamavam e gritavam, porque finalmente o tinham visto à distância, a razão para terem se reunido à multidão. E então ele falava. Porém não era um bom orador: sua voz tinha um tom metálico monótono que nunca cativava a plateia da forma como fazia o naturalmente histriônico arcebispo Tutu. E, com o tempo, a multidão começava a ficar impaciente, como acontecia durante sermões na igreja, mas, quando ele acabava, as pessoas voltavam à vida, gritando muitos *"Amandla!"* e "Viva!", e novamente interpretando de forma comovente a canção "Nkosi Sikelele". Só então voltavam para casa, com a coroação encerrada. Contudo, a sensação durava além da agitação do comício. Mandela personificava as dificuldades de todos os sul-africanos negros, que investiam nele todas as suas esperanças e aspirações; ele se tornara a personificação de todo um povo.

CAPÍTULO 7

# O REI TIGRE

"Enforquem Mandela!", "Mandela, volte para o seu lar – a prisão" e "De Klerk, traidor" eram alguns cartazes mais gentis mostrados numa manifestação da direita branca em Pretória, cinco dias depois da libertação de Mandela. O cenário foi a Church Square, um quadrilátero no coração da capital administrativa da África do Sul que tinha em seu centro uma estátua cinza do patriarca bôer Paul Kruger vestido com faixa presidencial, casaca, cartola e bengala. Cerca de 20 mil pessoas compareceram, uma percentagem da população branca tão grande quanto as 120 mil pessoas reunidas em Soweto tinham sido da população negra.

As emoções estavam tão exaltadas quanto tinham estado no Soccer City quatro dias antes, mas o clima não podia ser mais diferente. Em Soweto, havia o cheiro da vitória no ar. Em Church Square, um desespero velado se escondia sob a oposição. Essas pessoas tinham medo de estar prestes a perder tudo. Eram burocratas do governo que temiam perder o emprego, pequenos comerciantes que temiam perder suas lojas, fazendeiros que temiam perder suas terras. E todos temiam perder sua bandeira, seu hino, sua língua, suas escolas, sua

Igreja Reformada Holandesa, seu rúgbi. E por baixo disso tudo estava o pavor de uma vingança proporcional ao crime.

Eles tinham se reunido na capital sul-africana por ordem do Partido Conservador (CP), a ramificação política do extremismo de direita. O CP, o principal partido de oposição num parlamento só de brancos, era uma dissidência do Partido Nacionalista, do qual tinha se separado oito anos antes porque seus líderes desconfiavam que P. W. Botha fosse de esquerda e agora viam De Klerk como o demônio em pessoa.

A direita africâner tem seu próprio ritual, quase tão elaborado ou ensaiado quanto o do CNA. Eles começavam fechando os olhos, abrindo as mãos em súplica, abaixando a cabeça e fazendo uma prece. Depois cantavam "Die Stem", o lúgubre hino nacional oficial, que louva a Deus e celebra os triunfos dos bôeres ao marcharem em suas carroças rumo ao norte, na Grande Jornada de meados do século XIX, apropriando-se de terras que pertenciam a negros. Homens com camisas marrons se misturavam à multidão como alunos valentões na escola. Eram membros do Afrikaner Weerstandsbeweging (Movimento de Resistência Africâner), o mais conhecido de um conjunto fragmentado de grupos de extrema direita. Mais conhecido como AWB, sua bandeira vermelha e preta ostentava três setes dispostos de tal forma que pareciam com a suástica nazista.

Mas dessa vez não eram os camisas-marrons que definiam o evento. Uma medida mais sinistra e mais ameaçadora do desafio que Mandela enfrentaria no futuro era a aparente normalidade da maioria das pessoas, um recorte do espetáculo humano que se veria em qualquer dia da semana no centro de Upington, ou em Vereeniging, ou em qualquer outro lugar na África do Sul branca. Havia jovens usando calças jeans e camisas do Springboks, jovens casais de olhares ansiosos com seus bebês, homens barrigudos de bermuda cáqui e meiões, cavalheiros idosos de paletó de tweed e senhoras vestidas como se fossem para o baile anual do clube de boliche. Eles eram a classe média branca como a de qualquer lugar do Norte da

Europa ou dos Estados Unidos. E não queriam que os negros comandassem suas vidas. Todos compartilhavam o pesadelo de uma mão negra surgindo de baixo da cama no meio da noite, de gangues de jovens negros criminosos arrombando suas casas.

Nunca ficava clara imediatamente, mas ao olhar mais de perto descobria-se uma suavidade vulnerável no cerne da África do Sul branca entre as pessoas que falavam africâner e inglês, habitantes do campo e da cidade, pobres e ricos. A diferença era em que grau cada indivíduo conseguia disfarçar isso. Mas, como reconhecer essa vulnerabilidade não combinava com a imagem de sobreviventes rudes que os africâneres especialmente escolheram para si mesmos, alguns tentavam mascarar seus medos por trás da retórica da resistência. O que não queria dizer que não acreditassem no que falavam. O medo os tornava perigosos. O Dr. Andries Treurnicht, líder do Partido Conservador, recebeu os aplausos mais entusiasmados do dia ao gritar: "O africâner é um tigre manso, mas não mexa com ele!" As certezas mais sólidas e simples do passado estavam começando a rachar, mas a verdade é que eles optaram por acreditar que nem Mandela nem os agora legalizados "comunistas" do CNA conseguissem avançar um dia. O africâner era um tigre, e qualquer animal que mexesse com ele estaria condenado. "Enquanto o CNA funcionar como uma organização militante, vamos combatê-los com toda a força que pudermos", rugiu Treurnicht, teólogo e ex-ministro da Igreja Reformada Holandesa. "Pelo que nos diz respeito, é guerra, pura e simples."

• • •

Algumas pessoas no CNA ainda acreditavam que realmente podiam vencer o tigre. Mandela sabia que não podiam. O inimigo tinha todas as armas, a força aérea, a logística, o dinheiro. O princípio fundamental de ação política de Mandela era a conclusão a que tinha chegado na prisão há muito tempo: a única maneira de vencer o tigre era domesticá-lo. Essas pessoas que estavam rosnando à sombra da estátua de Paul Kruger eram as mesmas que ele tinha conquistado na ilha Robben.

A prioridade de Mandela era evitar a guerra civil. E não apenas entre brancos e negros, mas também entre brancos e brancos. Os liberais do tipo do Dr. Woolf, depois de nadar corajosamente contra a corrente da ortodoxia branca, poderiam estar na mira dos guerreiros de direita. Na verdade, já estavam. O próprio Dr. Woolf tinha recebido ameaças de organizações de direita depois que a história do encontro de sua família com Mandela foi publicada num jornal de Durban. Puseram-no numa lista negra. Homens da imprensa africâner, como Arrie Rossouw, também pagaram um preço por estarem à frente de seu tempo. Choveram correspondências envenenadas na sucursal de Johanesburgo de seu jornal, *Beeld*, e a mesa telefônica ficou congestionada com telefonemas ameaçadores. Numa manifestação de direita no Estado Livre de Orange duas semanas depois da libertação de Mandela, um fotógrafo branco do *Beeld* foi espancado.

Ninguém representou melhor o racha entre os brancos sul-africanos que os gêmeos Viljoen. A história de Braam e Constand Viljoen não é igual à de Caim e Abel nem à do Filho Pródigo, mas apresenta elementos das duas. Impossíveis de distinguir fisicamente, os irmãos seguiram caminhos radicalmente diferentes no final da adolescência e por quase 40 anos não se falaram. Quando por fim se reaproximaram, o destino deu uma mãozinha. Se os irmãos não tivessem feito as pazes, a África do Sul teria entrado em guerra.

Nascidos em 1933 numa família africâner rural de classe alta, cujas origens remontavam aos primeiros colonizadores a chegarem da Europa na faixa mais ao sul da África, no século XVII, os Viljoen tiveram mais do que motivos políticos para viverem separados. Ambos eram homens imponentes e sisudos, que levavam a si mesmos e aos papéis que desempenhavam na sociedade muito a sério e também eram vistos com seriedade pelos outros. As únicas outras coisas que tinham em comum eram sua devoção religiosa e seu amor pela agricultura, à qual Constand se dedicou dentro e fora da fazenda familiar no Transvaal Oriental, e Braam – mais dentro do que fora – em outra fazenda, a 400 quilômetros do Transvaal Oriental.

Em termos de temperamento e visão de mundo, não poderiam ser mais diferentes. Braam fazia o tipo reflexivo e seguiu carreira na igreja. Constand, homem de ação, entrou para o Exército. Porém, apesar de seu caminho parecer mais tranquilo, foi Braam que lutou mais e, em termos estritamente profissionais, fracassou, enquanto Constand, com admirável suavidade, chegou ao auge profissional. Enquanto Braam aceitou o sistema e perdeu, Constand não apenas entrou no sistema como *se tornou* o sistema. Ele chegou não só ao posto de general, de chefe do Exército, mas ao comando geral da Força de Defesa Sul-Africana – incluindo a Marinha e a Força Aérea. P. W. Botha o nomeou para o cargo depois de ter se tornado primeiro-ministro em 1980. Viljoen permaneceu lá, na última linha de defesa do apartheid, até sua aposentadoria em 1985. Comandou a força sem a qual o apartheid teria desmoronado da noite para o dia. Arriscou a própria vida e tirou a vida de outras pessoas para apoiar um sistema político baseado e definido por três das mais perversas leis já criadas: a Lei da Reserva de Benefícios Sociais Separados, a Lei das Zonas de Grupos e a Lei de Registro da População, todas elas aprovadas no parlamento quando ele e seu irmão estavam com 17, 18 e 19 anos de idade – quando cada um estava decidindo que caminho tomaria na vida.

A Lei da Reserva de Benefícios Sociais Separados impedia o acesso dos negros aos melhores parques e praias e proibia que as babás negras viajassem com os bebês das "madames" a quem serviam nas áreas dos trens reservadas para os brancos. As duas outras leis que Constand Viljoen fazia cumprir eram igualmente injustas e absurdas.

A Lei de Registro da População compartimentava os grupos raciais. Havia quatro categorias principais. Em ordem decrescente de privilégio, eram: Brancos, Mestiços, Indianos e Negros. Uma vez que cada sul-africano era enquadrado num desses grupos, todas as outras leis do apartheid eram aplicadas de acordo com isso. Sem a Lei de Registro da População seria impossível impor, por exemplo, a Lei da Imoralidade, que tornava ilegal não só casamentos inter-raciais, mas também qualquer coisa que se assemelhasse a um contato sexual entre pessoas de raças diferentes. Foi em parte para conter a incontinência erótica de uma pequena minoria de almas moralmente fracas e em parte para satisfazer o desejo do povo por melhoria material que o governo incluiu uma cláusula na Lei de Registro da População permitindo aos indivíduos o direito biologicamente espantoso de tentar mudar a sua raça.

Para tanto, a pessoa tinha que enviar um pedido a um órgão em Pretória chamado Conselho de Classificação Racial, estipulando para que raça gostaria de se metamorfosear. Eram feitas entrevistas e, nos casos mais complicados, os requerentes tinham que comparecer perante os senhores e senhoras do conselho, completamente formado por brancos. Os membros do conselho pediam aos candidatos a trocar de raça que andassem de um lado para o outro, de forma que o conselho pudesse examinar sua postura e o formato de suas ancas. Se a questão permanecesse sem solução, o teste do lápis era a forma mais cientificamente confiável de se dirimir a dúvida. Um lápis era enfiado no cabelo da pessoa: quanto mais preso à textura natural do cabelo ele ficasse, mais escura era a classificação. Os números do Ministério do Interior para 1989 mostram que 573 mestiços enviaram a petição para se tornarem brancos, dos quais 519 tiveram sucesso, e que 369 negros enviaram a petição para se tornarem mestiços, dos quais 327 conseguiram. Nesses casos, o objetivo era claramente a melhoria da situação material. Mas o registro também mostra que 14 brancos enviaram o pedido para se tornarem mestiços, dos quais 12 conseguiram; que três brancos pediram para se tornarem indianos e dois para se tornarem chineses, todos os cinco com sucesso. Tais milagres não eram realizados pela fria razão, mas pela simpatia que o Conselho de Classificação Racial tinha pelos impulsos românticos admiravelmente autopunitivos dos requerentes.

A Lei das Zonas de Grupos proibia as pessoas negras e brancas de viverem nas mesmas partes da cidade e tornou compulsória a separação física da cidade branca e do vilarejo negro. Mas, aos olhos dos ideólogos do apartheid, era, de fato, mais que isso. Era o estabelecimento da ordem divina. O *volk* temente a Deus jamais teria estabelecido um sistema tão grandioso condenando a vasta maioria dos habitantes de seu país a uma cidadania de quarta classe se não estivesse bem certo de que havia uma justificativa bíblica para o que estava fazendo. Assim como outros fundamentalistas antes e depois deles, procuraram no Antigo Testamento e desencavaram argumentos teológicos que apoiassem sua decisão de lançar os negros nas "trevas exteriores". De acordo com um livro intitulado *Biblical Aspects of Apartheid* (Aspectos bíblicos do apartheid), publicado em 1958 por um teólogo eminente da Igreja Reformada Holandesa, a Lei das Zonas de Grupos se aplicava à vida depois da morte também. O livro reconfortava os sul-africanos brancos que temiam ter que se misturar aos negros no céu. Não havia por que se preocupar. O livro lhes garantia que a Bíblia dizia que: "Na casa de meu Pai há muitas moradas."

Constand Viljoen dedicou sua vida a defender essas leis contra as forças lideradas por seu arqui-inimigo, Nelson Mandela. Braam Viljoen, que desde sempre considerara abomináveis as leis do apartheid, tornou-se um dos soldados não oficiais de Mandela.

Se o problema de Constand era que ele pensava pequeno, o de Braam era que ele pensava grande demais. Bastou a Igreja reafirmar um pouco que as leis do apartheid eram todas obras de Deus para Constand se lançar de bom grado na defesa da terra de seus pais. Braam, um adolescente de espírito impressionantemente independente para um africâner criado numa fazenda a 240 quilômetros da cidade mais próxima, ouviu as mesmas palavras que seu irmão do *dominee* da Igreja Reformada Holandesa e as achou profundamente perturbadoras. Ao ir para a universidade em Pretória para estudar teologia, com a ideia de se tornar ele próprio um *dominee*, ficou intrigado com o trabalho de um pequeno grupo subversivo de teólogos que estava questionando as ortodoxias reinantes. Isso o instigou a se interessar pelo CNA. Ele leu com atenção e entusiasmo o Estatuto da Liberdade ("A África do Sul pertence a todos que vivem nela, negros e brancos") que o CNA lançou em 1955, o ano em que seu irmão se formou na universidade e se tornou oficial do Exército.

Enquanto Constand galgava postos com facilidade, chamando a atenção de seus superiores, Braam estava impressionado pela seriedade cristã do predecessor de Mandela como chefe do CNA, Albert Luthuli. No início dos anos 1960, na época em que se licenciou professor de teologia, Braam assinou uma declaração afirmando que era heresia relacionar o apartheid com a vontade de Deus. A declaração era solene e respeitosa. Por dentro, Braam fervilhava. "Acabei detestando a ingênua e infantil justificação bíblica do apartheid, baseada numa leitura literal do Gênesis", disse ele. "Também detestei essa forma fundamentalista de pensar, afirmando de forma imbecil que essa era a palavra de Deus, não admitindo discussão. Naturalmente, entrei em conflito com minha família. Com meu irmão, que então era major da Força de Defesa Sul-Africana, simplesmente não falava de política e ponto final." Ele também entrou em conflito com a Igreja Reformada Holandesa, que o chamou de dissidente e o impediu de receber o salário a que tinha direito como *dominee* teologicamente habilitado. Ele continuou dando aulas na universidade até os anos 1980, mas, por razões financeiras, foi obrigado a voltar a trabalhar na fazenda parte do tempo.

Na fazenda, intensificou seu envolvimento político ao começar a tomar consciência do que o apartheid significava para os menos favorecidos das camadas mais baixas: os negros das áreas rurais. No início dos anos 1980, com o aumento do protesto dos negros em todo o país, ele se envolveu ativamente no que descreveu como "a luta pela liberdade", conspirando com os mesmos líderes políticos negros que seu irmão, como chefe da SADF, estava encarregado de combater. Também estava farto do Conselho Sul-Africano de Igrejas, um órgão que as forças de segurança consideravam uma frente para os terroristas do CNA. Quanto mais poderoso seu irmão se tornava, mais detalhadamente Braam entendia os métodos brutais que o chefe de Constand estava sancionando. Ele sabia que o sistema era diabólico, mas não tinha percebido até então quão mortífero poderia ser. "Fiquei chocado e horrorizado. O pessoal do meu irmão estava matando e torturando as pessoas!" Na verdade, Braam teve sorte de não ser torturado e assassinado. Depois da libertação de Mandela, ele descobriu que estivera na principal lista negra do CCB, a unidade secreta da inteligência militar que assassinara Anton Lubowski.

"Não acho que meu irmão soubesse disso", insistiu ele com convicção. Mas Constand deve ter desconfiado de alguma coisa. "Ele me mandou uma mensagem por meio de nossa mãe", lembrou Braam, "me avisando que 'se eu soubesse o que era bom para mim', deveria abandonar os comitês do Conselho Sul-Africano de Igrejas."

Braam não abandonou. Durante os anos 1980, continuou a trabalhar no Conselho. Em 1987, foi com outros 50 intelectuais africâneres de mente aberta para Dakar, no Senegal, para um encontro pioneiro com a liderança exilada do CNA. Uma das figuras-chave por trás desse encontro foi Frederik van Zyl Slabbert, o primeiro herói político de Morné du Plessis. Depois que Braam Viljoen voltou de Dakar, o NIS de Niël Barnard o interrogou, mas ele seguiu em frente. No mesmo ano, ele se reuniu ao pequeno mas corajoso PFP, o Partido Federal Progressista (uma outra ligação com Morné du Plessis, porque esse era o partido que ele apoiava). Braam até concorreu para o parlamento pelo PFP antes de se juntar voluntariamente ao órgão de pesquisas antiapartheid que beirava a ilegalidade, o Instituto para a Democracia na África do Sul, fundado por Van Zyl Slabbert, que tinha abandonado a política ativa.

Apesar de suas profundas diferenças ("vivíamos em mundos opostos", disse Braam), os gêmeos Viljoen compartilhavam de muitas qualidades. Ambos era honestos e escrupulosamente dedicados ao trabalho. Constand era um militar sério e íntegro que passou sua vida profissional dentro de uma bolha moral, convencido de que era tão honroso servir na SADF quanto no Exército da Nova Zelândia. Foi muito admirado por seus subalternos, assim como por milhões de sul-africanos brancos, durante seu longo mandato como chefe do Exército e depois de todas as Forças Armadas. Solidificou sua reputação em meados dos anos 1970 como oficial sênior responsável pela guerra expedicionária angolana da África do Sul, lutando ao lado de guerrilheiros da UNITA de Jonas Savimbi contra o governo marxista de Angola. Este foi um das dezenas de conflitos ligados à Guerra Fria que eclodiram no mundo todo. O governo angolano recebeu ajuda de Cuba e da União Soviética, e a UNITA, dos Estados Unidos. A África do Sul se juntou à rixa porque seus governantes eram tão anticomunistas quanto os de Washington e porque o governo angolano tinha ajudado o CNA.

Ao assumir o cargo de chefe da SADF em 1980, Constand se viu obrigado a prestar mais atenção ao próprio CNA, agora ativo em países vizinhos, como Zâmbia e Moçambique, e a seus substitutos cada vez mais rebeldes a quem seu irmão estava se associando dentro do país. Um documento oficial do governo, um ano antes, dissera que a ameaça política e militar contra a África do Sul estava se intensificando "numa proporção alarmante". Determinado a expressar a guerra contra o CNA em termos geopolíticos mais palatáveis internacionalmente, o documento descrevia "a investida total" do inimigo como parte de um plano de Moscou para usar a África do Sul "como um degrau para a conquista do mundo". A linguagem convenceu os conservadores americanos e a primeira-ministra britânica Margaret Thatcher, que concordaram publicamente com o presidente Botha que o CNA era uma organização "terrorista" inspirada pelos comunistas. Encorajado, Botha ordenou que o Exército invadisse os vilarejos negros. Viljoen então se tornou o primeiro chefe do Exército sul-africano a ver suas tropas se expandirem para além da proteção do país contra um inimigo estrangeiro, para a proteção do Estado contra seu próprio povo. O Exército de repente se viu trabalhando de mãos dadas com a polícia de segurança, realizando ataques-surpresa conjuntos aos vizinhos Moçambique, Botswana e Lesoto, ações estas que mataram tanto civis quanto membros do CNA.

Constand nunca esteve confortável nesse papel. Sua visão moral pode ter sido menos ampla que a de seu irmão, mas ele não era um homem sem escrúpulos. Em maio de 1983, um ataque-surpresa da SADF a Moçambique se enganou e considerou que várias casas particulares, uma escola maternal e uma fábrica de suco de frutas serviam de abrigo de mísseis, centro de treinamento e base logística do CNA. Seis pessoas foram mortas, nenhuma delas do CNA. Isso fez Viljoen enviar um memorando interno ao chefe do Exército, no qual se declarava não só desapontado, mas chocado. "Se tivéssemos que analisar nossa eficiência operacional e tornar públicos os resultados, ficaríamos envergonhados", escreveu.

Os resultados não foram divulgados para o público e, com a ajuda de uma imprensa dócil, foi publicada a melhor nota explicativa possível sobre as façanhas da SADF. Um ataque-surpresa a Gaborone, a capital de Botswana, no qual soldados sul-africanos mataram um garoto de 6 anos e um homem de 71, foi relatado pela imprensa em termos gloriosos e um jornal estampou a manchete: "As Armas de Gaborone". Quando Constand se aposentou, depois de uma carreira militar que durou 31 anos, ele tinha se tornado uma lenda viva – na imaginação popular africâner, era quase um Mandela branco –, mais especificamente, um general corajoso, digno e reto que manteve a tradição bôer do século XIX de políticos-soldados como Andries Pretorius e Paul Kruger. Em outras palavras, o antídoto perfeito para o inconstante, escorregadio e antibôer F. W. de Klerk, que era propenso a fazer acordos. A decisão de Constand Viljoen de honrar a tradição bôer e voltar a trabalhar na fazenda só aumentou a devoção de seus admiradores. Em 1985, quando voltou, ele acreditou que era para sempre. Cinco anos depois, ao assistir preocupado pela televisão à libertação de Mandela, não poderia imaginar que o *volk* logo o convocaria a deixar sua fazenda e ser seu líder em sua última grande guerra pela liberdade.

## CAPÍTULO 8
# A MÁSCARA

*1990-1993*

Mandela voltou à prisão um mês depois de ter saído. Dessa vez, visitou, de livre e espontânea vontade, o lugar para onde tivera medo de ser enviado em 1964: o Corredor da Morte em Pretória. Ele foi ver os 14 de Upington e outros prisioneiros que estavam encarcerados por razões que ele julgava serem políticas. Justice Bekebeke não se encontrou com ele. Por uma perversa sequência de circunstâncias relacionadas com uma visita mal programada de um parente, não conseguiu ver Mandela. "Eu não queria morrer no Corredor da Morte, mas tive vontade de me matar!", brincou Justice. Mandela reassegurou aos prisioneiros do caso de Upington que, com sua libertação, as coisas na África do Sul tinham mudado para sempre. Ele não apenas convenceria o governo a aceitar uma moratória das execuções, mas faria tudo o que pudesse para ajudá-los a ganhar a liberdade. Eles acreditaram nele. Aos olhos dos fiéis negros, Mandela operava milagres. "Apesar de não ter estado com ele, compartilhei a animação dos outros", contou-me Justice. "Tivemos a certeza de que seríamos libertados."

A África do Sul tinha tomado um novo rumo, ditado por Mandela, embora De Klerk estivesse formalmente no controle. As conversações entre o CNA e o governo começaram. O processo que Mandela tinha iniciado secretamente na cadeia continuou agora às claras. A direita resmungou, mas o CNA e o governo passaram a se conhecer e, para sua surpresa, descobriram que, como bem definiu um membro veterano do CNA, "nenhum dos dois lados tinha chifres" e começaram a construir a confiança mútua da qual sempre depende o progresso nas negociações. "O processo", como pessoas de dentro o chamavam, começou formalmente em maio de 1990 e avançou tão bem quanto Mandela poderia ter sensatamente esperado. Uma das concessões importantes que Mandela já tinha garantido era, como prometido aos 14 de Upington, a suspensão de todas as execuções legais. Prisioneiros políticos começaram a ser libertados como parte das negociações de troca. No entanto, os participantes do grupo de Upington, nenhum deles oficialmente membro do CNA, não entraram nessas transações. A lei seguiria seu curso e eles esperavam ser poupados por meio de um recurso.

Delegações do governo, do CNA e de vários outros partidos menores se encontravam de segunda a sexta, reunindo-se, como advogados rivais, em salas cheias de fumaça de cigarros num prédio de conferências perto do aeroporto de Johanesburgo, conhecido, com grandeza exagerada, como World Trade Center. Alguns dos delegados se entenderam tão bem depois de certo tempo que começaram a se perguntar se estavam indo rápido demais em relação aos interesses de seus eleitorados, se haveria problemas, principalmente para o governo, quando chegasse a hora de pedir ao povo para aderir aos acordos que tinham firmado. O negociador-chefe do CNA, um ex-líder sindical chamado Cyril Ramaphosa, e o negociador-chefe do governo, o ministro da Defesa Roelf Meyer, ficaram tão amigos que frequentemente discutiam as questões quando saíam para pescar juntos nos fins de semana. Mandela e De Klerk nunca se entenderam tão bem, mas, apesar de terem tido seus momentos de tensão, permaneceram em constante contato, às vezes se encontrando tarde da noite. Não havia mais necessidade de implorar por uma reunião: o ex-prisioneiro podia telefonar para o presidente sempre que quisesse.

Em meio a essas rápidas mudanças, em maio de 1991, o mais alto tribunal de recursos da África do Sul revogou 21 das 25 condenações por assassinato no caso Upington e suspendeu todas as 14 sentenças de morte. Bekebeke foi um dos quatro cujas condenações permaneceram. Ele deixaria o Corredor da Morte, mas o tribunal determinou que cumprisse uma pena de 10 anos de prisão. Ele recebeu a notícia de bom grado, respondendo aos vereditos estendendo os braços e abraçando o velho Gideon Madlongolwana, que, com sua mulher Evelina, estava livre. Oito meses depois, tendo cumprido um total de seis anos e um mês e meio da pena, ele também foi libertado. Em 6 de janeiro de 1992, reencontrou a família, os amigos e a namorada, Selina, em Upington. Foi um momento feliz, mas Bekebeke estava impaciente. Tinha que recuperar muito tempo perdido e cumprir uma promessa que fizera a si mesmo e a seus companheiros de prisão no dia em que Anton Lubowski foi morto.

Antes, estava certo de sua ambição na vida. Queria se tornar médico. "Mas naquele dia mudei meus planos. A partir daquele momento, soube que havia apenas uma coisa que eu queria ser: advogado. Eu pegaria a lança de Anton. Seguiria seus passos. Preencheria o vácuo que ele tinha deixado. Eu me tornaria um novo Lubowski."

Era espantoso que um jovem negro furioso como Bekebeke dissesse isso, mas a prisão o tinha amansado, assim como fizera com Mandela. Duas semanas depois de sua libertação, encenou um ato de retórica grandiloquente. Na Cidade do Cabo, o lugar onde, quando criança, fantasiara ter visitado Mandela e os outros "líderes" em sua prisão insular, começaria agora , aos 31 anos, sua carreira universitária. Bekebeke se destacou na Universidade de Western Cape. Obteve notas altas no exame de admissão e ganhou uma bolsa. Ele se definia como um aluno possuído. "Durante todo o tempo, o espírito de

Anton me guiou e eu sabia que, apesar de ser difícil, nunca desistiria, nunca o decepcionaria. Disse a meus companheiros do Corredor da Morte que era isso que eu faria. Fiz uma promessa e a cumpri."

• • •

Mandela também estava no caminho de cumprir sua antiga promessa de dar liberdade à África do Sul, mas havia tempestades no horizonte, fenômenos de natureza política que ele não previra e que inicialmente escaparam a seu controle. Porque, enquanto as negociações no World Trade Center prosseguiam em ritmo solene, a guerra da direita para aniquilá-las já estava a caminho. Foi uma guerra que assumiu formas diferentes, e uma delas – a mais sangrenta – tinha uma face negra. Não havia somente a direita branca na África do Sul, mas também – o que é muito mais difícil para um estrangeiro entender – uma direita negra. E seus interesses convergiam.

O movimento zulu de direita Inkatha e, em particular, seu líder, Mangosuthu Buthelezi ("louco como uma raposa", como um embaixador estrangeiro o descreveu), estavam tão temerosos quanto a direita branca de que, se o CNA chegasse ao poder, isso exigiria deles uma terrível retribuição. Buthelezi tinha concordado com o apartheid, apesar de fingir que não, quando a ocasião assim o exigia. Seu discurso imitava o do CNA, criticando o racismo do governo e tudo o mais, porém o fato era que ele tinha se beneficiado do apartheid. O plano do "grande apartheid" de Hendrik Verwoerd tinha sido dividir a África do Sul numa série de torrões tribais, que ele entendia como estados soberanos internacionalmente reconhecidos. O Dr. Fantástico do apartheid ("Nunca tive a mínima dúvida", declarou Verwoerd uma vez, "de que talvez eu estivesse errado") imaginou que cada um dos nove grupos tribais da África do Sul teria seu próprio miniestado, enquanto à tribo branca caberia o maior quinhão: a exploração mineral e agrícola, incluindo as grandes cidades. Buthelezi concordou com o plano, aceitando um pequeno feudo totalmente financiado por Pretória e chamado de KwaZulu. Ali ele viveu uma boa vida como "ministro-chefe", assessorado por um gabinete, ministros e uma força policial liderada por um brigadeiro africâner (nesse terreno, Pretória detinha o poder), que era ex-chefe da polícia de segurança da África do Sul branca.

O pequeno estado de Buthelezi seria cômico se não fosse uma ferramenta de Botha para conter a insurgência do povo. Orientado pelo brigadeiro do governo em Pretória, Buthelezi despachou suas forças *impi* (palavra em zulu para "batalhão") contra a metade da população zulu urbana, que falava inglês e apoiava o CNA, resultando em batalhas entre os dois lados que causaram milhares de mortes. O CNA e seus apoiadores acabaram detestando Buthelezi tanto quanto Botha, se não mais. Buthelezi temia, se Mandela um dia tomasse o poder, perder os privilégios políticos e econômicos derivados de sua cumplicidade com o Estado do apartheid. Ele também temia uma vingança sangrenta, assim como a direita branca, razão pela qual nenhum dos dois via qualquer benefício num processo de negociação cujo fim fosse um governo majoritário.

Seis meses depois da libertação de Mandela, os guerreiros do Inkatha, empunhando suas lanças, tinham estendido sua guerra para além do território zulu, chegando aos vilarejos em torno de Johanesburgo, armando ataques à comunidade em geral, sabendo que a grande maioria apoiaria o CNA. Centenas de pessoas morriam – a tiros, a golpes de lanças, esfaqueadas ou queimadas – todos os meses. Em seus ataques, que continuaram por três anos após a libertação de Mandela, os soldados de Buthelezi contavam com a ajuda desvelada da polícia uniformizada, cujos carros blindados escoltavam os *impis* do Inkatha para entrar e sair das batalhas. Secretamente, membros da polícia de segurança e da inteligência militar forneciam armas aos terroristas do Inkatha. O objetivo era bem claro: provocar o CNA a entrar numa série de miniguerras civis nos vilarejos e tornar a nova ordem planejada ingovernável.

Apesar de todo o calculismo e charme de Mandela, ele teve momentos de indignação arrebatada, na maioria dos casos desencadeados pela carnificina nos vilarejos e por De Klerk, a quem agora se arrependia de ter chamado de "um homem íntegro" e acusava de cumplicidade passiva na violência. Tokyo Sexwale, ex-prisioneiro da ilha Robben e agora membro do principal órgão de tomada de decisões do CNA, a Comissão Executiva Nacional (NEC – National Executive Comitee), disse que houve um momento em que Mandela quis cortar relações com o governo. "Então protestamos. 'Se tomarmos essa atitude, o que vamos fazer? Voltar para a luta armada?' Mandela era um homem raivoso, mas tivemos que contê-lo e o fizemos. Mas estávamos todos afetados pela quantidade de sangue derramado em todo o país." Mandela extravasou denunciando De Klerk. "Se fossem brancos morrendo", disparou ele, "tenho certeza de que ele estaria tratando da questão com muito mais urgência."

Buthelezi, que sabia que a impunidade que lhe era garantida pelo governo do apartheid não chegava ao ponto de poder matar brancos, se viu puxado para ainda mais perto do Partido Conservador de extrema direita e de seus militantes, que estimulavam os *impis* do Inkatha, comemoravam seus massacres e ansiavam pelo dia em que firmariam uma aliança zulu-bôer contra o CNA. Enquanto isso, Mandela recebia cada vez mais relatórios de seu próprio pessoal de inteligência, bem como de governos estrangeiros amigos, falando da mobilização da direita.

• • •

Até o início de 1992, não havia sinal de abrandamento do banho de sangue nos vilarejos, mas sim todos os sinais de que a extrema direita mostraria violentamente suas intenções. O perigo espreitava e Mandela tinha que afugentá-lo. Ele precisava apaziguar os temores dos brancos, dar a eles algum incentivo para aceitar a nova ordem. O NEC se reuniu e surgiu a proposta de amainar ou acabar de vez com o boicote ao rúgbi. Arnold Stofile, o homem preso em 1985 por seu papel em impedir a viagem do All Blacks, foi um participante ativo do debate. "Essa não é uma cenoura comum que vamos oferecer à

África do Sul branca", disse o efervescente Stofile a seus companheiros, mas nem todos captaram a importância do rúgbi na alma africâner. "Isso não é política. Não é ideologia. É algo muito mais poderoso, primitivo e pessoal! Propor retomar os jogos de rúgbi internacionais é uma maneira de dizer aos brancos: 'Se vocês se juntarem a nós, poderão ir para a Europa, os Estados Unidos e a Austrália para visitar seus amigos e não serão vistos no aeroporto como párias na hora da verificação do passaporte.' Eles também acharão isso bom para os negócios e, acima de tudo, significará ser apreciado de novo. Essa é a ideia. Isso terá grande importância para eles, que poderão exclamar: 'Eles gostam de nós!' Em suma, camaradas, a África do Sul branca poderá se sentir como seres humanos de novo, como cidadãos do mundo."

Um membro do NEC que entendeu exatamente o que Stofile estava falando foi Steve Tshwete, um ex-prisioneiro da ilha Robben, que também tinha jogado rúgbi. De fato, Tshwete defendia a ideia de usar o esporte como uma ferramenta para mudanças positivas desde a época da libertação de Mandela. Arrie Rossouw, o repórter político do jornal africâner *Beeld*, contou que, no início de 1990, tinha viajado para Zâmbia, a base do exílio do CNA, e tivera longas conversas que varavam a noite com Tshwete, que já era o Sr. Esportes da organização. "Tshwete entendeu desde o início que a retomada dos campeonatos internacionais de rúgbi incitaria os africâneres a repensar seus preconceitos contra o CNA", disse Rossouw. "Ele era muito a favor de usar o rúgbi como instrumento de reconciliação."

Ele e Stofile levaram a questão ao NEC. A opinião estava dividida entre os pragmáticos que acreditavam que, embora não fosse merecido, tinha chegado o momento de estender a mão em sinal de amizade e os que achavam a ideia de recompensar os "bôeres" ultrajante. Foram os pragmáticos que prevaleceram sobre Mandela. A ideia de usar o rúgbi como um incentivo para os africâneres aceitarem a democracia não podia estar mais sintonizada com a abordagem que ele tinha planejado na prisão, mais obviamente com o major Van Sittert no encontro da "chapa elétrica", e que, desde então, se desdobrara em efeitos políticos valiosíssimos. Os brancos tinham pão suficiente, mas lhes era negado o circo. O CNA devolveria isso a eles; permitiria que o Springboks voltasse a desempenhar um papel no cenário mundial.

Em agosto de 1992, a África do Sul participou de seu primeiro jogo sério em 11 anos, contra a Nova Zelândia, no estádio Ellis Park, em Johanesburgo. Antes disso, as autoridades do rúgbi e o CNA tinham chegado a um acordo. Nós lhes daremos o jogo, disse o CNA, desde que vocês parem de usar o evento "para promover os símbolos do apartheid". Contudo, havia um problema: a camisa verde do Springboks. Ainda um forte símbolo do apartheid para os negros, ela estava inevitavelmente associada, para os brancos, aos dois outros símbolos que o CNA mencionara quando estabeleceu suas condições: a velha bandeira sul-africana, que ainda era a oficial, e o antigo hino, "Die Stem", que ainda era o hino nacional. Considerando o inevitável estado de embriaguez em que muitos torcedores se encontravam ao chegar ao estádio – além de sua insensibilidade política –, pedir que eles dissociassem um símbolo dos outros parecia demais, cedo demais. E era.

As antigas bandeiras ondulavam por todo o estádio e Louis Luyt, o arrogante presidente da União de Rúgbi Sul-Africana, fez pouco caso das regras, ordenando que o antigo hino fosse tocado. A multidão urrou a canção como se fosse um grito de guerra, transformando o que o CNA esperava que fosse um ritual de reconciliação numa cerimônia de desafio. O *Rapport*, jornal dos africâneres mais preso ao passado, apelou para o sentimentalismo quando falou das "suaves lágrimas de orgulho" derramadas pelo *volk* no Ellis Park, antes de mudar para um tom heroico para aplaudir seu espírito inflexível. "Eis a minha canção, eis a minha bandeira", citou o *Rapport*. "Estou aqui e cantarei minha canção hoje."

Africâneres esclarecidos como Arrie Rossouw, o negociador-chefe do governo Roelf Meyer e Braam Viljoen, irmão do general, levaram as mãos à cabeça em desespero. Os membros do CNA se juntaram para expressar sua indignação. Arnold Stofile se sentiu traído. "Nunca fomos dogmáticos sobre o isolamento", disse ele. "Transformamos o chicote numa cenoura doce e suculenta. Mas nem todos a mastigaram. Então, quando os torcedores nos desapontaram daquele jeito, cantando o hino do apartheid e tudo o mais, nosso pessoal ficou realmente chateado."

Porém, depois que a poeira do Ellis Park baixou, Mandela argumentou vigorosamente nas reuniões do NEC para persistirem com o rúgbi como um instrumento de persuasão política. Era difícil convencer um grupo de pessoas teimosas que estavam fartas de sofrer indignidades nas mãos dos brancos. Mas ele conseguiu. "Até agora o rúgbi tem sido a aplicação do apartheid no campo dos esportes", disse ele a seus colegas do CNA. "Mas agora as coisas estão mudando. Precisamos usar o esporte para fins de construção da nação e promoção de todas as ideias que achamos que levarão à paz e à estabilidade no país."

A reação inicial foi "muito negativa", lembrou Mandela. "Entendi a raiva e a hostilidade da população negra porque ela tinha crescido num ambiente em que se encarava o esporte como um braço do apartheid. Os negros apoiavam os times estrangeiros quando vinham jogar contra a África do Sul. E de repente eu saio da prisão e digo que é preciso abraçar essas pessoas! Entendi perfeitamente a reação deles e soube que enfrentaria momentos difíceis." A liderança do CNA abordou o assunto em várias reuniões. O argumento mais poderoso de Mandela era que o rúgbi valia muitos batalhões, como ele disse. "Minha ideia era garantir que tivéssemos o apoio de africâneres, porque – como continuamente relembrava a todos – o rúgbi, no que diz respeito aos africâneres, é uma religião."

• • •

Em janeiro de 1993, só cinco meses depois do fiasco do jogo contra a Nova Zelândia, Mandela deu à África do Sul branca o maior, melhor e menos merecido presente que eles poderiam imaginar – a Copa do Mundo de Rúgbi de 1995. Não só a África do Sul poderia participar pela primeira vez como também seria a sede da competição. Walter Sisulu chefiou uma pequena delegação que se reuniu na sede do CNA em Johanesburgo com as pessoas mais importantes do Conselho Internacional de Rúgbi. Todos saíram da reunião declarando seu entusiasmo pela decisão do CNA de apoiar incondicionalmente uma proposta que, apenas três anos antes, quando Mandela ainda estava na prisão, era impensável.

Porém, em vez de responder com a gratidão que Mandela esperava, a direita branca intensificou seu discurso de resistência e seus planos de guerra. Eles viam que as negociações entre o CNA e o governo estavam rumando para a democracia. Poucas semanas após o anúncio sobre a Copa, De Klerk declarou que tinha definido uma data para as eleições multirraciais: abril de 1994. Os temores que essa possibilidade acarretava superaram os agrados esportivos de Mandela.

Alguns dias depois do anúncio sobre o rúgbi, todas as conversas nos círculos políticos eram sobre guerra civil. Até mesmo o presidente De Klerk, um advogado que geralmente tentava manter os níveis de ruído baixos, se sentiu compelido, pelas informações que estava recebendo da inteligência, a declarar que a alternativa às negociações era "uma guerra devastadora". Um membro de seu gabinete disse: "Estamos preocupados com os acontecimentos na Iugoslávia – mais do que muita gente pensa." O CNA também estava. Mandela e seus tenentes se preocupavam abertamente com seus sonhos de democracia "afundando em sangue", como ele mesmo disse.

Em 10 de abril de 1993, eles quase conseguiram. Uma dupla estranha surgiu do contingente variegado da extrema direita para realizar a coisa mais próxima ao regicídio que a África do Sul tinha visto desde o assassinato de Verwoerd em 1966, mas com consequências incalculavelmente mais perigosas. Verwoerd tinha sido apunhalado por um mensageiro parlamentar meio louco. Foi um choque para sua família e seus apoiadores, mas não para o sistema político, que continuou como se nada tivesse acontecido. O assassinato de Chris Hani foi bem diferente.

Hani era, junto com Mandela, o maior herói da África do Sul negra. Teria sido aclamado seu líder se Mandela nunca tivesse nascido ou se tivesse morrido na prisão. Assim como Mandela, seu mito o precedeu. Exilado por quase 30 anos, seu rosto era desconhecido do público em geral até que o CNA foi anistiado e ele voltou para casa, logo após a libertação de Mandela. O mito se baseava em dois argumentos poderosos: ele tinha liderado as duas organizações que o regime dos brancos mais temia, Umkhonto we Sizwe e o Partido Comunista Sul-africano. A regra geral entre os militantes negros era que quanto mais um líder do CNA fosse ultrajado pelo governo, mais admirado era. Hani, que aos olhos dos brancos era o herdeiro de Mandela como "terrorista-chefe", fora uma lenda cujas dimensões eram compostas pelas histórias de seus feitos heróicos que aos poucos chegavam aos vilarejos negros, por ter sobrevivido a tentativas de assassinato e pelos rumores – totalmente verdadeiros – de que tinha nascido extremamente pobre na Eastern Cape negra e rural.

As fotografias e as imagens da TV no dia 10 de abril de 1993 prenunciaram um grande problema: o ídolo caído de bruços numa poça de sangue, as manifestações espontâneas em todo o país e o mar de punhos negros erguidos com ódio, as barricadas em chamas, os carros incendiados, policiais de choque brancos empunhando suas armas na altura do peito, tentando se proteger. As proporções do perigo ficaram claras nas palavras que o arcebispo Tutu usou para impedir os negros de fazerem o que a justiça natural pedia. "Não vamos deixar que os assassinos de Chris tenham sucesso em seu objetivo nefasto de incendiar o país", rogou Tutu, "porque agora o fogo se espalharia facilmente."

O assassino de Hani, o homem que atirara nele do lado de fora de sua casa no subúrbio de Dawn Park, antes exclusivo da classe trabalhadora branca, em Johanesburgo, era um imigrante polonês, um soldado raso da luta de resistência dos brancos, um membro do

AWB chamado Janusz Walus, cujo fanatismo anticomunista só era equiparável a seu desejo de ser admitido na comunidade bôer de direita. O companheiro de Walus, o mais próximo que se podia chegar de um cérebro por trás da trama, compartilhava a necessidade do polonês de ser bem recebido no círculo do *volk*. Chamava-se Clive Derby-Lewis e tinha a exata aparência de uma pessoa que tivesse esse nome. Membro do parlamento pelo Partido Conservador do Dr. Treurnicht, usava blazer e gravata azuis, ostentava um bigode exuberante e falava inglês com sotaque pomposo da alta classe: parecia e soava como um ator desempenhando o papel de um cafajeste inglês de pantomima.

Esses dois aspirantes a bôer deixaram a África do Sul mais perto que nunca da guerra racial. O *Beeld* entendeu isso perfeitamente. O jornal do sistema africâner advertiu: "Uma explosão temerária agora, uma bala perdida, um ato de vingança pode jogar por terra a delicada estrutura de negociações e desencadear forças demoníacas."

Mandela recebeu as notícias por telefone em Qunu, a cidadezinha em Transkei, perto de Eastern Cape, onde nasceu. Richard Stengel, que ajudou a escrever sua autobiografia, estava com ele no momento, observando-o tomar seu habitual café da manhã de mingau, frutas e torradas. O rosto de Mandela se petrificou ou, como Stengel descreveu, ficou paralisado "num semblante trágico". Ele ficou arrasado. Tinha um afeto paternal por Hani como homem, além de um enorme respeito por ele como seu herdeiro político. Porém, analisando instantaneamente a gravidade do momento, viu que não podia se dar ao luxo de se entregar a seus sentimentos. Transformou-se imediatamente de pai enlutado em político calculista.

"Quando ele desligou o telefone", lembrou Stengel, "sua mente já estava a pleno vapor, pensando no que iria acontecer. Quais seriam as consequências para a nação? E para a paz? E para as negociações? Ele começou a dar uma série de telefonemas para auxiliares e imediatamente viu que isso poderia ser o fósforo que acenderia o pavio, a revolução, ou sabe Deus o quê. E conseguiu dominar completamente o momento político. Eu quase pude ver dentro de sua mente todas as engrenagens se movimentando. Ele era um animal político consumado, pensando em todas as consequências daquilo e o que significariam."

O que significaram foi que ele nunca tinha tido tanto poder quanto naquele momento para definir o caminho que seu país tomaria. A opção mais fácil seria a guerra. A difícil era apelar para o comedimento, um apelo às massas enraivecidas para pôr de lado as emoções do momento em favor de um objetivo maior.

Tinha sido Jessie Duarte, sua assistente pessoal, quem lhe dera a notícia por telefone. E, naquela tarde, quando ele chegou à sede do CNA em Johanesburgo, depois de ter viajado à cidadezinha de Hani para prestar condolências à família dele, foi Jessie quem o acolheu. "Ele estava tão triste", lembrou ela. "Gostava de verdade de Chris. Mas também sabia que não havia tempo a perder, que não era a hora de ceder a seus sentimentos pessoais. A avaliação que fez era de que o potencial para violência em torno da morte de Chris era imenso e, por mais que o momento fosse difícil para todos, a responsabilidade dele era apaziguar o povo."

Jessie trabalhou com Mandela durante quatro anos. Dividiram um escritório e ele raramente viajava para qualquer lugar sem ela. Era uma mulher baixa, dinâmica e cheia de energia, cujo veemente ativismo político tinha lhe rendido, nos círculos do CNA, a reputação de uma jovem inflamada. Mas Mandela trouxe à tona o lado alegre dela e Jessie se tornou, entre outras coisas, uma espécie de filha postiça para ele. Por isso, foi uma das poucas pessoas que ele permitia que o vissem triste, diante de quem eventualmente deixava cair a máscara de político contido. Jessie Duarte entendia melhor que ninguém que sua vida tinha sido mais alegre, rica e em geral mais plena na esfera política que na pessoal, cheia de fracassos, desapontamentos e tragédias.

Jessie estivera junto dele no dia de abril de 1992 quando decidiu anunciar sua separação de sua segunda mulher, Winnie. Ela foi contagiada pelo sombrio abatimento que caiu sobre ele ao assumir a enorme decepção que Winnie tinha sido para ele. Ela tinha mantido um caso com um homem muito mais novo mesmo depois que Mandela saiu da prisão, nunca compartilhava a cama com ele quando estava acordado, xingava com uma vulgaridade que Mandela não aturava e bebia em excesso. Como ele diria na audiência de divórcio três anos mais tarde, descrevendo seus dois anos de casamento após a prisão, "fui o mais solitário dos homens", mais solitário ainda pelo sonho de amor que o tinha sustentado na prisão e que ela o ajudara a nutrir quando o visitava. Uma carta que escrevera para ela logo no início de seu tempo na prisão revelava seu desejo, bem como sua percepção da necessidade de não deixar que as pessoas em torno dele percebessem sua vulnerabilidade. "Querida Winnie", escreveu Mandela, "consegui com razoável sucesso pôr uma máscara por trás da qual tenho saudades da família, nunca correndo para pegar as cartas até que meu nome seja chamado. Estou lutando para suprimir minhas emoções ao escrever esta carta."

Anunciou o fim do seu casamento na sede do CNA em Johanesburgo. Numa sala pequena demais para a ocasião, apinhada com mais de 100 jornalistas do mundo inteiro, Mandela sentou-se a uma mesa, com Walter Sisulu ao seu lado, lentamente colocou os óculos e leu em voz alta um breve pronunciamento. Depois levantou os olhos, mais triste e grave do que jamais se vira, e disse: "Senhoras e senhores, tenho certeza de que percebem como isso é doloroso para mim. Esta conferência está encerrada." Normalmente um pronunciamento dessa magnitude estimula os repórteres a dispararem inúmeras perguntas na esperança de provocar um desabafo descuidado que mais tarde possa ser citado nos jornais. Mas, ao vê-lo se levantar, devagar e empertigado, e se dirigir para a porta com um olhar triste, todos os jornalistas ficaram em silêncio.

Nunca antes e nunca depois eles teriam um lampejo tão dilacerante do arrependimento que Mandela sentia por seu fracasso como homem de família. Foi a única vez em que deixou a máscara cair, permitindo que o mundo visse a dor estampada em seu rosto, o sofrimento acumulado durante décadas, pois se sentia responsável pelas adversidades que Winnie enfrentara durante sua ausência e pelos atos de criminalidade induzidos pela embriaguez aos quais por fim ela ficou reduzida, incapaz de lidar sozinha com o misto de fama e implacável perseguição policial ao qual era submetida. Ele se sentia responsável pela instabilidade e, em alguns casos, amargura que alguns de seus filhos (dois com Winnie e quatro com Eveline, dois dos quais morreram) demonstravam em relação a ele. "Mandela nunca conseguiu se livrar da ideia de que, se não tivesse sido preso, todos os membros de sua família teriam sido pessoas completamente diferentes", disse Jessie.

Porém, esse foi o risco que assumiu conscientemente naquele dia de 1961 quando fundou o Umkhonto we Sizwe. Escolhera ser pai da nação em primeiro lugar e pai de família em segundo. Em parte para encobrir a dor da escolha que fizera e em parte porque sua dedicação à causa era mesmo tão completa, a máscara política tornou-se seu rosto real. Mandela, o homem, e Mandela, o político, tornaramse um único ser.

• • •

A morte de Hani igualou-se ao divórcio pela dor que causou a Mandela. Ele tinha perdido a esposa, agora perdia um filho postiço. Só que dessa vez ele não podia se dar ao luxo de deixar a máscara cair. A plateia, ao vivo no horário nobre, era o país inteiro, via canais estatais da South African Broadcasting Corporation (SABC). De Klerk poderia ter objetado, mas não o fez porque percebeu que, à luz da catástrofe avultante, estava sem forças e incapaz. Ele tinha tanta habilidade para influenciar as furiosas massas negras quanto Mandela tinha para influenciar o AWB, provavelmente menos. Mandela, e não De Klerk, era agora o mantenedor da paz. Foi como chefe de Estado de fato que se dirigiu à nação na TV e no rádio naquela noite.

"Foi um pai falando sobre seu filho que acabara de ser assassinado e pedindo às pessoas que se acalmassem", disse Jessie Duarte sobre o desempenho de Mandela. Dedicado à causa desse jeito, como alguém poderia desobedecê-lo? Se o próprio pai não estava clamando por vingança, então que direito qualquer outra pessoa tinha de buscá-la? Dessa vez, o estilo sem emoção de Mandela falar em público estava alinhado com a mensagem que queria transmitir. Dessa vez, o desafio não era vencer os brancos; era convencer seu próprio povo. Para fazer isso, tinha que redirecionar o rio de sua raiva, que corria direto para um confronto hostil com a África do Sul branca. Para obter sucesso, teve que apelar não para seu ressentimento, mas para o que restava de sua generosidade. Foi por isso que, em seu pronunciamento televisionado, chamou a atenção de seus telespectadores para o fato de que, em meio à tragédia, um africâner tinha sido o herói do momento. Janusz Walus foi preso quase imediatamente graças a uma mulher africâner, vizinha de Hani, que teve a presença de espírito de anotar a placa do carro em fuga.

"Um homem branco, cheio de preconceito e ódio, veio para o nosso país e cometeu um ato tão abominável que toda a nossa nação oscila à beira do desastre", disse Mandela. "Uma mulher branca, de origem africâner, arriscou sua vida para que agora possamos conhecer esse assassino e levá-lo à justiça."

Se Mandela exagerou o heroísmo dela, foi com um objetivo político claro. "Este momento é um divisor de águas para todos nós", disse ele. "Nossos atos e decisões determinarão se usaremos nossa dor, sofrimento e ultraje para seguir em frente, na direção da única solução duradoura para nosso país: um governo eleito pelo povo. Com toda a autoridade de meu comando, apelo a todo o nosso povo para que fique calmo e honre a memória de Chris Hani, permanecendo uma força disciplinada para a paz."

Funcionou. Manifestações de massa irromperam por todo o país, mas as pessoas não permitiram que sua dor descambasse para o ódio violento. "Aquele momento em 1993 foi realmente delicado", refletiu Tutu mais tarde sobre aqueles dias perigosos. "O que sei com certeza é que, se ele não estivesse por perto, o país teria se partido ao meio. A coisa mais fácil a fazer teria sido soltar os cães da guerra. Era isso que talvez muitos dos jovens radicais teriam preferido fazer. Foi um dos momentos mais devastadores e a raiva era palpável. Se Nelson não tivesse ido à televisão e ao rádio como foi... nosso país teria se incendiado."

CAPÍTULO 9

# OS RADICAIS

*1993*

Para o general Constand Viljoen, acompanhando os acontecimentos de sua fazenda, o espetáculo era exasperador. Não importava o que acontecesse, a força inexorável de Mandela persistia. Não que Viljoen tivesse conspirado para o assassinato de Chris Hani. Ele não pertencia à ala violenta da SADF. Mas, como membro do *volk* e como aluno inflexível das operações militares da contrainsurgência, imaginou que o assassinato de Hani tiraria o processo de mudança democrática dos trilhos. Bill Keller, que na época era jornalista-chefe do *The New York Times* na África do Sul, descreveu o impacto surpreendentemente equilibrado do discurso de Mandela e o fato de o governo o ter transmitido como sinal "da parceria tácita que se desenvolvera entre o governo e o Congresso Nacional Africano". Keller continuou: "É uma relação de trabalho conturbada, mas impressionantemente duradoura, que gera quase que um governo informal de unidade nacional. Como resultado, o processo de mudança pacífica se tornou espantosamente resiliente."

Viljoen entendeu isso tão bem quanto Keller, mas não gostou

nem um pouco. E o pior foi que ele e o resto do *volk* da ala de direita escolheram interpretar o funeral de Hani – uma manifestação de massa encerrada por um excitante apelo pela paz e unidade proferido por Desmond Tutu – como uma festa de conclamação dos negros vingativos. Em vez de ouvir as palavras de Mandela e Tutu pedindo calma, eles sintonizaram mensagens discordantes emitidas do pódio por membros jovens do terceiro escalão do CNA, que, fazendo exatamente o oposto daquilo por que Mandela sempre lutou, apelavam para os instintos mais básicos da multidão, incentivando-a a cantar uma canção muito popular entre a juventude raivosa dos vilarejos. O refrão, repetido ao som de tambores num crescendo hipnótico, dizia: "Matem o bôer! Matem o fazendeiro! Matem o bôer! Matem o fazendeiro!"

Esse sentimento sempre esteve presente entre os jovens negros politicamente ativos. O mais óbvio teria sido tirar proveito dessa energia e transformá-la numa revolução arrasadora ao estilo aiatolá. O medo, o preconceito e a culpa no coração dos brancos eram tantos que, para muitos deles, era impossível conceber as mudanças que Mandela tinha em mente por outros meios que não a vingança.

Os gritos de "Matem o bôer", que Mandela tolerou por considerar uma forma de os jovens extravasarem sua raiva, eram um show secundário, não o evento principal. Sem conseguir entender isso, Constand Viljoen decidiu que já tinha passado tempo demais fervilhando silenciosamente em sua fazenda, que tinha chegado a hora de responder ao chamado do dever nacionalista. Em 7 de maio de 1993, ele entrou na briga, aparecendo na maior manifestação de direita até aquela data em Potchefstroom, uma cidadezinha 120 quilômetros ao sul de Johanesburgo. Lá, um completo mini-Nuremberg foi instalado, com bandeiras, insígnias imitando suásticas, treinamento de paradas militares, guerreiros bôeres radicais com longas barbas usando camisas marrons e oradores como Eugene Terreblanche, do AWB, que esbravejavam. Uma ampla e variada horda de descontentes se juntou lá, todos unidos pela expectativa de que, no dia em que os negros chegassem ao poder, tratariam os brancos como estes os tinham tratado. Uma dissidência do AWB chamada Movimento de Resistência Bôer, em africâner Boere Weerstnadsbeweging, BWB, estava lá, assim como um agrupamento chamado Resistência contra o Comunismo, o Movimento Monarquista Africâner, a Fundação pela Sobrevivência e a Liberdade, Blanke Veiligheid (Segurança Branca), Blanke Weerstandsbeweging (Movimento de Resistência Branca), o Exército Republicano Bôer, Boere Kommando, Orde Boerevolk (Ordem do Povo Bôer), Pretoria Boere, Volkslëer (Exército do Povo), Wenkommando (Comando da Vitória), os Lobos Brancos, a Ordem da Morte e até a Ku Klux Klan. Eles podiam ter sido ignorados como um bando de malucos em roupas extravagantes, não fossem 15 mil e não tivesse sido desse atoleiro mental que surgiu o assassino de Hani, Janusz Walus.

Constand Viljoen foi tratado com reverência pelos primeiros patriotas bôeres a perceberem sua chegada. Com a multidão em êxtase, foi convocado a subir ao palco e convidado a assumir a liderança do *volk*. Ele fez o que tinha sido conclamado a fazer, com Eugene Terreblanche conduzindo-o a subir os degraus e declarando que ficaria "muito orgulhoso" de servir como "cabo" subordinado a um herói bôer como Viljoen. Tomado pelo espírito do momento, Viljoen denunciou a "aliança profana" que tinha surgido entre Mandela e De Klerk e se declarou pronto e desejoso de liderar os batalhões bôeres. "O povo africâner deve estar pronto para se defender", gritou o general. "Todo africâner deve se preparar. Toda fazenda, toda escola é um alvo. Se eles atacam nossas igrejas, nenhum lugar é seguro. Se formos privados de nossa capacidade defensiva, seremos destruídos. Um conflito sangrento que exigirá sacrifícios é inevitável, mas nos sacrificaremos de bom grado, pois nossa causa é justa."

A multidão bradou sua aprovação. "Você guia, nós seguiremos! Você guia, nós seguiremos!", clamaram eles. Terreblanche ofereceu uma boa encenação, mas o sério Viljoen, que ainda era respeitado dentro da classe de oficiais da SADF, era o redentor que o *volk* estava esperando. Os líderes do AWB, do BWB, do Wenkommando e de todos os outros grupos se revezaram para demonstrar sua fidelidade, assim como Terreblanche tinha feito, ao general, que foi ungido líder do novo "Exército do Povo Bôer".

Naquele dia também foi criada uma ala política, o Afrikaner Volksfront, uma coalizão do Partido Conservador e de todas as outras milícias combinadas. A plataforma do Volksfront era a criação de um Estado africâner independente – um "Boerestaat" – entalhado a partir das atuais fronteiras da África do Sul. "Uma Israel para o africâner", como Viljoen chamou, quase explicitando uma nova visão de si mesmo, compartilhada por seus seguidores extasiados, como um Moisés bôer.

• • •

Algumas vezes os jornalistas se sentiram tentados a zombar desses detratores do Antigo Testamento. Porém, a chegada de Viljoen, que trouxe consigo outros quatros generais aposentados como seus ajudantes de ordens, tornou a direita branca uma séria ameaça. Dois dias depois da manifestação de Potchefstroom, De Klerk lançou sua advertência mais forte, declarando que havia aumentado a possibilidade de "uma guerra civil sangrenta semelhante à da Bósnia".

Viljoen deu início a sua nova missão com a dedicação e a meticulosidade que tinham caracterizado suas operações militares em Angola. Em dois meses, ele e seus generais organizaram e dirigiram 155 reuniões clandestinas em todo o país. "Tínhamos que mobilizar os africâneres psicologicamente, começar nossas campanhas de propaganda", revelaria Viljoen mais tarde. "Mas, tão importante quanto isso, era construirmos uma capacidade militar maciça." Nesses dois primeiros meses, o Volksfront recrutou 150 mil separatistas para a causa, dos quais 100 mil eram soldados, praticamente todos eles com experiência militar.

Ainda restavam outros três milhões de africâneres e um total de cinco milhões de sul-africanos brancos, se fossem incluídos os "ingleses", que não estavam abertamente alinhados com a causa separatista. Onde estavam eles? Havia uma minoria de Lubowskis, que apoiava ativamente o CNA. Havia uma maioria, cerca de 15% dos brancos, que talvez não votasse no CNA numa eleição, mas era politicamente esperta o bastante para ver o apartheid como realmente era e apoiar o Partido Democrata, o novo desdobramento do Partido Federal Progressista, ao qual Braam Viljoen declarou-se favorável na eleição de 1987. Aproximadamente 20% dos brancos, a maioria africâneres, concordavam com o pensamento do Volksfront, ou pelo menos com seus temores. E então havia o resto, o grande remanescente inferior da África do Sul branca de classe média à qual pertenciam François Pienaar e sua família, cerca de 60% do qual tendia a acreditar que podia confiar no Partido Nacionalista, há muito tempo no poder, para cuidar de seus interesses. Eles saíam de seu torpor, mas apenas esporadicamente, quando acontecimentos como o assassinato de Hani despertavam sua atenção e lhes ocorria que poderia haver consequências para sua vida cotidiana.

Porém, esse mesmo grupo também era suscetível aos apelos de Mandela. Por não serem apegados a suas ideias, e por suas identidades menos dependentes de preconceitos antigos que as dos fiéis do Volksfront, eles reagiram com agradável surpresa ao elogio que Mandela fizera à senhora africâner que anotou a placa do assassino de Hani. E gostaram da posição dele sobre o rúgbi, que daria seus primeiros frutos em 26 de junho de 1993, quando o Springboks deu o pontapé inicial em seus longos e deliberados preparativos para a Copa do Mundo, que aconteceria dois anos depois, disputando em casa uma partida internacional contra a França. Foi nesse jogo que François Pienaar estreou no Springboks.

Pienaar, então com 26 anos, reagiu à notícia de sua convocação como se vivesse num país normal. Em sua autobiografia, *Rainbow Warrior* (Guerreiro do arco-íris), não faz menção ao tenso contexto político durante o qual alcançou "a ambição prioritária" de sua vida. As constantes matanças nos vilarejos, as preparações para a guerra da ala da direita, a possível iminência de eleições multirraciais: nada disso ocupava seriamente sua consciência, nada disso tinha mais influência sobre sua vida do que os negros de Sharpeville tinham tido em sua formação. Uma nova era estava surgindo no rúgbi sul-africano e o time nacional precisava de um novo capitão. Pienaar estava muito surpreso em saber no primeiro treino do Springboks que, quebrando uma tradição em todos os esportes, ele lideraria a África do Sul em campo contra a França em seu jogo de estreia. A partida seria disputada num sábado, no estádio King's Park, em Durban. Na quinta-feira anterior, Pienaar conseguiu que seus pais fossem para Durban, na primeira viagem de avião de suas vidas, e de noite os levou para o hotel numa Mercedes que os patrocinadores do Springboks tinham lhe emprestado. Ao posar para fotos de família em seu uniforme verde, pronto para a luta, estava tão feliz quanto um africâner jamais estivera.

• • •

Naquela mesma noite, milhares de soldados do Volksfront estavam polindo suas armas em preparação para a primeira ação militar desde que o general Constand Viljoen tinha se tornado líder dos radicais. Numa operação logística bem organizada, começaram a se reunir durante a noite na estrada em Johanesburgo, com o objetivo de chegar, ao nascer do sol, aos portões do World Trade Center, o local das negociações entre o CNA e o governo. Vieram de toda a África do Sul, de Western Cape e Northern Cape, do Transvaal Oriental e do Norte. Eddie Von Maltitz liderou a comitiva de Ficksburg, no Estado Livre de Orange, a cinco horas de distância. "Conseguimos um ônibus e nos esprememos dentro dele, só homens grandes, fortemente armados", como lembraria mais tarde. "Esperávamos sangue. Não tínhamos apenas que deter o CNA, tínhamos que deter De Klerk. Tínhamos que deter aquelas negociações. Elas estavam nos levando ao Armagedon. Era a Tomada da Bastilha de novo; o começo de uma revolução, pensávamos."

Dentro do ônibus de Von Maltitz estavam principalmente membros do AWB, no qual ele tinha se alistado naquele agitado ano de 1985. Por que ele entrou para o AWB? "Deus falou comigo", respondeu ele. "Ele me incitou a lutar para impedir que os comunistas tomassem o país." Cristão devotado, Von Maltitz era de origem alemã, mas se considerava um bôer honorário. O manifesto do AWB tocou fundo nele. O documento definia a missão do movimento de resistência como "garantir a sobrevivência da nação bôer" que "se originou da Divina Providência". Com esse objetivo, propuseram a secessão e a criação, dentro das fronteiras da África do Sul, de "uma república cristã livre".

No entanto, o maior chamariz para a maioria dos camisas-marrons do AWB não foi o manifesto, mas seu líder, Eugene Terreblanche, cujos discursos continham pérolas do tipo "Vamos nivelar o terreno com Nelson Mandela!", "Vamos nos governar com nossos próprios genes brancos superiores". Ainda melhor era a maneira como ele dizia isso. Terreblanche, robusto e de barba grisalha, fazia discursos inflamados. Sempre se podia contar com seus comícios para excitar as paixões dos bôeres, ansiosos por mascarar seus temores com uma oposição fanfarrã. Ele era bom em parte porque era um ator nato, cujo bem mais estimado era o cavalo branco que montava; em parte porque tinha um senso poeticamente rico das cadências da linguagem; em parte por causa de uma propensão a ficar com a língua solta após ingerir bebidas alcoólicas; e em parte porque tinha feito questão, durante a juventude, de estudar as técnicas oratórias de Adolf Hitler.

Von Maltitz era menos demagogo que Terreblanche, mas tão impetuoso quanto ele. Seu zelo o fez subir rapidamente no AWB até se tornar tenente-chefe de Terreblanche no Estado Livre, o coração geográfico da África do Sul. Se não era bôer de sangue, era em espírito. Seu avô tinha lutado ao lado dos africâneres na guerra contra os ingleses, porém o mais importante era que ele sentia um apego tão puro e apaixonado pela terra como qualquer um do *volk*. Criado numa propriedade rural familiar, que depois herdou de seu pai, via-se como um verdadeiro filho da África, orgulhoso de ter ordenhado uma vaca pela primeira vez aos 3 anos de idade. Militarmente, sentia que trazia consigo uma certa medida de profissionalismo prussiano às fileiras bôeres que faltava em alguns dos fanfarrões de Terreblanche. Tinha prestado serviço militar no regimento de paraquedistas de elite, sabia como manejar todo tipo de armas e era faixa preta em caratê.

Porém, tornou-se um desafeto de Terreblanche, em particular porque este bebia demais. (Mais de uma vez, o líder, bêbado, caiu de seu cavalo branco, para deleite dos jornalistas e dos transeuntes negros.) Terreblanche, atento à possibilidade de perder seu melhor homem no Estado Livre, telefonou para ele uma noite e disse: "Herr Von Maltitz, o senhor está comigo ou contra mim?" Von Maltitz respondeu de forma ambígua: "Estou com o senhor na causa."

Logo depois (isso foi em 1989), Von Maltitz deixou o AWB e formou uma organização que chamou de Movimento de Resistência Bôer, ou BWB, que abandonou logo em seguida para formar outro grupo que se autodenominou Resistência Contra o Comunismo. Vigoroso e de postura ereta, com fortes mãos de fazendeiro, nunca saía de casa sem seu uniforme militar camuflado completo e uma arma na cintura. Von Maltitz acreditava que Deus falava com ele – sempre – e isso seria engraçado se ele não tivesse transformado sua fazenda, em resposta à libertação de Mandela, num campo de treinamento militar que funcionava na metade do tempo. Pelo menos uma vez por semana ele se reunia com soldados cristãos que pensavam como ele e os preparava para o que chamava de "resistência militar total" contra o CNA. "O inimigo está agora na porta dos fundos. Preciso combatê-lo", era o raciocínio de Von Maltitz. Cerca de 70 aspirantes a combatentes eram treinados por vez no uso de espingardas de caça, pistolas Magnum e em operações de guerrilha.

O nome de Von Maltitz estava na lista dos radicais de direita vigiados pelo Serviço de Inteligência Nacional de Niël Barnard. Para o pessoal da inteligência, assim como para um punhado de jornalistas que não perdia de vista a extrema direita, o nome de Eddie von Maltitz já soava sinistro.

• • •

Os Guerreiros Bôeres tomaram de assalto o World Trade Center na manhã de 25 de junho de 1993, uma sexta-feira. Dentro do prédio de dois pavimentos de vidro e concreto, oficiais proeminentes estavam reunidos, incluindo Joe Slovo, lendário chefe do Partido Comunista, e o ministro de Relações Exteriores Pik Botha. Antes do ataque, cerca de três mil legalistas armados do Volksfront se viram enfrentando a polícia de choque, que guardava o perímetro do prédio. Um lado usava marrom, o outro, azul-acinzentado, mas, fora isso, uns pareciam a imagem dos outros refletida num espelho. Falavam a mesma língua, tinham os mesmos sobrenomes, haviam sido ensinados pela mesma propaganda de supremacia branca durante toda a vida, tinham aprendido a odiar e temer o CNA. Esses policiais compunham o esquadrão de choque, defensores do apartheid programados para esmagar "tumultos de negros". Naquele dia, no World Trade Center, defrontaram-se com algo novo e desconcertante. Era um tumulto de brancos. Seu treinamento – sua formação – não os tinha preparado para isso. O que deveriam fazer? Será que algum deles seguiria o exemplo do soldado guardando a Bastilha, que se recusou a abrir fogo contra seu próprio povo e, em vez disso, apontou a arma para seu oficial? E, se agissem assim, o que aconteceria?

O enfrentamento durou quatro horas, com os dois lados separados por cerca de 90 metros, nenhum deles ousando fazer o primeiro movimento. O governo entendeu que, se houvesse mortes, se surgissem mártires bôeres, as consequências seriam potencialmente catastróficas. Os apoiadores do CNA eram numerosos, mas poucos estavam armados. Essas pessoas estavam armadas até os dentes e seu líder, Constand Viljoen, agora seria capaz de dividir o país ao meio. Então foi ordenado que a polícia se comportasse com o máximo de contenção, sem reagir com a força que seria habitual no meio mais familiar de uma multidão de jovens negros atiradores de pedras. Além disso, o respeito das autoridades por Viljoen as levou a ter esperança de que a contenção pudesse gerar uma reação razoável de seus oponentes e evitar o banho de sangue.

Nunca ficou claro se Viljoen realmente apoiou a ordem de atacar. Mas tudo começou quando Terreblanche ordenou que sua tropa de choque, a unidade de "elite" do AWB, avançasse. Conhecidos como "Guarda de Ferro", se destacavam dos demais em virtude de seus uniformes pretos ao estilo da SS nazista. Eram cerca de 30 homens. A polícia, cautelosa, se afastou do caminho e os deixou passar. Eddie von Maltitz, em seu uniforme camuflado, se reuniu a eles, marchando ao lado de um veículo de quatro rodas do tamanho de um tanque que se dirigia para a entrada principal do prédio. O veículo quebrou o vidro, abrindo uma brecha por onde Von Maltitz avançou. "Conduzi o primeiro grupo para dentro", lembrou ele, triunfante. "Tínhamos coletes à prova de balas e estávamos prontos para atirar. Eu tinha uma metralhadora R1."

Num instante 400 guerreiros-fazendeiros estavam invadindo o prédio, deixando para trás policiais fortemente armados, que não sabiam como reagir. Num determinado momento, um grupo de quatro guerreiros do *volk* rodeou um jornalista negro da agência de notícias Reuters. Ele estava usando paletó e gravata, o que pareceu deixá-los especialmente furiosos. "Negro arrogante", murmurou um. Enquanto pensavam se iriam causar-lhe algum mal, um jornalista branco interveio. "Você é uma desgraça para a raça branca", disse-lhe um dos invasores armados. Eddie von Maltitz de repente apareceu. "Deixem esse homem em paz", gritou ele. "Não temos o que discutir com os negros. O problema é o governo dos brancos. Vamos atirar nesses traidores. Vamos atirar em Pik Botha."

Mais tarde, Von Maltitz se vangloriou por ter "evitado um banho de sangue". Viljoen evitou um maior ainda. O general entrou pelo buraco aberto no vidro e subiu as escadas, acompanhado por uma guarda solene do AWB, para se reunir com os delegados do CNA e do governo e com os policiais responsáveis. Chegara aonde queria. Como um terrorista que coloca uma bomba e depois adverte a polícia a tempo de desarmá-la, tinha mostrado o potencial de seu pessoal para fazer o mal. Tudo o que queria no momento era uma saída segura e a certeza de que nenhum de seus homens seria preso a caminho de casa. Chegou-se a um acordo e, exceto por algumas pichações rudes nas paredes, algumas mijadas no tapete e muito vidro quebrado, nenhum mal foi causado. Pela segunda vez em dois meses, a África do Sul flertara com a catástrofe, mas conseguira evitá-la.

• • •

A vida real continuou seu curso. A 800 metros do World Trade Center, pessoas estavam trabalhando em escritórios e fábricas, como sempre. Um quilômetro e meio mais à frente, passageiros faziam check-in no aeroporto de Johanesburgo e aviões continuavam a decolar e a aterrissar sem interrupção. A cidade movimentava-se normalmente, os sinais de trânsito passavam de verde a vermelho, as cafeterias estavam cheias. E os jogadores do Springboks, companheiros de Pienaar, treinavam como loucos, a 600 quilômetros de distância, em Durban, para o jogo do dia seguinte contra a França.

Agora o CNA tinha motivos suficientes para dizer: "Já chega, vamos tomar essa cenoura e nunca mais devolvê-la." Mas não fizeram isso. De novo a opinião de Mandela, apoiado por Steve Tshwete, prevaleceu, dizendo que não era a Viljoens e Terreblanches e Von Maltitzes a quem estavam apelando, pois eles eram uma causa perdida, mas aos africâneres comuns. Assim como fazem as pessoas normais de qualquer lugar quando um país está oscilando entre a guerra e a paz, eles puseram a segurança e a prosperidade à frente da ideologia, observaram para que lado o vento estava soprando e tentaram julgar que opção melhor serviria aos interesses de suas famílias. Para essas pessoas, o rúgbi continuava a ser um estímulo; tirar isso delas significaria causar-lhes sofrimento, tentá-las a se inclinarem para o lado de Viljoen. Mandela entendia que o rúgbi era o ópio do apartheid, a droga que entorpecia a África do Sul branca, impedindo que visse o que seus políticos estavam fazendo. Poderia ser útil ter à mão uma droga que pudesse anestesiar as mentes dos sul-africanos brancos para a dor de perder poder e privilégios.

O jogo contra a França, uma potência do rúgbi mundial que a África do Sul não tinha permissão para enfrentar havia 13 anos, foi o momento de maior orgulho nos 26 anos de vida de Pienaar. Disputado diante de um estádio lotado com 52 mil pessoas, ofuscou, na imaginação popular, os acontecimentos do World Trade Center 24 horas antes. O jogo se encerrou com um empate de 20 a 20, mas, para Pienaar e para a maioria da África do Sul branca, teve sabor de vitória.

CAPÍTULO 10

# CORTEJANDO O GENERAL

Em 1838, o general bôer Piet Retief levou mil vagões de gado carregados de homens, mulheres e crianças para o interior do país zulu. Dingaan, o rei zulu, observou os viajantes com apreensão. Recebera informações de que eles iriam tomar terras onde quer que passassem, mas também ouvira que eles haviam infligido terríveis perdas a tribos negras que tinham tentado enfrentá-los. O primeiro instinto de Dingaan foi permanecer e lutar. Os zulus eram, afinal de contas, os guerreiros mais corajosos, disciplinados e temidos da África meridional. Gerações anteriores de seu povo tinham varrido tudo diante delas, da mesma forma que os bôeres pareciam estar fazendo agora. Porém, o inimigo tinha cavalos e fuzis e o rei zulu concluiu que talvez fosse melhor tentar chegar a um acordo em vez de mandar seus guerreiros armados somente com lanças enfrentá-los. Então enviou emissários ao general Retief e o convidou a vir à sua aldeia real, propondo que eles pensassem numa forma de conviverem em paz.

Retief, que passou para a posteridade como um homem honrado, aceitou o convite, apesar das advertências de alguns de seus homens para que não confiasse no rei zulu, que subira ao trono depois de assassinar seu meio-irmão, Shaka. Retief calculou, no entanto, que Dingaan não ousaria fazer o mesmo com o líder de um grande contingente de homens brancos fortemente armados.

No dia 3 de fevereiro, Retief chegou à capital zulu de uMgungundlovu, que significa "o lugar secreto do elefante", com um grupo de 69 homens, levando gado e cavalos de presente para Dingaan. Tudo correu bem. Antes do final do dia seguinte, os dois lados concordaram com um acordo em que Dingaan cedia grandes pedaços de terra aos pioneiros bôeres. Para comemorar o acordo, o rei convidou Retief e seu grupo para um festim dois dias depois, em que seriam apresentadas danças zulus tradicionais. Eles receberam instruções, que obedeceram educadamente, para que deixassem suas armas do lado de fora da aldeia. Entraram, sentaram-se e então, quando as danças atingiram seu clímax frenético, Dingaan levantou-se de um salto e gritou: "*Bambani aba thakathi!*" – "Matem os magos!" Os guerreiros do rei dominaram Retief e seus homens e os levaram para uma montanha próxima, onde os mataram.

A história de Piet Retief e Dingaan era conhecida por qualquer criança sul-africana branca em idade escolar. Para tradicionalistas como Constand Viljoen, inspirados pela sabedoria popular bôer e seguindo a orgulhosa tradição de heróis bôeres como Retief, a memória da perfídia de Dingaan era sempre um lembrete do que poderia acontecer ao se confiar num homem negro.

Aos olhos dos partidários do Volksfront, era mais ou menos isso que Mandela estava fazendo com F. W. de Klerk. Braam Viljoen, irmão gêmeo de Constand, entendeu a maneira de pensar da extrema direita melhor que qualquer outra pessoa, amplamente alinhado como estava ao CNA. O que a direita tinha escolhido apreender da história era que "nossos negros" reagiram não à persuasão racional, mas à intimidação e à força. Braam Viljoen escreveu um artigo para o IDASA, o instituto de pesquisas para o qual estava trabalhando, que influenciou Mandela e o CNA a começar a levar a extrema direita tão a sério quanto De Klerk, que tinha mais informações de seu serviço de inteligência, já vinha fazendo.

Em seu artigo, Braam disse que um novo tipo de liderança "transformara o clima da direita, passando do sentimento de condenação para o ativismo militante e possibilitou que os mais diversos grupos de africâneres se unissem sob o novo guarda-chuva do Volksfront". Braam, que não excluiu a possibilidade de que setores significativos da SADF na ativa estivessem respondendo ao chamado de seu irmão, advertiu que à extrema direita tinha que ser concedida uma audiência. "Às vezes penso que os elementos clássicos da tragédia estão todos agrupados aqui: o passado inescapavelmente determinando o futuro; o heroísmo e o valor combinando-se de forma estranha com a imbecilidade total sobre o desastre extremo mas inevitável."

Para descobrir se a extrema direita apoiaria a "audiência" que ele advogava, o que significava conversar com o CNA, Braam decidiu que finalmente tinha chegado o momento de quebrar o gelo com seu irmão. Quatro meses antes de seu aniversário de 60 anos, no início de julho de 1993, Braam e Constand Viljoen se sentaram e falaram de política pela primeira vez na vida, até onde podiam lembrar.

Braam começou fazendo a Constand uma pergunta simples e direta: "Quais são as suas opções?"

"Temo só termos uma opção", respondeu Constand. "Vamos ter que resolver isso com ação militar."

Braam, que já estava esperando por isso, disse: "Pode ser que haja uma alternativa. Você consideraria uma reunião bilateral de alto nível com o CNA? Como uma última tentativa de evitar uma guerra civil?"

Constand refletiu por um momento e depois disse: "Vou apresentar essa ideia ao conselho do Volksfront."

Poucos dias depois, Constand procurou seu irmão. Constand estava familiarizado com a guerra e queria evitá-la. Era a favor de se encontrar com Mandela, e a liderança do Volksfront, militares que se submetiam naturalmente à vontade de seu líder máximo, tinha concordado. "A resposta é sim", disse Constand ao irmão. "Estamos preparados para nos reunirmos com o CNA." Braam se pôs a trabalhar imediatamente. Contatou um ex-aluno seu de teologia chamado Carl Niehaus, que se tornara um dos africâneres mais proeminentes no CNA. Ele dirigia as operações cotidianas do departamento de comunicação da organização.

Braam Viljoen contou a Niehaus que, desde que tinha sido designado chefe do Volksfront, seu irmão vinha viajando pelo país incitando os fiéis à guerra. Eles tinham esperança de tirar o processo de negociações dos trilhos e impedir que houvesse eleições multirraciais. Constand, aliado aos oficiais graduados da SADF simpáticos à causa, estava considerando seriamente a possibilidade de organizarem um golpe. "Braam me disse que eles queriam quebrar a lealdade da SADF para com o processo de negociações e forçar o governo a sair, ao estilo clássico dos golpes", lembrou Niehaus mais tarde. "Ele me contou que eles acreditavam ter poder de fogo e pessoas suficientes à disposição para fazerem isso."

Braam contou a Niehaus que o Volksfront não participaria, como vários pequenos grupos políticos tinham feito, das negociações do World Trade Center. Para eles, sentar-se com o CNA já era ruim, mas sentar-se com o governo De Klerk era impensável. A única tênue possibilidade de encontrar uma forma pacífica para sair da crise que se agigantava residia nas conversas diretas entre o CNA e a liderança do Volksfront. Niehaus achava que isso era possível?

Niehaus imediatamente contatou um oficial da inteligência sênior do CNA, Mathews Phosa, e lhe perguntou se uma conversa sobre golpe seria levada a sério. Phosa confirmou que, segundo suas fontes, ela realmente deveria ser levada muito a sério. Phosa era favorável a um encontro com o Volksfront, assim como outros veteranos do CNA com quem Niehaus conversou. "Quando Nelson Mandela ouviu falar da proposta, não hesitou. Imediatamente percebeu o valor da reunião", lembrou Niehaus. "Ele acreditava no contato pessoal e estava convencido de que seria capaz de se conectar com Constand Viljoen e persuadi-lo a pensar de novo."

Niehaus transmitiu a resposta positiva do CNA a Braam, que a repassou para seu irmão. Constand disse que estava satisfeito que a reunião se realizasse, mas tinha duas exigências básicas. Primeiro, que a segurança da delegação do Volksfront fosse garantida e, segundo, que o encontro fosse realizado em sigilo absoluto. Constand, talvez com Piet Retief em mente, estava inadvertidamente seguindo os passos de Mandela. No final dos anos 1980 teria sido desastroso para o prisioneiro Mandela se as fileiras do CNA descobrissem que ele estava conversando com o inimigo. O mal-entendido abriria caminho para divisões prejudiciais na organização. Viljoen temia o mesmo, ou pior, se seus soldados descobrissem que ele estava se encontrando com Mandela.

Em nome do CNA, Braam deu as garantias a seu irmão e, em 12 de agosto de 1993, só quatro dias depois do primeiro contato com Niehaus, Braam e Constand Viljoen cruzaram a porta da frente da casa de Nelson Mandela em Houghton. De pé, esperando por eles, com o braço estendido para o cumprimento e oferecendo-lhes seu sorriso radioso, estava Mandela em pessoa. Era um encontro espantoso para os dois lados. Mandela era bem mais alto e, em geral, fisicamente mais imponente que os dois irmãos. E foi tão caloroso, aparentemente satisfeito de vê-los. Mandela, olhando de um para o outro, viu dois homens de estatura média, peso normal, com narizes identicamente bulbosos, queixos ressaltados, cabeleiras brancas viçosas e solenes olhos azuis. Foi só quando conduziu os irmãos para dentro e os observou caminhar que percebeu uma diferença entre o andar duro do empertigado militar e o desajeitado de seu irmão teólogo.

Constand trouxe com ele três generais reformados que compunham o alto comando do Volksfront. Mandela tinha consigo duas pessoas da alta hierarquia das alas militar e da inteligência do CNA. Braam e Carl Niehaus, os pacificadores, completavam o grupo. A pessoa mais à vontade durante as apresentações, que deveriam ser embaraçosas, era Mandela, que poderia perfeitamente estar recebendo um grupo de embaixadores europeus. Porém, aqui estavam dois grupos de pessoas à beira de uma inversão de sua relação de duas décadas, mas ainda mantendo a mesma animosidade excessiva. Viljoen estava fazendo o que Mandela fizera em 1961: organizando um movimento de resistência armada projetado para desafiar violentamente o *status quo*. Mandela queria dar aos potenciais terroristas a alternativa pacífica que não lhe tinha sido oferecida até quase 30 anos depois de ter fundado o Umkhonto.

Enquanto as duas delegações se observavam, em dúvida se estavam fascinadas ou estarrecidas de se encontrarem na mesma sala, Mandela gentilmente convidou o general Viljoen para se sentar perto dele na sala de estar. Discussões formais em torno de uma grande mesa de conferências começariam em breve, mas primeiro Mandela copiou de Viljoen os modos elegantes que P. W. Botha, o grande crocodilo, tinha mostrado quatro anos antes, em Tuynhuys. Ofereceu a Constand uma xícara de chá e a serviu pessoalmente. "Com leite, general?" Viljoen respondeu que sim. "Gostaria de um pouco de açúcar?" "Sim, por favor, Sr. Mandela", disse o general.

Viljoen mexeu o chá com uma colher num estado de silenciosa confusão, gerado pela demonstração de respeito por parte de Mandela. Isso não era de forma alguma o que estava esperando. Estereótipos há muito cimentados estavam desmoronando. O que não viu naquele momento – e nem podia, em razão de sua criação – era que, em termos políticos, ele estava fora de sua classe. Mandela, na qualidade de homem do mundo e não de homem de um *volk*, tinha a capacidade, que faltava ao general, de penetrar nas mentes de pessoas culturalmente diferentes dele. Ele sabia quando elogiar e lisonjear (Niël Barnard falou do "instinto quase animal de Mandela de penetrar nas vulnerabilidades das pessoas e tranquilizá-las"). Ele também sabia quando poderia partir para a ofensiva sem causar ofensa, dando assim uma impressão de objetividade que sabia que o general apreciaria, como Botha tinha feito. Anos mais tarde, Mandela disse: "Trabalhei com africâneres desde quando fui estagiário de advocacia e sempre os achei simples e diretos. Se não gostar de você, um africâner lhe dirá '*gaan kak*'" – "Vá se ferrar" seria uma tradução educada do original bôer. "Mas, se ele gostar, então concordará com você. Eles têm a habilidade de se aterem ao que se comprometeram."

Mandela – educado mas decididamente não suave com as palavras – estava determinado a fazer Viljoen gostar dele. "Mandela começou dizendo que o povo africâner tinha causado muito mal a ele e a seu povo", lembrou o general Viljoen, "mas, ainda assim, de alguma forma tinha um grande respeito pelos africâneres. Ele disse que talvez fosse porque, apesar de ser difícil explicar para pessoas de fora, o africâner tinha certa humanidade. Disse ainda que, se o filho de um trabalhador agrícola africâner ficasse doente, o fazendeiro africâner o levaria de carro até o hospital, telefonaria para saber se ele estava passando bem, levaria os pais para visitarem a criança e seria decente. Ao mesmo tempo, o fazendeiro trataria seu empregado com pulso firme e esperaria que ele trabalhasse duro. É um patrão exigente, disse Mandela, mas também humano, e esse aspecto do africâner o impressionava muito."

Viljoen estava espantado com a habilidade de Mandela de ir além das caricaturas superficiais e atingir uma compreensão mais profunda, que ele mesmo tinha, da verdadeira natureza do africâner. Mas quantos trabalhadores agrícolas negros Mandela teria que achar para validar sua avaliação do *baas* é uma outra questão. O ponto era que Mandela sabia que seu retrato do africâner como cristão tosco se adequaria perfeitamente à visão de Viljoen de seu povo.

Viljoen ficou tão intrigado quanto Botha ficara quando Mandela ressaltou as semelhanças entre as histórias dos negros e dos africâneres, ambos tendo lutado guerras de liberdade. E, é claro, Mandela estava fazendo algo que Viljoen não esperava. Estava tendo com o general a delicadeza de falar na língua dele.

Mandela tinha sondado o clima corretamente, estabelecendo uma relação de boa-fé com Viljoen como um homem com quem ele poderia conversar e esperar ser entendido. Mas o verdadeiro tema do encontro veio no final da conversa deles enquanto durava a mesma xícara de chá. No momento certo, Braam e Niehaus escutavam às escondidas.

"Espero que você entenda como é difícil para os brancos confiar que as coisas vão funcionar bem com o CNA no poder", disse Constand Viljoen, acrescentando: "Não tenho certeza se você percebe isso, Sr. Mandela, mas isso pode ser impedido."

Por "isso" Viljoen queria dizer a transição pacífica para o regime negro. Ele resumiu a questão, mas estava claramente indicando a Mandela que haveria intervenção militar e a ala de direita, auxiliada pela SADF, poderia assumir se os africâneres não recebessem uma parte de território soberano dentro das fronteiras da África do Sul.

Com ar grave, Mandela respondeu: "Veja bem, general, sei que as forças militares que o senhor pode reunir são poderosas, bem armadas e bem treinadas e que são muito mais poderosas que as minhas. Militarmente não podemos combatê-las; não podemos vencer. Se, no entanto, vocês declararem guerra, certamente também não vencerão, pelo menos não no longo prazo. Porque, em primeiro lugar, a comunidade internacional está totalmente a nosso favor. E, em segundo lugar, somos muitos e vocês não podem matar todos nós. Então, que tipo de vida seu povo terá neste país? Meu povo vai pôr a boca no trombone, a pressão internacional sobre vocês será enorme e este país se tornará um inferno para todos nós. É isso que vocês querem? Não, general, não haverá vencedores se entrarmos em guerra."

"É verdade", respondeu o general Viljoen. "Não haverá vencedores."

E foi isso. Foi esse o acordo sobre o qual a extrema direita e o movimento de libertação negro construíram seu diálogo. Esse primeiro encontro em Houghton lançou as bases para três meses e meio de conversas secretas entre as delegações do CNA e do Volksfront. O Volksfront queria estabelecer o princípio constitucional de um Israel africâner, ao qual o CNA nunca disse sim nem não, tendo sido sua preocupação central manter o pessoal de Viljoen nas conversações, agitando diante deles a possibilidade de futuras conversas sobre a constituição de seu tão desejado "Boerestaat".

• • •

Esses contatos continuaram em ritmo acelerado, apesar de uma sequência de eventos potencialmente desestabilizadora nos últimos três meses de 1993. Primeiro, negociadores no World Trade Center anunciaram que as primeiras eleições multirraciais da África do Sul seriam realizadas em 27 de abril de 1994. Depois organizaram uma comissão para escolherem os novos hino e bandeira nacionais. Em seguida Mangosuthu Buthelezi deixou cair a máscara formando uma coalizão com a extrema direita branca, um órgão que incorporou o Volksfront e o Inkatha e se autodenominou Aliança da Liberdade. (Seguidores de Viljoen, impressionados com a boa vontade do Inkatha de apoiar vigorosamente o discurso deles, comemoraram esse desdobramento.) Depois Janusz Walus e Clive Derby-Lewis, os assassinos de Chris Hani, foram condenados à morte. Uma mulher negra foi coroada Miss África do Sul pela primeira vez. Em seguida, esfregando ainda mais sal na ferida, Mandela e De Klerk receberam o Prêmio Nobel da Paz. E, o mais importante de tudo, Mandela e De Klerk presidiram uma cerimônia na qual a nova constituição de transição do país foi celebrada. O resultado de três anos e meio de negociações foi um compromisso em que o primeiro governo democraticamente eleito seria uma coalizão de compartilhamento de poder, com duração de cinco anos: o presidente pertenceria a um partido majoritário, mas a composição do gabinete refletiria a proporção dos votos que cada partido recebesse. Os novos acordos também deram garantias de que servidores civis brancos, incluindo os militares, não perderiam seus cargos e que fazendeiros brancos não perderiam suas terras. E que também não haveria qualquer julgamento à moda de Nuremberg.

• • •

Apesar de ter celebrado seu acordo histórico com De Klerk, Mandela sempre teve mais consideração pessoal por Constand Viljoen – e, na verdade, por P. W. Botha – do que pelo presidente que o tinha libertado. Aos olhos de Mandela, Viljoen era, como ele, um líder patriarcal que, bem no fundo de seu caráter indiferente, tinha um grande coração. Mandela via espelhadas em Viljoen qualidades de si mesmo – honestidade, integridade, coragem – que apreciava.

Em De Klerk, por outro lado, Mandela via pouca coisa que gostaria de imitar. Nunca o perdoando pelo que entendeu como sendo desconsideração pela perda de vidas de negros nos vilarejos, ele acabou encarando o presidente como um advogado escorregadio e de alma pequena que se apegava a detalhes e desprovido do temperamento e da convicção de um verdadeiro líder. Isso era injusto, segundo até alguns de seus próprios companheiros na Comissão Executiva Nacional do CNA, mas se havia uma coisa que o cavalheiro vitoriano em Mandela detestava era a sensação de que alguém tinha traído sua boa-fé.

Porém, foi junto com De Klerk que Mandela recebeu o Prêmio Nobel. Isso o enfureceu, não porque julgasse a premiação prematura, o que realmente era, já que ninguém sabia ao certo qual seria o resultado da corrida entre paz e guerra, mas porque acreditava, segundo seu velho amigo e advogado George Bizos, que De Klerk não merecia o prêmio, que deveria ter sido concedido a Mandela e ao CNA como um todo. "Quando De Klerk fez seu discurso de aceitação", disse George Bizos, que viajou para a Noruega com a delegação do Nobel, "Mandela esperava que ele reconhecesse as injustiças que tinham sido cometidas pelas crueldades do apartheid para com o povo da África do Sul. Mas essa declaração não fez parte do discurso de De Klerk". Como se acreditasse na propaganda, como se estivesse comprando a meia verdade tácita da noite em que ele obtivera uma posição de igualdade moral com Mandela, tudo o que

De Klerk disse foi que "erros" tinham sido cometidos por ambos os lados. "Olhei para Mandela. Ele apenas balançou a cabeça."

Naquela noite, Mandela e De Klerk ficaram de pé na Catedral de Oslo observando uma procissão à luz de tochas. Parte da cerimônia envolvia uma apresentação do "Nkosi Sikelele". Mandela observou que, enquanto o hino da libertação era entoado, De Klerk conversava distraidamente com a mulher. A paciência de Mandela finalmente se esgotou num jantar promovido naquela noite pelo primeiro-ministro da Noruega para 150 convidados, membros do governo e do corpo diplomático. Bizos ficou tão chocado quanto todos os outros presentes pelo veneno que saiu dos lábios de Mandela quando ele se levantou para falar. "Ele deu os detalhes mais horripilantes sobre o que acontecera aos prisioneiros da ilha Robben", lembrou Bizos, "inclusive o enterro de um homem na areia com a cabeça de fora e todos urinando nele... Contou a história como um exemplo da desumanidade daquele sistema, apesar de ter parado a um milímetro de dizer: 'Vejam, aqui estão as pessoas que representaram esse sistema.'"

Ficou claro que Mandela guardava certo rancor em relação a seus carcereiros, ao contrário do que dissera na coletiva de imprensa no dia seguinte à sua libertação e da percepção que seus admiradores no mundo inteiro gostariam de ter dele. Afinal de contas, ele era humano, não santo.

## CAPÍTULO 11
# "FALEM PARA SEUS CORAÇÕES"

*1994*

Uma dieta simples, exercícios vigorosos, ar marítimo fresco, sono à vontade, horários regulares, praticamente nenhum estresse: a prisão teve lá suas compensações. Isso ajudou a explicar por que os médicos de Mandela confirmaram o que estava evidente para os que o observaram em ação durante o seu incrivelmente movimentado 76º ano de vida: ele tinha a constituição de um homem de 50 anos em forma.

Muita coisa tinha acontecido em 1993, mas 1994 insinuava que seria ainda mais árduo. Mandela acordava às 4h30 todo dia, não apenas por uma questão de hábito, mas também por necessidade. As direitas negra e branca ainda se recusavam a apoiar as eleições e ameaçavam entrar em guerra se prosseguissem sem eles. Caso a primeira votação multirracial realmente fosse acontecer em 27 de abril, conforme programado, ele ainda teria uma campanha eleitoral nacional com que se ocupar e, pressupondo que ela fosse bem-sucedida, então ele teria um país para governar – um país que apresentaria não só todos os problemas normais enfrentados em todo o mundo, mas também a questão fundamental da estabilidade e a possibilidade de algum tipo de terrorismo contrarrevolucionário, que não desapareceriam.

A boa-nova era que Constand Viljoen estava perdendo seu entusiasmo pela guerra. Desde a sua convocação às armas em Potchefstroom, ele desenvolvera – com o encorajamento de Mandela – uma percepção aguda do banho de sangue que poderia desencadear e estava começando a ver que o governo liderado por negros talvez não fosse tão apocalíptico quanto previra. Porém, Viljoen continuou a incitar seu povo a se mobilizar para a guerra. Seu lema era: "Se quiser conversar com um lobo, certifique-se de ter uma pistola na mão." O problema era que ele já não tinha mais certeza se o lobo era um lobo ou um cão que poderia ser domesticado. Ele gostava de Mandela, mas tinha suas dúvidas quanto ao CNA. Temia que os líderes com quem estava se encontrando, como o esperto número dois do CNA, Thabo Mbeki, estivessem abusando de sua boa-fé e tentando enganá-lo para que vendesse seu povo. E ainda havia outra coisa. Se o CNA estava jogando um jogo elaboradamente enganador, se eles realmente pretendiam converter a África do Sul ao comunismo e executar uma terrível vingança contra os brancos e estivessem apenas fingindo o contrário, o alto comando da SADF tinha caído como um patinho. O general Georg Meiring, sucessor de Viljoen como chefe das Forças Armadas, tinha feito um discurso um pouco antes do Natal de 1993 no qual se comprometia a apoiar a nova constituição. (Um estímulo para fazer isso foi uma ameaça recebida do chefe da Força Aérea, que tinha uma mente progressista, dizendo que iria bombardeá-lo se pusesse o Exército contra a nova ordem.) Viljoen agora sabia que, se o Volksfront declarasse guerra, eles provavelmente enfrentariam o poder dos mesmos militares a que tinham servido com distinção e orgulho. Ainda se podia confiar em determinados setores da SADF para lutar ao lado da resistência bôer, mas, como um golpe de poder se tornava cada vez menos provável, a instituição parecia estar alinhada com Mandela e De Klerk.

O general Viljoen se sentia mais inseguro e desconfortável que nunca. Conforme as chances de vitória para o Volksfront se tornavam mais remotas, seus soldados clamavam mais alto por guerra. Mandela também ouviu esses clamores e sentia muito por Viljoen. Sabia que o eleitorado de Viljoen precisava de alguma coisa com que se alegrar. O resto da liderança do CNA não tinha tanta clareza a esse respeito. Numa reunião do Comitê Executivo Nacional do movimento no início de 1994, o assunto posto em discussão era qual seria a posição do novo governo sobre a delicada questão do hino nacional. O hino antigo era obviamente inaceitável. Uma parte do "Die Stem", uma canção de guerra sombria, era uma súplica aceitavelmente neutra a Deus para "guardar nossa amada terra", mas outra parte – à qual os negros prestavam atenção – celebrava os triunfos de Retief, Pretorius e os outros "desbravadores" ao cruzarem a África do Sul no século XIX, esmagando a resistência negra, suas "carroças rangentes rasgando sulcos na terra". O hino não oficial da África do Sul negra, "Nkosi Sikelele", era a expressão ricamente comovente de um povo sofredor ansiando pela liberdade.

A reunião mal tinha se iniciado quando um assistente entrou na sala para informar a Mandela que um chefe de Estado o aguardava ao telefone. Ele deixou a sala e os 30 e poucos homens e mulheres do órgão supremo de tomada de decisões do CNA continuaram a reunião sem ele. O consenso era espantosamente a favor de retirar o "Die Stem" e substituí-lo por "Nkosi Sikelele". Os membros do NEC se regozijavam com essa decisão e tudo o que ela simbolizava para a nova África do Sul quando Mandela então retornou. Eles lhe disseram o que tinham decidido, ao que ele respondeu: "Bem, sinto muito. Não quero ser rude, mas... acho que devo me expressar sobre essa questão. Nunca pensei que pessoas experientes como vocês tomariam uma decisão de tal magnitude sobre um assunto tão importante sem nem mesmo esperar pelo presidente de sua organização."

Então Mandela expôs duramente seu ponto de vista. "Esta canção de que falam de forma tão simples carrega as emoções de muitas pessoas a quem vocês ainda não representam. Com um rabisco de caneta, vocês tomariam a decisão de destruir a mesma base – a única base – sobre a qual estamos construindo: a reconciliação."

Os membros do Comitê Executivo Nacional do CNA ficaram visivelmente embaraçados. Mandela propôs então que a África do Sul tivesse dois hinos, a serem executados um imediatamente depois do outro em todas as cerimônias oficiais, desde cerimônias de posse presidencial até jogos de rúgbi internacionais: "Die Stem" e "Nkosi Sikelele". Rapidamente convencidos pela lógica do argumento de Mandela, os guerreiros da liberdade cederam unanimemente. Jacob Zuma, que estivera presidindo a reunião, disse: "Bem... acho que a questão está clara, camaradas. Acho que a questão está clara." Não houve objeções.

O NEC capitulou diante da indignação de Mandela porque percebeu que a reação dele à questão do hino era a correta em termos estratégicos. De fato, ele tinha feito uma preleção ao NEC sobre a questão de convencer os africâneres, sobre mostrar respeito por seus símbolos, sobre se esforçar, por exemplo, para usar algumas palavras em africâner no início dos discursos. "Não falem para as mentes deles", disse ele, "falem para seus corações."

* * *

Com Constand Viljoen, Mandela se dirigiu tanto à mente quanto ao coração, mas foi o coração que venceu no final. Isso ajudou muito para que, em 11 de março, o Volksfront tivesse seu Waterloo, empurrando o general na direção que Mandela gentilmente tinha indicado.

Com as eleições a pouco menos de seis semanas, Viljoen reagiu a um telefonema de um de seus aliados negros da Aliança da Liberdade. Não foi Buthelezi dessa vez, mas o líder de um outro dos pequenos estados tribais que o ideólogo-chefe Hendrik Verwoerd tinha projetado como parte de sua estratégia do "grande apartheid", um homem chamado Lucas Mangope, cujo domínio sobre Bophuthatswana estava ameaçado pela maioria dos cidadãos que apoiavam o CNA e que consideravam sua independência em relação a Pretória ofensiva. Viljoen mobilizou uma força de mais de mil homens para ir à capital de "Bop", uma cidadezinha chamada Mmabatho. Tudo acabou em fiasco quando o AWB de Eugene Terreblanche entrou na briga e partiu para o que os jornais africâneres descreveriam como um *kaffirskiet-piekniek* – um piquenique para matar negros. As forças de segurança de Mangope se revoltaram, voltando suas armas para os membros do Volksfront, e, no fim do dia, quando a SADF chegou numa fileira de carros blindados, as forças de Viljoen fugiram em desordem.

O que aconteceu em Mmabatho quase sempre é tido como a única razão para Viljoen ter decidido abandonar a luta de resistência bôer. Mas ele me confidenciou que houve outros motivos. Uma vez eliminado o elemento desordeiro do AWB, restaram-lhe apenas seus próprios meios para levar adiante uma campanha "militar" eficaz, mesmo que todo mundo a tivesse descrito como terrorismo. "Tínhamos um plano em funcionamento. Poderíamos ter evitado que as eleições ocorressem, e não com a SADF, mas por nós mesmos. Tínhamos os meios, as armas, a estratégia e a vontade. Não de tomar o poder, não de derrotar a SADF, mas de evitar que as eleições fossem bem-sucedidas, não havia dúvida quanto a isso."

Arrie Rossouw, visto quatro anos depois da libertação de Mandela como um peso-pesado do jornalismo africâner, o homem que se tornaria editor-chefe tanto do *Beeld* quanto do *Die Burger*, concordou: "Sem dúvida ele teria causado um terrível dano a este país. Ele poderia facilmente ter colocado 400 ex-membros dos Regimentos de Reconhecimento [Forças Especiais] altamente treinados sob seu comando e, com eles bem armados, poderia ter explodido aeroportos, estações de trem, rodoviárias, bem como assassinado pessoas. Eles talvez não conseguissem derrubar o governo – esta era a lição de Mmabatho –, mas poderiam ter paralisado a economia e causado um caos político absoluto. E poderiam ter continuado por anos e anos."

Em outras palavras, poderiam ter feito o que o IRA fez na Irlanda do Norte durante 30 anos, mas com um impacto muito mais catastrófico. Isso se devia em parte a disporem de mais armas e homens com sofisticada experiência militar, mas principalmente ao fato de a África do Sul ser uma democracia frágil, volátil e imatura, com uma economia instável, suscetível ao caos e ao colapso de uma forma que nem a Irlanda nem a Grã-Bretanha tinham sido. O que era alarmante é que não cabia a uma coletividade, mas a um só homem, decidir qual das duas opções seria: paz ou guerra.

"Sim, a decisão era minha. Toda minha", confirmou Viljoen solenemente. "Durante aquelas últimas semanas antes das eleições, a opinião estava dividida no Volksfront africâner. Metade queria a opção violenta, acabando com as eleições e com todo o processo democrático na África do Sul. E a outra metade queria uma solução negociada." Então, como ele tomou sua decisão? "Sempre acreditei que a guerra ou a violência não são uma opção fácil. Conheço a guerra. Então disse a meus apoiadores que encararia a questão de ir ou não à guerra como pessoal. Foi a decisão mais difícil que tive que tomar na vida."

"Nas Forças Armadas, antes de tomarmos uma decisão com relação a um assunto desse tipo, pesamos todos os fatores, avaliamos, pensamos muito e só depois de um longo processo decidimos. Achei que a opção correta eram as negociações e a participação nas eleições. Achei que era o melhor para o país e para o povo africâner."

Mas qual foi o fator decisivo? O povo desordenado do AWB? Mmabatho? Ele respondeu sem hesitação: "O caráter do oponente – se você pode confiar nele, se acredita que ele é verdadeiramente pela paz. O mais importante quando você se sentar para negociar com um inimigo é o caráter das pessoas que estão do outro lado da mesa e se elas são apoiadas por seu povo. Mandela tinha as duas coisas."

• • •

Poucos conseguiam resistir às investidas encantadoras de Mandela – nem mesmo De Klerk, quando eram adversários em campanha na reta final das eleições de 27 de abril, ou depois de terem se enfrentado cara a cara num debate ao vivo na televisão, ao estilo americano. De Klerk, com idade para ser filho de Mandela, se mostrou mais astuto e mais bem preparado que seu adversário. Então, conforme o debate foi chegando ao fim, Mandela estendeu a mão e cumprimentou o presidente, elogiando-o como "um filho legítimo da África". De Klerk, espantado, não teve outra alternativa senão aceitar o aperto de mãos e estampar seu melhor sorriso, apesar de saber que, agindo assim, Mandela estava desferindo o soco que o nocautearia.

"Senti, e todos sentiram, que eu estava ganhando pontos", recordou De Klerk. "Então ele realmente subiu mais um nível ao estender a mão de repente, me elogiar e me cumprimentar na frente de todas as câmeras de televisão. Talvez tivesse planejado isso com antecedência. Creio que foi uma jogada política. Mas também acho que a maioria de seus triunfos na mídia era uma reação instintiva dele. Acho que tinha um talento incrível para isso." Poucos dias depois do debate, o próprio De Klerk fez uma declaração pública afável. Durante sua última coletiva de imprensa antes da eleição, perguntaram-lhe sua opinião sobre seu adversário. "Nelson Mandela", respondeu De Klerk, abrindo os braços como se estivesse se rendendo, "é um predestinado."

Como parte da campanha eleitoral, Mandela participou de um programa noturno de entrevistas na Rádio 702 de Johanesburgo para responder ao vivo a perguntas dos ouvintes. Eddie von Maltitz, o primeiro guerreiro do Volksfront a entrar no World Trade Center durante a manifestação, estava em sua fazenda com alguns de seus *kommandos*, ouvindo a 702. Incitado por seus camaradas a telefonar e expressar ao *kaffir* algumas de suas ideias, Von Maltitz cedeu. Durante três minutos inteiros, rugiu e vociferou contra Mandela – comunismo isso, terroristas aquilo, a destruição da nossa cultura, padrões civilizados e normas. Terminou com uma ameaça assustadoramente direta: "Este país será lavado num banho de sangue se você continuar do lado dos canalhas comunistas."

Depois de uma pausa tensa, Mandela respondeu: "Bem, Eddie, eu o vejo como um sul-africano de valor e não tenho dúvida de que, se nos sentássemos para trocar ideias, nos entenderíamos. Vamos conversar, Eddie."

"Ahn... Certo, Sr. Mandela", balbuciou Eddie confuso. "Obrigado", e desligou.

Três meses depois, em sua fazenda, embora ainda usasse seu uniforme de paraquedista militar, botas de camuflagem verde-claras e uma pistola 9mm na cintura, Eddie era um novo homem. Tinha parado de treinar seus *kommandos* e abandonado os preparativos de guerra. A conversa na Rádio 702 tinha mudado tudo. "Foi o que me fez pensar", disse ele. O novo presidente do CNA do Estado Livre de Orange, onde ele morava, foi o homem que o levara até o limite. Seu nome era "Terror" Lekota, conhecido assim por causa dos gols marcados no campo de futebol. Lekota, que passara um tempo na ilha Robben durante os últimos anos de Mandela lá, tinha muitos dos instintos do presidente. Estabeleceu como sua primeira missão após subir ao poder conquistar os africâneres do Estado Livre. Conseguir envolver Von Maltitz seria um grande passo para cercar os outros. O próprio Lekota telefonou para Von Maltitz e o convidou para sua festa de aniversário em sua casa, na capital do estado, Bloemfontein. Von Maltitz recusou, mas Lekota insistiu. Telefonou de novo: "Por favor, Eddie, queria muito que você viesse." Von Maltitz disse que falaria com seus homens e lhe retornaria. "Conversamos e pensamos 'não há nada a perder'", lembrou Von Maltitz. "Então, quando ele voltou a ligar, eu disse que sim."

Von Maltitz apareceu no que ele chamava de "casa grande" em Bloemfontein totalmente armado. "Não quis dar uma de Piet Retief com Dingaan", disse ele. Entrou na casa e se reuniu aos convidados, a maioria negros, sem ser revistado. "Terror Lekota me viu do outro lado da sala, veio em minha direção e me deu um grande abraço. Deve ter sentido minhas armas, mas não disse nada. Apenas continuou sorrindo. Gostei dele. Era verdadeiro. Assim como o

Sr. Mandela, um homem de verdade. Foi quando pensei: 'Vamos lhes dar uma chance; eles merecem.'"

Por quê? Porque o Sr. Mandela e seu novo amigo Terror o tinham tratado com respeito – o "respeito comum" de Walter Sisulu. "Nunca tive esse respeito de De Klerk e do Partido Nacionalista. Mas do Sr. Mandela, sim... Acho, de verdade, que devemos dar uma chance a eles."

• • •

O CNA tinha vencido as eleições com pouco menos de dois terços da votação nacional e cerca de 89% do eleitorado negro. Do resto, 1% foi para o abertamente antibrancos PAC – cujo slogan "um colonizador, uma bala" os apoiadores do CNA parodiaram para "um colonizador, um por cento" – e 10% foram para o Inkatha. (Abandonado por Viljoen, o chefe Mangosuthu Buthelezi foi deixado sem outra opção a não ser se juntar ao processo eleitoral.) O Partido Nacionalista teve 20%, o que significou quatro cadeiras no gabinete, inclusive a vice-presidência para De Klerk, no novo governo de coalizão que Mandela presidiria. E o partido de Viljoen, que ele batizou de Frente da Liberdade, teve 2% dos votos, o que significou nove respeitáveis cadeiras no novo parlamento multirracial.

Nem bem os resultados tinham saído e John Reinders, chefe do protocolo presidencial tanto no governo De Klerk quanto no de P. W. Botha, já estava contatando seu ex-empregador, o Departamento de Serviços Correcionais. Botha o tinha tirado da burocracia penitenciária em 1980, quando ocupava a posição de major, mas Reinders descobriu, para seu alívio, que, sim, eles tinham um emprego para ele.

Sua última tarefa antes de ir embora foi organizar a posse presidencial de Nelson Mandela em 10 de maio de 1994. Foi um pesadelo logístico comparado à posse de De Klerk, à qual nenhuma delegação estrangeira – salvo diplomatas baseados na África do Sul – tinha considerado apropriado ir. Quatro mil pessoas se reuniram na sede do poder em Pretória, um conjunto de grandes edifícios do início do século XX chamado Union Buildings, no topo de uma montanha com vista para a cidade. Entre os convidados estavam figuras que de outra forma seria impensável que estivessem reunidas na mesma sala, como Hillary Clinton, Fidel Castro, príncipe Philip, Yasser Arafat e o presidente de Israel, Chaim Herzog. Os dois hinos nacionais – "Nkosi Sikelele" e "Die Stem" – foram executados um após o outro, enquanto a novíssima bandeira nacional tremulava. Era a bandeira mais multicolorida do mundo, um tipo de colcha de retalhos em preto, verde, dourado, vermelho, azul e branco, combinando às cores da bandeira sul-africana as cores associadas à resistência negra. Mandela fez seu juramento de posse diante de um juiz branco, com sua filha Zenani a seu lado e rodeado por ex-prisioneiros negros e generais brancos da SADF em posição de sentido, com o uniforme completo. "Poucos anos antes, eles teriam me prendido", brincou ele mais tarde. A cerimônia se encerrou com o espetáculo dos jatos da Força Aérea Sul-Africana voando acima das cabeças e pintando as cores da nova bandeira no céu.

Muito aliviado por a cerimônia ter transcorrido sem nenhuma catástrofe, John Reinders chegou ao escritório em Union Buildings cedo na manhã seguinte, 11 de maio, com duas grandes caixas de papelão debaixo do braço. Ele era um homem forte, mas tinha modos respeitosos de alguém mais magro, assim como o bom senso de saber quando estava derrotado.

"Cheguei cedo naquele dia para pegar minhas coisas", lembrou Reinders. "Todos nós brancos estávamos procurando emprego em outros lugares, certos de que seríamos mandados embora. Alguns poucos queriam ir trabalhar para o Sr. de Klerk na vice-presidência."

Reinders estava empacotando suas lembranças de 17 anos passados no gabinete presidencial organizando atividades cerimoniais, esbarrando com pessoas famosas em viagens oficiais, quando de repente foi resgatado de suas reminiscências com uma batida na porta. Era outro homem que costumava acordar cedo. Mandela.

– Bom dia, como você está? – cumprimentou ele, entrando no escritório de Reinders com a mão estendida.

– Muito bem, Sr. Presidente, obrigado. E o senhor?

– Bem, bem, mas... – disse Mandela, perplexo – o que você está fazendo?

– Estou juntando minhas coisas e me preparando para ir embora, Sr. Presidente.

– Ah, entendi. E posso perguntar para onde você está indo?

– Estou voltando para os Serviços Correcionais, Sr. Presidente, onde trabalhava antes.

– Humm – disse Mandela, franzindo os lábios. – Passei 27 anos lá, sabe? Foi muito ruim. – Deu um sorriso largo e repetiu: – Muito ruim.

Reinders, confuso, reagiu com um meio sorriso.

– Agora – continuou Mandela –, gostaria que você considerasse a possibilidade de continuar aqui conosco. – Reinders examinou os olhos de Mandela com espanto. – Sim. Estou falando sério. Você conhece esse trabalho. Eu não. Sou do mato. Sou ignorante. Agora, se você ficasse comigo, seria só por um mandato, só isso. Cinco anos. E depois, é claro, estaria livre para ir embora. Agora, por favor me entenda: isso não é uma ordem. Só gostaria de tê-lo aqui se você quisesse ficar e compartilhar seu conhecimento e sua experiência comigo.

Mandela sorriu. Reinders sorriu, desta vez de todo o coração.

– Então – continuou Mandela –, o que me diz? Vai ficar comigo?

Espantado como estava, Reinders não hesitou:

– Sim, Sr. Presidente. Vou ficar. Obrigado.

Neste ponto da conversa, seu novo chefe deu-lhe sua primeira tarefa: juntar todo o staff presidencial, inclusive os faxineiros e jardineiros, na sala do gabinete para uma reunião. O novo presidente caminhou entre eles, cumprimentando cada uma das cerca de 100 pessoas reunidas, dizendo algumas palavras a cada uma delas, em africâner quando apropriado. Então se dirigiu a todos: "Olá, sou Nelson Mandela. Se qualquer um de vocês preferir entrar no plano de demissões voluntárias, está livre para ir embora. Vá. Não tem problema. Mas imploro que fiquem! São só cinco anos. Vocês têm o conhecimento. Nós precisamos desse conhecimento, precisamos da experiência de vocês."

Todos os membros do staff presidencial, sem exceção, ficaram.

• • •

Duas semanas depois, em 24 de maio, 400 delegados recém-eleitos se reuniram na Cidade do Cabo para a abertura do primeiro parlamento democrático da África do Sul, reunido no mesmo prédio da Assembleia Nacional onde o parlamento só de brancos costumava se reunir. Até então, este tinha sido um lugar tedioso, pesado, monocrômico. Naquela manhã de maio, quando a mesma câmara abriu as portas para a democracia não racial de Mandela, a cena passou por uma transformação em tecnicolor. A visão da parte mais alta da galeria de visitantes sugeria uma mistura de Assembleia Geral das Nações Unidas, um concerto de música pop e uma festa de fim de período universitário. Uma olhada na lista de novos membros do parlamento dizia tudo. Antes eles eram chamados Botha ou Van der Merwe ou Smith. Agora, estes nomes ainda faziam parte da lista, mas havia também Bengu, Dlamini, Farisani, Maharaj, Mushwana, Neerahoo, Pahad e Zulu. E um terço dos membros do parlamento eram mulheres, inclusive a nova presidente, Frene Ginwala. Mais impressionante era a proporção de membros do parlamento que tinham passado um tempo na prisão ou foram fugitivos da polícia. Praticamente todos os membros do parlamento provenientes do CNA haviam infringido a lei; agora eles legislariam, liderados pelo prisioneiro de maior pena de todos, o último a entrar naquele dia, Mandela.

Quando chegaram rumores de sua chegada, os membros do parlamento ficaram de pé, o burburinho deu lugar a um estrépito, a canções que falavam de liberdade e a danças cadenciadas executadas pelos membros mais exuberantes e jovens do contingente do CNA. Entre a comoção da Nação Arco-íris, o general Viljoen se destacava como uma figura anômala. Circunspecto como sempre, de terno escuro e gravata, ele estava de pé no meio da câmara oval ao nível do solo, como condizia ao líder da honrosa oposição Frente da Liberdade. Mandela surgiu, também no nível do solo, empertigado e radiante, para receber uma salva de palmas da assembleia.

Viljoen encarava Mandela com uma mistura de reverência e afeição. Ao vê-lo, Mandela quebrou o protocolo parlamentar e, cruzando a sala, cumprimentou-o com um sorriso largo: "Estou muito feliz em vê-lo aqui, general."

Algumas vozes na parte superior da galeria gritaram: "Abrace-o, general! Vá em frente, abrace-o!"

Ao relembrar o momento, Viljoen deixou que um discreto sorriso se abrisse em seus lábios, assentiu e voltou a ficar solene. "Mas não fiz isso. Sou um militar e ele era o meu presidente. Cumprimentei-o com um aperto de mão e permaneci atento."

• • •

E isso poderia ter sido o final de tudo: ordem restaurada, velhos inimigos reconciliados, um bom rei coroado, todos os atores deixando o palco pela esquerda, de forma exuberante. Mas não foi o fim. Ainda não tinha acabado, nem para Mandela nem para o general Viljoen. Ainda havia mais um ato a ser interpretado antes que Viljoen pudesse pendurar a espada com paz de espírito, um conjunto final de desafios a ser enfrentado antes que Mandela pudesse considerar terminada a busca de toda a sua vida.

Como Viljoen ressaltou: "Quarenta ou cinquenta por cento do meu povo não participou da votação." Alguns deles colocaram bombas em pontos de ônibus e em outros lugares onde negros se reuniam na semana que precedeu a eleição. Também armaram uma bomba no Aeroporto Internacional de Johanesburgo. Vinte e uma pessoas foram mortas e mais de uma centena ficaram gravemente feridas. Os discursos de Mandela durante seu primeiro mês no poder foram sempre alegres, tentando deliberadamente imprimir um tom otimista e vigoroso. Mas, no encerramento dessa primeira sessão do parlamento, não pôde deixar de enfatizar que as forças de segurança permaneceriam em alerta total. "O problema da violência por motivações políticas ainda está entre nós", disse ele.

Mandela teve muito o que fazer durante seu mandato de cinco anos: fornecer casas e escolas, água e eletricidade para os negros. Mas sua grande prioridade foi solidificar as fundações da nova democracia, torná-la à prova de bombas. Ele sabia que seriam feitas tentativas para subverter a nova ordem inevitavelmente frágil. Não se esperava que toda a África do Sul branca entregasse sem luta seus antigos poderes e um número considerável de privilégios.

Quanto ao general Viljoen, ele estava dilacerado, do mesmo jeito que Niël Barnard estivera quatro anos e meio antes, na manhã da libertação de Mandela. Apesar de ter encontrado Mandela diversas vezes na prisão, Barnard não conseguiu desarmar completamente o alarme localizado bem no fundo de sua mente, que o advertia, apesar de irracionalmente, sobre o fator aiatolá. Viljoen teve receios semelhantes, como se não conseguisse acreditar que a vida poderia ser tão boa quanto Mandela fazia parecer, como se não tivesse sido completamente capaz de apagar os temores ancestrais a respeito dos negros. Ao se sentar lá no dia da abertura do parlamento e por todo o ano seguinte, uma parte dele temia que tivesse feito a coisa certa para si – Mandela sempre deixou a porta aberta para ele, sempre o tratou com respeito –, mas não para seu povo. Ele confessou que sua consciência o atormentava. "Estava inquieto. Muito inquieto", disse ele. "Muita coisa bonita tinha sido dita, mas onde estava a prova que eu poderia dar a meu povo de uma vez por todas?"

A resposta era Mandela provar ao povo de Viljoen que eles eram o seu povo também; era ampliar seu abraço, abarcando, além de Constand Viljoen, John Reinders, Niël Barnard e Kobie Coetsee, todos os africâneres. O consultor jurídico de Mandela no gabinete presidencial e também seu confidente mais próximo, um advogado branco chamado Nicholas Haysom, que tinha sido preso três vezes durante os anos de luta contra o apartheid, definiu a missão em termos apropriadamente épicos.

"Chamávamos o processo de construção de uma nação. Mas há uma citação de Garibaldi que exemplifica isso de modo mais eloquente", disse Haysom, referindo-se a Giuseppe Garibaldi, o soldado patriota que unificou a Itália em meados do século XIX. "Quando terminou sua missão militar, Garibaldi disse: 'Criamos a Itália, agora precisamos criar os italianos.'" Na verdade, o desafio que Mandela enfrentou era mais difícil que o de Garibaldi. "A Itália estava dividida, mas era homogênea. A África do Sul em 1994 era um país dividido histórica, cultural e racialmente, assim como de muitas outras formas", acrescentou Haysom. "Não haveria negociações, discursos nem constituições suficientes para 'criar os sul-africanos'. Seria preciso algo mais para unir as pessoas. Seria preciso que Mandela fizesse o que ele sabia fazer melhor: pairar acima de nossas diferenças, ser maior que as coisas que nos dividiam e apelar para o que nos unia."

CAPÍTULO 12

# O CAPITÃO E O PRESIDENTE

*1994-1995*

"Ao olhar para ele", disse Mandela, lembrando-se de seu primeiro encontro com François Pienaar, "você logo ficava imaginando de onde ele vinha, e o que se via era um africâner típico."

Mandela estava certo. Se os ideólogos do apartheid tivessem tido a mesma inclinação de usar a arte em benefício da política como seus congêneres soviéticos, teriam escolhido Pienaar como o estereótipo do homem africâner. Com 1,90m de altura, ele carregava 110 quilos de músculos com a naturalidade escultural do Davi de Michelangelo.

E então, se, como disse Mandela, ficassem imaginando de onde ele vinha, retratariam um garoto entrando na vida adulta em Vereeniging nos anos 1970 e 1980, e o que se teria, com clareza quase cinematográfica – como aconteceu com Mandela – era uma fiel representação de 90% do *volk* africâner: indivíduos condicionados pelo tempo e pelo lugar nos quais tinham nascido para serem diretos, descomplicados, trabalhadores dedicados, durões, secretamente sentimentais, fanáticos religiosos por rúgbi que se relacionavam com seus superabundantes vizinhos negros com um misto de desdém, ignorância e medo.

Mas se Mandela havia aprendido alguma coisa em suas negociações com os africâneres era a reconhecer falsas aparências. "Ele não me parecia de jeito nenhum o produto típico de uma sociedade do apartheid", disse Mandela. "Vi nele um rapaz encantador e senti que ele era progressista. E era um sujeito culto. Bacharel em Direito. Era um prazer sentar para conversar com ele."

Prazer era a última coisa que passava pela cabeça de Pienaar enquanto estava de pé nos degraus de pedra do enorme Union Buildings no dia 17 de junho de 1994, se preparando para entrar no prédio para uma reunião, a convite do presidente Mandela. Pienaar, então com 27 anos, mas se sentindo bem mais jovem, confessou aos repórteres que estavam esperando que nunca se sentira tão nervoso em toda a sua vida; que a possibilidade de se encontrar com o presidente era mais assustadora que qualquer jogo de rúgbi.

Usando terno e gravata escuros, Pienaar entrou pela pequena porta da ala oeste dos prédios, passou por um detector de metais e se apresentou diante de dois policiais que o esperavam na recepção, por trás de um espesso vidro verde à prova de balas. Sendo ambos africâneres, imediatamente se engajaram numa conversa animada sobre rúgbi. Um deles o conduziu através de um pátio e depois por um corredor, apesar de ele nem ter percebido direito nada fora do normal, com aquarelas de cenas da Grande Jornada, carroças puxadas por bois e homens a cavalo contra um pano de fundo de *veldt* marrom amarelado. O policial o deixou numa pequena sala de espera vazia, exceto por uma mesa e algumas cadeiras de couro, na qual entrou a assistente pessoal de Mandela, uma senhora negra alta e imponente chamada Mary Mxadana, que lhe pediu para se sentar e esperar. Ficou sentado sozinho na sala por cinco minutos, com as mãos suando. "Estava incrivelmente tenso pela chegada da hora em que iria conhecê-lo", lembrou Pienaar. "Tinha muita admiração por ele. Fiquei pensando: 'O que vou dizer? O que vou perguntar?'"

Então Mary reapareceu, lhe ofereceu uma xícara de chá ou de café – ao que ele respondeu café – e pediu que ele a seguisse. Ela saiu para o corredor, cujas paredes eram decoradas com quadros de carroças puxadas por bois, parou diante de uma porta grande marrom-escura, bateu rapidamente e, com um só movimento, entrou e segurou a porta para Pienaar passar. O pânico do jovem só aumentou ao avistar a ampla sala diante dele, oceanicamente vazia, como lhe parecera num primeiro momento, até cruzar a soleira da porta e ver à sua direita um homem grisalho e alto pulando de um salto de sua cadeira. Mandela tinha 76 anos, mas se dirigiu a Pienaar com a vivacidade do adversário de rúgbi se preparando para impedir o avanço do oponente – com a diferença de que ficou ereto, com um largo sorriso no rosto e a mão estendida.

– Ah, François, que bom que você veio!

Pienaar balbuciou:

– Não, Sr. Presidente, eu que agradeço pelo convite.

Mandela cumprimentou-o com um cálido aperto de mãos, enquanto Pienaar percebia com surpresa que Mandela era quase tão alto quanto ele.

– Então, como está você, François?

– Ah, muito bem, Sr. Presidente, e o senhor?

– Muito bem. Muito bem mesmo!

Mandela, sorrindo o tempo todo, claramente muito feliz por ter esse jovem e forte bôer em seu novo gabinete, fez um gesto para que ele se sentasse numa poltrona disposta perpendicularmente à sua, enquanto o parabenizava pela vitória do Springboks sobre a Inglaterra, com um convincente resultado de 27 a 9, num jogo disputado na Cidade do Cabo seis dias antes.

Houve uma batida na porta e uma senhora entrou trazendo uma bandeja com café e chá. Era uma mulher branca, de meia-idade, usando um vestido de estampa floral com ombreiras. Mandela a viu aparecer na porta do outro lado da sala – uma distância seis vezes maior que o comprimento da cela que tinha sido seu lar por 18 anos – e imediatamente se levantou, permanecendo de pé enquanto ela colocava a bandeja numa mesa de centro diante dos dois homens. "Muito obrigado. Muito obrigado mesmo", sorriu Mandela, ainda de pé. "Ah, este é François Pienaar... Lenoy Coetzee." Pienaar estendeu a mão para cumprimentá-la e, antes que ela se virasse para ir embora, Mandela lhe agradeceu de novo e não se sentou enquanto a senhora africâner não saiu da sala.

Pienaar olhou em volta o escritório com paredes forradas de lambris de madeira, percebendo vagamente uma mistura de decoração sul-africana antiga e nova; aquarelas de carroças puxadas por bois ao lado de escudos de couro e esculturas africanas de madeira. Mandela interrompeu o silêncio: "Aceita leite, François?"

Em menos de cinco minutos, o humor de Pienaar se transformara. "Foi mais que me sentir à vontade na presença dele", recordou Pienaar. "Quando você está com ele, tem a sensação de que está seguro." Tão seguro que Pienaar teve a audácia de perguntar em tom de brincadeira se ele acompanharia o Springboks durante a viagem à Nova Zelândia no mês seguinte. "Nada me daria mais satisfação, François!", respondeu Mandela com um sorriso. "Mas infelizmente tenho esse pessoal aqui neste prédio que me controla com rédea curta e sei que me darão ordens para ficar aqui e trabalhar!"

Para alívio de Pienaar, Mandela assumiu o controle da conversa daí em diante, deixando-se levar por uma série de lembranças e histórias que fez com que Pienaar se sentisse, como ele mesmo disse, como um garotinho sentado aos pés do velho sábio. Um dos casos era sobre o furto de uma galinha em Qunu, vilarejo no Transkei onde Mandela tinha sido criado e para onde ainda viajava para cumprir suas antigas funções de chefe. Um dia, quando Mandela estava lá de visita, uma senhora foi até a casa dele para contar que um vizinho tinha roubado uma galinha dela. Pienaar resumiu o caso: "Mandela convocou o vizinho, que confessou ter roubado, mas só porque sua família estava com fome. Então Mandela pediu que os dois fossem à casa dele e ordenou ao homem que ressarcisse a senhora dando-lhe duas galinhas. Mas ela argumentou, barganhou, queria mais e fecharam um acordo com mais. Mas era muito para o homem, então Mandela ajudou-o a pagar a dívida."

Mandela riu enquanto contava a história, um caso peculiar para se contar ao capitão do Springboks numa reunião que ele convocara com o claro objetivo de estabelecer uma relação com ele em preparação para a Copa do Mundo de Rúgbi no ano seguinte. A conversa foi particularmente leve e inconsequente, dada a solenidade do ambiente ao redor, uma sala onde, como Mandela tinha descrito numa entrevista alguns dias antes, "os planos mais diabólicos eram tramados". Mas o caso do roubo da galinha funcionou, pois ajudou a estabelecer o tipo de intimidade cúmplice que Mandela queria ter com o jovem. Ao dividir com ele uma espécie de confidência, um caso que Pienaar não teria lido nos jornais, Mandela encontrara um caminho para chegar ao coração do pasmo capitão de rúgbi, fazendo com que ele sentisse como se estivesse na companhia de seu tio-avô favorito. Pienaar não perceberia isso na ocasião, mas conquistá-lo – e, por meio dele, atrair o resto do time do Springboks – era um objetivo importante para Mandela. Ele contava, daquele seu jeito meio instintivo, meio calculista, que a Copa do Mundo pudesse ser útil para o grande desafio de unificação nacional que ainda viria pela frente.

Em nenhum momento nessa primeira reunião com Pienaar Mandela falou de seus propósitos abertamente, mas chegou bem perto do tema principal quando dirigiu a conversa para suas lembranças dos Jogos Olímpicos de Barcelona, aos quais assistira em 1992 e de que se lembrava com grande entusiasmo. "Ele falou do poder que o esporte tinha sobre as pessoas e como testemunhara isso pouco depois de sua libertação, nos Jogos Olímpicos de Barcelona, de que lembrava especialmente por um momento particular em que ele disse que se levantou e sentiu todo o estádio reverberar", disse Pienaar, em cuja mente Mandela estava tentando plantar as primeiras sementes de uma ideia política. Pienaar não registrou isso dessa forma, mas na versão de Mandela sobre o encontro, caloroso como fora, o subtexto estava claro como água.

"François Pienaar era o capitão do time de rúgbi e, se eu quisesse usar o rúgbi, tinha que trabalhar com ele", disse Mandela. "Concentrei-me na reunião em elogiá-lo pelo papel que estava desempenhando e que poderia vir a desempenhar. E contei-lhe em poucas palavras o que estava fazendo na área dos esportes e por que estava fazendo isso. Achei-o uma pessoa muito inteligente." Tinha chegado a hora, como Mandela explicou a seu convidado, de deixar de ver o Springboks como "inimigo" e passar a ver seus jogadores como compatriotas e amigos. A mensagem dele era: "Vamos usar o esporte para construir uma nação e promover todas as ideias que acreditamos que vão conduzir à paz e à estabilidade em nosso país."

Pienaar tinha se tornado o último africâner a ser "envolvido", como ele mesmo descreveu, pela aura de Mandela; mas ele não se tornou um evangelizador da noite para o dia. Era um homem do rúgbi, honesto, para quem palavras bonitas como "construção de uma nação" não diziam muita coisa. A mensagem que ele captou dessa reunião foi bem simples e direta: vá lá e vença, use aquela camisa com orgulho, certo do meu apoio. Mandela despediu-se de Pienaar como se já fossem os melhores amigos.

• • •

Mandela voltou para o seu trabalho, Pienaar para o dele, sem perceberem a espantosa semelhança entre os desafios que cada um enfrentava. Pienaar, novo na posição de capitão, visto com alguma reserva por uma parcela dos torcedores de rúgbi que questionava seu caráter e sua capacidade, tinha uma dura missão pela frente: consolidar sua autoridade e unir o time. Isso exigia uma quantidade significativa de habilidade política, pois o Springboks era composto por homens grandes com egos enormes, descobertos em times provincianos e acostumados a se verem como inimigos ferozes na grande competição nacional, a Copa Currie, um Super Bowl sul-africano.

A parcela dos africâneres ingleses apresentava um outro desafio. Lidar com James Small, um dos "ingleses" mais talentosos do rúgbi sul-africano, logo se mostrou uma prova para a liderança de Pienaar. Small, um jogador relativamente pequeno e leve, com 1,85m e 90 quilos, tinha um dos *sprints* mais rápidos do time e uma das personalidades mais voláteis. A alegria de Pienaar em vencer a Inglaterra uma semana antes de se encontrar com Mandela foi ofuscada por algo que Small tinha lhe dito em campo durante o jogo. Um lapso de Small tinha concedido um pênalti à Inglaterra. Pienaar o repreendera com um ríspido "Poxa, James!", ao qual Small respondeu com um "Vai se ferrar!". Pienaar ficou chocado.

O papel de capitão em outros esportes quase sempre tem uma qualidade simbólica ou cerimonial, mas no rúgbi ele realmente tem um peso. Não só o capitão exerce grande autoridade tática durante o jogo, orientando jogadas que no futebol americano, por exemplo, seriam pedidas pelos treinadores do lado de fora do campo, mas também comporta, pela tradição do rúgbi, um misticismo especial. Espera-se que o resto do time tenha um pouco da deferência para com o capitão, como alunos do ensino fundamental diante do diretor da escola, ou soldados diante do comandante. O "Vai se ferrar!" de Small era um ato de insubordinação tão sério que, se desconsiderado, poderia acabar corroendo a influência de Pienaar sobre o time inteiro. Depois do jogo, Pienaar, que era mais alto que Small, puxou-o para um canto e lhe disse com firmeza que ele nunca mais deveria xingá-lo dentro de campo. Small tinha uma reputação de bêbado brigão que ultrapassava de longe a de Pienaar, mas mesmo assim ouviu seu capitão sem dar um pio. Nunca mais voltou a xingá-lo.

A África do Sul, tentando compensar os anos perdidos de isolamento com uma repentina explosão de jogos internacionais, viajou para a Nova Zelândia pela primeira vez em 13 anos, em julho de 1994, perdendo um jogo para o All Blacks por pouco e vencendo outro contra o mesmo time, que era visto pela maioria como favorito para a Copa do Mundo do ano seguinte. Em outubro, o Springboks disputou dois jogos em casa contra a Argentina, outro país forte no rúgbi, e venceu os dois. Small foi a estrela do segundo jogo, mas à noite, durante a comemoração da vitória, se envolveu em outra briga de bêbados. O incidente, que teve início quando uma mulher no bar deu um beliscão no traseiro de Small, recebeu grande cobertura da mídia. Ele foi suspenso de uma viagem no mês seguinte para a Grã-Bretanha, na qual os sul-africanos venceram de forma convincente a Escócia e o País de Gales, intimidando todos os que os viam com a ferocidade inflexível de seu jogo.

O foco do Springboks agora era total. A única coisa que tinham em mente era a Copa do Mundo, que começaria no final de maio do ano seguinte. Nem Pienaar, nem Small, nem qualquer outro jogador do time estava prestando a mínima atenção à política sul-africana, bem movimentada na época.

Novembro de 1994 tinha sido o mês mais decisivo nos seis meses de Mandela no poder. Ele atribuíra a seus ministros a árdua tarefa de fornecer casa, educação, eletricidade e água para as pessoas a quem o apartheid tinha deliberadamente negado o básico de uma vida moderna digna. Seu trabalho era tentar se tornar o pai de toda a nação; fazer com que todos sentissem que ele representava suas identidades e seus valores. Foi por isso que uma parte dele sempre mantinha um olho desconfiado nos membros mais recalcitrantes da nova família que estava tentando criar: a direita africâner. Isso também significava se preocupar com a polícia. Mandela estava bem relaxado em relação à Força de Defesa Sul-Africana, pois aos generais africâneres tinham se reunido ex-comandantes do Umkhonto we Sizwe. Os generais da SADF eram disciplinados. A polícia era a peça de artilharia mais frouxa e a maioria dos mandachuvas da época do apartheid continuava em seus postos. Os serviços de inteligência do governo, até então ocupados em monitorar a esquerda, passaram a concentrar suas energias nos 50% dos ex-apoiadores do general Constand Viljoen que não tinham participado das eleições de abril e de cujo meio descontente os terroristas armadores de bombas da pré-eleição tinham surgido.

A sensação predominante entre os sul-africanos brancos após a posse de Mandela era de alívio. O apocalipse tinha chegado e ido embora e a vida continuava quase igual. A lâmina da guilhotina não tinha descido e a maioria dos funcionários públicos civis permanecia em seus cargos. Mas os brancos não se livraram de sua mistura inata de culpa e medo da noite para o dia. Começaram a se preocupar se isso não seria a calmaria antes da tempestade, se não haveria uma mudança repentina na política de cargos públicos para brancos, desencadeada pelo inevitável clamor por gratificação econômica instantânea que os brancos esperavam dos negros. Como exemplo de como os brancos continuavam subestimando a inteligência de seus vizinhos negros, começaram a circular boatos de arrumadeiras e jardineiros negros entrando sem serem convidados nas salas de estar de seus "amos" e exigindo as chaves da casa.

A verdade era que os sul-africanos negros eram, em sua maioria, suficientemente perspicazes e pacientes para saber que Roma não foi construída em um dia. Eles acreditavam que seu governo por fim cumpriria suas promessas, mas entendiam que jogar os brancos ao mar não traria vantagens para ninguém. Foi por isso que tinham votado no CNA em vez de no PAC.

A generosidade implícita nessa escolha frustrou grande parte da população branca, da qual só alguns poucos tinham uma ligeira ideia do que se passava na cabeça dos sul-africanos negros. O general Viljoen, o político acidental, também continuou preocupado, ainda incerto se tinha agido corretamente com seu povo ao engavetar a ideia do Boerestaat e seguir acreditando de boa-fé no CNA de Mandela. Ele também estava preocupado com o potencial para a violência que seus ex-aliados bem armados e, em alguns casos, meio loucos poderiam apresentar. Mandela, que conversou sobre essas questões com Viljoen, com quem tomava chá com frequência, viu seus temores confirmados na noite de 5 de novembro.

Nesse dia, o Springboks aniquilara o time galês com tanto estilo e paixão que o treinador do time, Kitch Christie, se declarou convencido de que o Springboks poderia vencer a Copa do Mundo. Muito possivelmente Johan Heyns, assim como muitos outros africâneres, tinha formado a mesma opinião. Mas ele não viveu para ver esse dia. Naquela noite, enquanto estava sentado em sua casa em Pretória, jogando cartas com a mulher e seus dois netos, de 8 e 11 anos, levou um tiro e morreu. Um atirador, do lado de fora da casa, acertou uma bala na parte de trás de sua cabeça.

O professor Johan Heyns, de 66 anos, tinha sido um pilar do sistema do apartheid, servindo como moderador da Igreja Reformada Holandesa entre 1986 e 1990. Mas também tinha sido um motor para a mudança política, tendo encerrado 30 anos de conflito com Braam Viljoen e o pequeno grupo de teólogos dissidentes que pensavam como ele, reconhecendo que era errado acreditar que o apartheid gozava de justificativa bíblica. Isso foi em 1986. Seu próprio ato de ruptura como chefe da maior igreja dos africâneres tinha sido declarar, de forma ousada, em 1990, logo após a libertação de Mandela, que o apartheid era um pecado. Ele passara por uma conversão particular durante uma estada prolongada na Europa, no início dos anos 1980. "Cresci com a ideia de que os negros eram culturalmente inferiores aos brancos", confessou Heyns certa vez. "O contato com negros de alto nível acadêmico na Europa teve um profundo efeito sobre mim."

Em 1990, quando os primeiros espasmos da resistência da direita estavam sendo sentidos, ele disse: "O que estamos experimentando agora são as dores do parto de uma nova nação. E, sem dúvida, a nova nação nascerá. Mas todo nascimento normalmente é acompanhado de dor, e até de morte."

O assassinato de Heyns não foi da mesma ordem do de Chris Hani em relação aos perigos imediatos que acarretava, mas encheu o povo de presságios. Quem tinha feito isso e quem seria o próximo? Teria sido um ex-membro de um dos antigos esquadrões da morte da polícia ou do Exército? Com certeza fora trabalho de profissional. A arma do crime tinha sido uma espingarda de alto calibre detonada através de uma janela a cerca de seis metros de distância. Ninguém duvidava que tinha sido um ato da extrema direita. Mas ninguém jamais soube quem o tinha praticado, nem por quê.

Mandela se sentiu ultrajado. Heyns, com quem tinha se encontrado muitas vezes, era seu tipo preferido de africâner. Moral e fisicamente corajoso, absolutamente honesto, tivera a bravura de admitir, já tarde na vida, que seus métodos estavam errados. Mandela lamentou a "perda para a nação sul-africana como um todo, tanto para negros quanto para brancos". Mas então, três dias depois da morte de Heyns, partiu para a ofensiva. Anunciou um racha na extrema direita, acusando o governo anterior de não ter feito quase nada para desmanchar a ameaça direitista. E começou investindo contra a polícia, pois desconfiava que alguns de seus membros eram cúmplices do assassinato de Heyns, além de suspeitar que a instituição estava de má vontade em descobrir os culpados. Mandela tinha, até então, sido cauteloso com a polícia. Tinha deliberadamente decidido não fazer o que seu coração pedia: cortar cabeças nos postos de comando. Agora o fez.

Um homem que tinha permanecido no cargo seis meses após Mandela ter se tornado presidente era o maior policial do país, o delegado Johan van der Merwe, ex-chefe de polícia de segurança suspeito de conspirar em sórdidas operações contra o CNA, incluindo assassinatos. Mandela estava disposto a engolir muita coisa pela paz, chegando a ponto de nomear o líder do Inkatha, Mangosuthu Buthelezi, ministro do Interior. Mas a morte de Heyns tinha acabado com sua paciência. "Não podemos permitir que uma força policial faça oposição ao governo", declarou ele, chegando ao extremo de acusar segmentos da polícia de "declarar guerra" ao CNA. Destacando Van der Merwe, que tinha sido chefe da famosa polícia de segurança nos anos 1980, ele o acusou de fracassar no apoio ao governo democrático. Poucos dias depois, cumpriu suas ameaças e o demitiu.

Esperando um recuo, dois meses depois Mandela foi notificado de algo que soava com um sério complô contra seu governo. "Descobri que havia um plano entre os membros da direita de se ligarem ao Partido da Liberdade Inkatha para atacar o CNA. Então, quando isso aconteceu, fui a Pretória. Nem contei para o CNA. Fui a Pretória porque era lá que essas discussões estavam acontecendo. Verifiquei duas vezes com o pessoal da inteligência e o que descobri foi que um grupo de direitistas estava dizendo: 'Vamos nos juntar ao Inkatha e atacar o CNA. As Nações Unidas não vão interferir porque serão negros atacando negros. Precisamos derrubar esse governo porque ele é comunista.' Mas outros direitistas estavam dizendo: 'Não, vocês não podem fazer isso! Vejam o que eles fizeram pelo rúgbi, vejam o rúgbi internacional que eles nos deram.'"

O jornal conservador *Rapport* logo publicou um artigo que confirmou o que as fontes de Mandela tinham lhe dito. A coalizão de direita estava tramando um complô para matar o rei zulu, o que supostamente iria detonar uma rebelião de negros contra o CNA. Mandela imediatamente pôs seu pessoal do serviço de inteligência e os policiais em quem mais confiava no caso. Também continuou na ofensiva política, usando mais uma vez o rúgbi como seu instrumento, sua cenoura. Mas havia um problema.

Todos na liderança do CNA, de longe o partido dominante no governo de coalizão que Mandela estava chefiando, tinham concordado que sediar a Copa do Mundo de Rúgbi era uma coisa boa. Mas o que muitos não toleravam era a ideia de preservar o nome do Springboks. Eles tinham se livrado da antiga bandeira, tinham meio que se livrado do antigo hino e não podiam aceitar que o terceiro grande símbolo do apartheid continuasse sendo o escudo de um time que representava a nova África do Sul. Vazou o boato de que a executiva nacional do CNA pretendia mudar o nome da equipe e a fraternidade africâner apaixonada pelo rúgbi se levantou em protesto.

Mandela disse que inicialmente tinha concordado em acabar com o Springboks. Mas as tensões causadas pela morte de Heyns e a demissão dos chefes de polícia, seguidas das últimas notícias do complô da direita, o detiveram. Olhando para o quadro geral, decidiu que tinha que fazer alguma coisa para aplacar as inquietações da direita.

"Decidi agir. Fiz uma declaração. Sugeri que tínhamos que manter o Springboks."

Um ano antes, a liderança do CNA se resignara com sua reprovação à questão do hino, mas desta vez a reação foi abertamente revoltosa.

"Foi inacreditável! Pessoas como Arnold Stofile! Eles vieram me atacar! Então os chamei um a um e lhes expliquei a situação." Para Mandela, o Springboks era uma questão de interesse basicamente superficial; para Stofile e seus companheiros, era uma questão importantíssima – uma fonte de enorme indignação acumulada. Eles não conseguiam ver o lado engraçado da discussão, como Mandela via.

Mandela telefonou para Stofile e pediu-lhe para ir até a sua casa. "Gostaria de conversar sobre esse animal", disse ele.

"Não estou entendendo", respondeu Stofile.

"Estou falando desse animal dos esportes."

Eles se encontraram no dia seguinte e, depois de alguma queda de braço, Stofile, informado por Mandela de que havia uma questão de segurança nacional envolvida, cedeu. "No final", disse Stofile, "concordamos em discordar." Como fez o resto dos rebeldes do rúgbi do CNA. Mandela tinha imposto sua vontade mais uma vez. A tempo para a Copa do Mundo, o Springboks tinha sido poupado.

## CAPÍTULO 13
# SERENATA DO SPRINGBOKS

A questão agora era se o Springboks pouparia Mandela. Ele tinha arriscado seu pescoço pelo pessoal do rúgbi e agora cabia a eles retribuir. Stofile e outros membros da Comissão Executiva Nacional do CNA ainda se aborreciam ao se lembrarem da reação das autoridades do rúgbi à decisão deles de permitir que voltassem a disputar partidas internacionais, três anos antes. No jogo contra a Austrália, em 1992, Louis Luyt, o presidente da União de Rúgbi Sul-Africana, tinha deliberadamente encorajado a multidão a desrespeitar as condições impostas pelo CNA e agitar as antigas bandeiras e cantar o antigo hino. Luyt, ele mesmo um enorme ex-jogador de rúgbi, tinha saído de uma relativa pobreza na infância para se tornar um rico magnata dos fertilizantes e da cerveja. A humildade não era a característica mais notável desse homem que venceu por seu próprio esforço. Agora, aos 62 anos, era arrogante, falastrão e autoritário. Odiava que qualquer pessoa lhe dissesse o que fazer, principalmente um negro. Daí sua reação às regras que o CNA tentara lhe impor em 1992.

Porém muita coisa tinha mudado na África do Sul nesse curto espaço de tempo, e Luyt também mudara. Amolecido por Mandela da mesma forma que todos os africâneres pareciam estar ("Ele foi ao mesmo tempo muito agradável, respeitoso e encantador na primeira vez que nos vimos", disse ele), Luyt tinha adquirido um novo senso de responsabilidade política com as autoridades do rúgbi internacional, que não queriam que a Copa do Mundo se tornasse um fiasco global em consequência de lutas raciais. Reagindo a esta necessidade, Luyt fez duas nomeações sábias. Nomeou Edward Griffiths, um ex-jornalista liberal, presidente da federação de rúgbi, e Morné du Plessis, o ex-capitão do Springboks que tinha ido ver Mandela na praça Grand Parade, na Cidade do Cabo, no dia de sua libertação, dirigente do time da Copa do Mundo. Griffiths recebeu elogios pela habilidade com que dirigiu a operação da Copa do Mundo, mas sua contribuição mais perseverante e valiosa veio na forma de um slogan que inventou para a campanha do Springboks. "Um time, um país" não só cativou a imaginação dos sul-africanos como também expressou o objetivo de Mandela à perfeição.

Se Griffiths era o cérebro por trás da cena, Morné du Plessis era o espírito orientador. Sua missão era pôr a teoria em prática, persuadir o time a se comportar de forma a convencer todo o país, mas especialmente a África do Sul negra, de que aquele slogan não eram meras palavras. Ser dirigente representava ainda diversas outras coisas. O trabalho diferia do do técnico, Kitch Christie, que era responsável por tudo o que tivesse a ver com o jogo em si, com o que acontecia em campo, começando pela seleção dos jogadores. As funções de Du Plessis cobriam tudo o que acontecia fora de campo, algo na linha de um administrador: garantindo que as providências de viagem fossem tomadas, o material esportivo estivesse em ordem e que as contas fossem pagas. Mas nesse caso, nesse momento da história sul-africana, o trabalho acabou significando muito mais. Era uma oportunidade para Du Plessis não só construir um time vencedor como também reparar o que ele cada vez mais acreditava ter sido seu fracasso – "um dos maiores arrependimentos da minha vida", confessou ele mais tarde –, por não ter se posicionado, quando foi capitão do Springboks, e feito ou dito algo que ajudasse a melhorar a sorte dos sul-africanos negros.

Du Plessis acreditava que seu novo papel seria mais do que organizar a logística. Queria que o seu time tocasse no ponto sensível da nação, acertasse na atmosfera política, queria fazer os jogadores perceberem que estavam jogando não apenas pela África do Sul branca, mas pelo país inteiro. A única grande coisa que tinha a seu favor era sua credibilidade. Um homem enorme, ele se tornou uma lenda entre os sul-africanos brancos, que nunca se esqueceram de seu recorde como capitão do Springboks, a liderança e o talento mostrados numa histórica vitória sobre a Nova Zelândia, antiga rival, em 1976.

A escolha de Du Plessis por Luyt impressionou o CNA, já que suas tendências políticas liberais eram bem conhecidas. Mas ele teria pela frente uma tarefa delicada, e sabia disso. "Entendi quase imediatamente, ao aceitar o cargo, como seria fácil escorregar, como poderia estragar tudo com um erro bobo, dizendo uma palavra inapropriada, errando no alvo."

• • •

Foi precisamente por querer acertar que Du Plessis teve a ideia de ensinar o Springboks a cantar a metade "negra" do novo hino nacional, "Nkosi Sikelele". Ele e Mandela compartilhavam a mesma missão impossível: persuadir sul-africanos negros a dar uma reviravolta histórica e torcer pelo Springboks. Mandela estava fazendo sua parte dentro do CNA, dizendo a seu povo que agora "eles" eram "nós". Du Plessis fez sua parte incitando os jogadores a se comportarem respeitosamente em público. Ele sabia que as coisas poderiam sair terrivelmente erradas se, ao início de cada jogo da Copa do Mundo, os negros vissem os jogadores do Springboks cantando as palavras em africâner e em inglês do "Die Stem" com gosto, mas não se esforçando para cantar o "Nkosi Sikelele". Se isso acontecesse, o empreendimento de Mandela e Du Plessis estaria fadado ao fracasso; a ideia de "um time, um país" se tornaria motivo de chacota. Estava claro para Du Plessis o que precisava ser feito. Os jogadores tinham que ser vistos entoando a antiga canção da luta pela liberdade. Essa imagem mudaria a visão que os negros tradicionalistas tinham dos jogadores do Springboks: homens rústicos que cantavam violentas canções racistas.

Du Plessis não havia falado de política com nenhum dos jogadores, mas não tinha motivo para acreditar que eles eram algo além de eleitores comuns do Partido Nacionalista, com a ignorância e os preconceitos que isso acarretava. "Tínhamos alguns africâneres legítimos lá, e a canção ("Nkosi Sikelele") era cantada em xosa, e esta era a língua do que, para muitos sul-africanos brancos, se não a maioria, tinha sido o inimigo. Era bastante incomum pedir que aqueles caras cantassem uma canção que carregava esse tipo de associações." Incomum também seria lhes ensinar a pronunciar as palavras em xosa. Apenas dois jogadores no time falavam essa língua. Mark Andrews, com 2 metros de altura e 108 quilos, havia sido criado na Eastern Cape rural, território xosa, e tinha sido exposto à língua de Mandela desde o berço. Hennie le Roux, mais baixo, mais rápido e vindo do mesmo lugar, também falava alguma coisa de xosa. Quanto aos outros 24 jogadores, nem uma palavra.

Felizmente Du Plessis tinha uma amiga que poderia ajudar, uma vizinha na Cidade do Cabo chamada Anne Munnik. Ela era uma mulher branca, de língua inglesa, elegante, atraente e dinâmica, na casa dos 30 anos, que ganhava a vida ensinando xosa. Aprendera a língua na infância, também em Eastern Cape, e aperfeiçoara seus conhecimentos na Universidade da Cidade do Cabo, onde agora lecionava. Primeiro, ficou surpresa quando Du Plessis sugeriu que ela ensinasse os jogadores a cantar "Nkosi Sikelele". Depois, ao pensar melhor sobre o assunto, sobre a reação que obteria desses bôeres corpulentos, ficou indecisa. Mas Du Plessis insistiu e ela, com alguma desconfiança, concordou.

O primeiro encontro foi marcado para uma noite na terceira semana de maio de 1995 no hotel da Cidade do Cabo onde o time estava hospedado, preparando-se para o jogo de abertura da Copa do Mundo contra a Austrália, campeã mundial, poucos dias depois. Os jogadores receberam a ordem de se reunir após o treino no que tinha ficado conhecido como Sala do Time, um espaço sem graça onde normalmente bancos ou empresas de marketing locais promoviam seminários para seus funcionários e onde agora Kitch Christie falava sobre estratégia e tática com os jogadores. Dessa vez, esperando por eles na frente da sala, estavam Du Plessis e Anne Munnik.

Du Plessis, bem mais alto que a professora, a apresentou aos jogadores recém-saídos do banho como uma velha amiga de 20 anos. Os jogadores reagiram como adolescentes: cutucadas, piscadelas, acenos de cabeça. "Quando Morné disse que tinha ido à minha fazenda algumas vezes, foi um tumulto", lembrou Anne Munnik. "Surgiram 'ahs' e 'ohs' e risinhos, gargalhadas, insinuações e gozações de todo tipo."

Mas as gozações eram bem-intencionadas. Eles fizeram silêncio quando Du Plessis, ficando sério, disse: "Vamos, rapazes, se cantarem a canção bem alto e com orgulho, vocês estarão confirmando o slogan 'um time, uma nação'." Anne Munnik estava pasma com o espetáculo à sua frente. Costumava acompanhar os jogos de rúgbi, mas nada do que vira na televisão a tinha preparado para o tamanho daqueles homens em carne e osso. Enormes e musculosos, eles eram a resposta exagerada da equipe de escalação de elenco de Hollywood a uma solicitação de 26 gladiadores romanos. Ela tinha visto seus nomes africâneres classicamente guturais numa lista que Du Plessis tinha lhe dado – Kobus Wiese, Balie Swart, Os du Randt, Ruben Kruger, Hannes Strydom, Joost van der Westhuizen, Hennie le Roux – e sentiu que, em termos políticos, eles também deveriam ter mais em comum com a extrema direita do que com o CNA, com o "Die Stem" do que com o "Nkosi Sikelele". Mas foi em frente, deu a cada um deles uma folha de papel com a letra da canção e fez com que a lessem, repetindo as palavras mais difíceis, ressaltando a pronúncia em estalidos das palavras em xosa, quase impossível para quem não as tivesse aprendido desde criança. "Depois chegou a hora de cantar", disse ela, ainda surpresa, mesmo depois de tantos anos, "e eles o fizeram com muito sentimento."

Alguns mais que outros. Kobus Wiese, Balie Swart e Hannes Strydom estavam à vontade. Wiese e Strydom tinham ambos 1,97m e 113 quilos, Swart era oito centímetros menor, mas tão largo quanto a porta de um estábulo. Tinham todos uma forma física extraordinária, já que precisavam estar aptos a jogar o violento tipo de rúgbi de alta voltagem pelo qual os Boks eram famosos. E adoravam cantar. Wiese era um dos jogadores mais engraçados do time, um homem cuja esperteza não combinava com seu tamanho, mas a quem ninguém nunca acusara de ser um pensador progressista. A libertação de Mandela tinha emocionado Du Plessis, inspirado seu colega de time Joel Stransky, mexido com Pienaar, mas, como o próprio Wiese admitiu, tinha sido indiferente para ele. Swart era um dos membros mais quietos do time, mas, como era mais velho e maior que os demais, exigia e inspirava respeito. Wiese e Swart eram melhores amigos. Não só eram ambos atacantes quase diametralmente unidos durante jogadas dentro das desvairadas pilhas humanas que o rúgbi exalta com nomes como *ruck*, *maul* ou *scrum*, mas também se apresentavam no mesmo coral havia anos.

Wiese ficou espantado com a rapidez com que a música de "Nkosi Sikelele", cantada por ele pela primeira vez, afastou todos os escrúpulos políticos. "Já tinha ouvido a canção antes, é claro", disse ele. "Tinha visto pela televisão aquelas imagens de grandes massas de negros marchando, cantando e dançando pelas ruas com varas e pneus em chamas, jogando pedras e incendiando casas. E o fundo musical das imagens era sempre 'Nkosi Sikelele iAfrika'. Para mim, e para quase todo mundo que eu conhecia, essa canção era sinônimo de *swart gevaar* – o perigo negro. Mas, sabe, adoro cantar. Sempre gostei. E de repente descobri, para meu espanto, que estava envolvido pela música, que a canção era linda."

Os du Randt, o caçula do time, com 22 anos, porém o mais pesado, com 1,90m e 118 quilos, cantava com timidez, como que tentando passar despercebido. Conhecido como "Ox" (o boi), tinha servido o Exército num regimento de tanques, apesar de ser um mistério como ele conseguia entrar num veículo tão apertado. Ruben Kruger, com 1,87m e pesando meros 101 quilos, era um dos menores jogadores entre os atacantes, mas tão forte quanto um gnu, tendo malhado seus músculos desde a mais tenra idade num negócio familiar cuja principal atividade era carregar enormes sacos de batatas nas costas. Como sempre, Pienaar quis liderar pelo exemplo e se juntou ao coro, apesar de ter muita dificuldade em pronunciar as palavras, e a canção ter se registrado em sua mente muito menos – "poucos de nós conheciam a melodia, para falar com franqueza" – do que na do politicamente ignorante Wiese.

Wiese, Swart, Kruger, Pienaar, Du Randt, Mark Andrews – estes eram as estrelas entre a equipe dos atacantes. Os *backs* pareciam, à primeira vista, quase pertencer a uma espécie diferente. Anne Munnik ficou espantada com o contraste. Eles não apenas eram de um tamanho mais normal, mas seus rostos metiam menos medo, os narizes eram menos disformes, as orelhas não eram deformadas por terem sido esfregadas por tanto tempo contra coxas grossas e peludas no amontoado de carne humana pesada e suada. Eram os ídolos do Springboks, os David Beckhams do rúgbi.

James Small, que trabalhava como modelo quando não estava jogando rúgbi, era o *bad boy* do time, aquele que, no ano anterior, tinha sido suspenso da viagem à Grã-Bretanha depois de uma briga de bar. Mas, Munnik notou, ninguém cantava a canção com mais sentimento do que ele. "Ele ficou o tempo todo à beira das lágrimas", disse ela. O torcedor de rúgbi sul-africano comum, conhecedor de todas as confusões em que ele se metia fora de campo, teria tido dificuldade em acreditar nisso, mas seus colegas de time não. Todos que o conheciam tinham a sensação de que ele vivia perigosamente no limite; que, se não fosse pela válvula de escape parcial que o rúgbi proporcionava para suas emoções superexcitadas, ele teria uma personalidade violenta e incontrolável, que já o teria mandado para trás das grades. Ele era o primeiro a admitir isso. "Tenho tanta sorte", disse. "Eu era um cara difícil, podia ter acabado na prisão. Frequentava aqueles clubes de baixo nível em Johanesburgo tarde da noite. Podia facilmente ter levado um tiro."

Porém havia outra razão para ele ter ficado tão emocionado quando começou a cantar o antigo hino dos negros. Ele sabia o que significava ser marginalizado. O apartheid existia dentro do rúgbi também, entre os brancos. "Também sabia como era estar no lado mais fraco", disse ele. "Eu era um inglês num jogo de holandeses. Quando comecei no esporte, no interior, fui muito perseguido pelos jogadores africâneres. Não era bem-vindo no meu próprio time nem no time adversário. Eles me deixaram no ostracismo e eu apanhei muito também. Na minha iniciação no Springboks, eles me agrediram tanto que meu pai quis dar queixa na polícia. O que eles queriam provar era que o rúgbi era um jogo de africâneres e não havia espaço para um inglês. O inglês era um intruso." Era exatamente assim que Pienaar via "os ingleses" na infância, o que fica claro em seu orgulho por, quando era adolescente, seu time nunca ter perdido para uma escola "inglesa". "Mas usei tudo isso como estímulo", disse Small, "e acabei chegando lá. Me tornei um Springbok. Mas toda a experiência me ensinou a ter respeito pelos marginalizados, simpatia pelos que, no meu país, não tiveram as oportunidades que tive a sorte de ter."

• • •

Chester Williams ficou menos emocionado que Small com a canção da libertação. Como Small, Williams era um jogador parrudo e veloz, que atuava como lateral. O que os diferenciava era que ele era um homem quieto cuja timidez o fazia parecer frio. Williams era o único jogador não branco do time, mas isso não significava que tivesse mais facilidade com xosa ou zulu que Small. Ele era um "mestiço", de acordo com as regras da recém-extinta Lei de Registro da

População. Os "mestiços" – ou, segundo a designação politicamente correta, os "assim chamados mestiços" –, entre os quatro principais subgrupos do apartheid, eram os menos engajados na política. Sendo uma mistura de raças, eles também eram fisicamente mais heterogêneos. A maioria correspondia mais ao estereótipo de africanos negros que de europeus brancos, mas o grupo étnico ao qual os mestiços se sentiam mais próximos eram os africâneres, principalmente porque falavam a mesma língua que eles. Era a esta categoria geral que Chester Williams pertencia: aparência de africano, língua de africâner, não politizado.

Não que os africâneres tivessem pelos mestiços qualquer respeito especial. Em 1983, a mulher de F. W. de Klerk, Marike, arriscou alguns pensamentos famosos sobre "mestiços" que voltaram para assombrá-la quando seu marido estava tentando conquistar um grau de respeitabilidade "não racial". "Sabe, eles são um grupo negativo", dissera a futura primeira-dama. "A definição de mestiço no registro populacional é alguém que não é negro nem branco nem mesmo indiano, em outras palavras, uma não pessoa. Eles são as sobras. São as pessoas que foram deixadas para trás depois que as nações foram divididas. Eles são o resto."

A evolução na forma como Williams era tratado por seus colegas de time entre sua entrada no Springboks em 1993, o ano em que o Volksfront foi formado, e a Copa do Mundo dois anos mais tarde refletiu a mudança abrupta na forma como os brancos em geral, e os africâneres em particular, se relacionavam com seus compatriotas de pele mais escura. "Foi uma época difícil para mim", disse Williams, referindo-se a seus primeiros dias como Springbok. "As pessoas não me aceitavam. Eu tentava participar das conversas, mas era deixado de lado."

Num livro em que Williams é coautor, ele foi mais longe, alegando que James Small, entre outros, o chamava de *kaffir* e sugeria que ele estava no time não por mérito, mas porque era "um símbolo negro". Small ficou magoado por essas alegações e Williams acabou se retratando. Segundo Small, Williams se desculpou mais tarde na frente de todo o time e os dois acabaram fazendo as pazes. Numa entrevista, depois que a poeira tinha baixado, Williams parecia envergonhado por algumas das coisas que tinham sido publicadas no livro, reconhecendo que talvez houvesse algum exagero. Mas ele insistiu que tinha sido discriminado. "Foi só com o passar do tempo que descobri que as pessoas tinham mudado, que estavam me incluindo cada vez mais, e, por volta de 1995, já estava totalmente entrosado na equipe, por mérito."

O time, de certa forma, tivera pouca escolha, pois Chester Williams foi escolhido pelo pessoal de marketing do rúgbi sul-africano como o rosto do torneio da Nação Arco-íris. Foi uma situação estranha para ele, dada sua personalidade retraída, mas, para seu espanto e de seus colegas de time também, em todo lugar por onde passavam na África do Sul, seu rosto os encarava em enormes outdoors na beira da estrada. Isso também foi um pouco confuso e não totalmente convincente para os sul-africanos negros – não apenas porque Williams era "mestiço" (gostando ou não, e o CNA não gostava nem um pouco, esses rótulos ainda persistiam), mas porque tinha sido sargento da Força de Defesa Sul-africana, uma instituição à qual servira durante o apartheid. Williams, cuja relação com sul-africanos negros tinha sido mínima e não entendia a língua deles, percebeu isso muito melhor que o pessoal do marketing, cujas manobras tiveram mais impacto sobre os brancos do que sobre os negros, sobre visitantes estrangeiros do que sobre os sul-africanos em geral. Num leilão no início de maio, Williams ficou espantado ao ver um retrato seu sendo vendido pelo que na época equivalia a 50 mil dólares. A África do Sul estava vendendo ao mundo uma imagem de si mesma que o mundo queria comprar.

• • •

O sonho que Joel Stransky tivera, ao assistir à libertação de Mandela pela televisão num bar francês, de a África do Sul voltar a ser bem recebida no cenário global, tinha se realizado e, de fato, superado suas expectativas. Não apenas ele estava jogando rúgbi por seu país, mas em uma Copa do Mundo. E estava na posição essencial de médio de abertura, o que, no seu caso, também incluía a vasta responsabilidade de cobrar os pênaltis dos quais frequentemente dependiam os resultados dos grandes jogos. Era preciso ter nervos de aço para fazer seu trabalho, além de intrepidez física, pois, com 1,77m e 86 quilos, tinha que aguentar os golpes mais brutais de homens bem maiores que ele. Ficava ansioso durante as aulas de canto, desejando estar em algum outro lugar. "Sou dessas pessoas que detestam cantar", disse. "É quase uma fobia." Mas se surpreendeu. "Todos sabíamos da questão política por trás da canção, já tínhamos ouvido falar sobre isso muitas vezes, e lá estava eu aprendendo a letra. Tudo isso tinha um significado muito especial."

Hennie le Roux, um dos membros mais sérios do time, e amigo íntimo de François Pienaar, foi um aluno aplicado nas aulas de Anne Munnik. Corredor talentoso, o mais versátil dos jogadores de defesa do Springboks, Le Roux não era mais politicamente engajado do que qualquer outro membro do time, mas, para ele, o imperativo nacional de aprender "Nkosi Sikelele" estava bem claro. Tinha visto isso, assim como outros jogadores do Springboks, na chegada ao hotel na Cidade do Cabo, alguns dias antes, quando os funcionários, quase todos negros, saíram para recebê-los no saguão. "Eles estavam cantando e dançando, tão felizes por nos verem, tão calorosos. Foi algo que nunca tínhamos visto em nossas carreiras: negros bem na nossa frente, nos dando as boas-vindas com tanta animação quanto os mais fanáticos torcedores brancos. Foi um grande momento para todos nós." Para Le Roux, foi quando entendeu que tinha que retribuir de alguma forma. "Se eles queriam tanto nos apoiar, o mínimo que podíamos fazer era nos esforçarmos para aprender a canção deles. Lembrar essas cenas da nossa chegada quando estávamos lá aprendendo a canção tornou tudo mais tocante para mim."

Pienaar estava tão comovido quanto seu amigo, mas sua motivação era ainda mais pessoal. Ele era o único Springbok que tinha se encontrado cara a cara com Mandela e estava particularmente ansioso que seu time projetasse uma imagem que agradasse ao presidente. Mas também estava pensando, como sempre fazia com detalhes incansáveis, que tudo o que o time realizava fora de campo poderia melhorar seu desempenho dentro dele. E, ao ouvir a si mesmo e a seus colegas de time cantando, seu cérebro de capitão entrou em ação. Entendeu que a vitória num jogo de rúgbi de alto nível era 50% psicológica e viu uma vantagem para os esportes na canção, para além da política. "Percebi então que Morné tinha nos dado uma vantagem inesperada; que isso poderia nos proporcionar algo especial no jogo, se respeitássemos a canção e sentíssemos sua energia", disse Pienaar, antes de acrescentar, sorrindo e balançando a cabeça, "mas... é incrível pensar nisso. Os garotos africâneres cantando aquele hino!"

Anne Munnik estava quase terminando a aula quando os três maiores jogadores do time, Kobus Wiese, Hannes Strydom e Balie Swart, fizeram um pedido: eles poderiam cantar mais uma vez, só os três? "Eu disse: 'Claro!' E então eles começaram, como três enormes garotos cantores, primeiro suavemente, depois aumentando aos poucos, até chegarem às notas altas. Eles cantaram tão, mas tão bonito! Os outros jogadores ficaram observando boquiabertos. Sem risadas nem piadas. Só ficaram lá, olhando fixamente."

Para os grandalhões, cantar aquela música tinha o poder de uma epifania. "Foi o estilhaçar da minha ignorância inocente!", exclamou Wiese. "Quando aprendi a letra da canção, portas se abriram para mim. Desde então, quando ouço um grupo de negros cantando 'Nkosi Sikelele', é estonteante. É muito lindo."

As pessoas podiam ser hesitantes quanto ao Springboks como Justice Bekebeke ou tão abertas quanto Mandela, mas qualquer sul-africano negro que entrasse naquela sala no momento em que aquele trio bôer entoava essa canção também teria ficado boquiaberto.

## CAPÍTULO 14
# SILVERMINE

Em 25 de maio de 1995, os jogadores do Springboks se encontrariam com os então campeões do mundo, a Austrália, na primeira partida da Copa do Mundo, na Cidade do Cabo. Na véspera, o time se reuniu em Silvermine, uma antiga base militar dentro de uma reserva natural de montanhas na Península do Cabo onde tinham estabelecido um campo de treinamento temporário. Localizada na metade oriental da parte mais estreita da península, Silvermine era um dos lugares mais bonitos da África do Sul. Olhando para o norte, via-se o monólito da montanha da Mesa, considerado um totem. Olhando para o sul, via-se a extremidade rochosa onde os oceanos Índico e Atlântico se encontram. Em toda a volta há rochedos, florestas, vales e mar.

Uma sessão vespertina de treinos tinha recém-terminado quando os jogadores olharam para cima e viram um grande helicóptero militar descendo do céu. Morné du Plessis, que recebera um comunicado sigiloso sobre a visita, tinha vestido terno e gravata. Enquanto os jogadores olhavam pasmos para a máquina voadora aterrissando no campo, ele anunciou que era Mandela que estava vindo visitá-los. Eles continuaram a observar enquanto o próprio Mandela descia por baixo das lâminas dos rotores com uma camisa laranja e vermelho vivo, que ele usava para fora da calça, no que tinha se tornado sua marca registrada de estilo presidencial. Conforme Mandela caminhava sorrindo na direção deles, os jogadores deram alguns passos à frente e se juntaram, se acotovelando como fotógrafos numa coletiva de imprensa, esticando o pescoço para enxergar melhor.

Mandela fez algumas observações leves, provocando algumas risadas, e então Du Plessis pediu silêncio para que o presidente pudesse falar ao time.

Para surpresa deles, Mandela começou abordando temas solenes, como sempre fazia quando se dirigia a brancos. (A plateia era toda de brancos naquele dia, pois Chester Williams estava afastado tratando uma lesão.) Ele os lembrou de que o CNA tinha prometido que o novo governo manteria o comandante do Exército, o comissário nacional de polícia, o diretor do Banco Central e o ministro da Fazenda. Em seguida ressaltou que, um ano após as eleições, seu governo tinha cumprido suas promessas. Como africâneres, eles não tinham nada a temer do CNA. Nem, Mandela acrescentou, abrindo um sorriso largo, de seus adversários no dia seguinte.

"Vocês jogarão contra os campeões da Copa do Mundo, a Austrália. O time que vencer essa partida certamente estará na final", previu ele, antes de voltar a um tom solene. "Agora vocês têm a chance de servir à África do Sul e unir o nosso povo. Do ponto de vista do mérito, vocês não ficam a dever nada a ninguém no mundo. Mas estamos jogando em casa e vocês estão em vantagem. Lembrem-se apenas de que todos nós, negros e brancos, estamos torcendo por vocês."

Os jogadores se animaram e aplaudiram, então Mandela conversou com cada um e em particular. "Ele me perguntou por que tinha me vestido de maneira tão formal para encontrá-lo", lembrou Du Plessis. "Mas o que foi surpreendente foi a química. Os jogadores ficaram atraídos por ele de imediato." Kobus Wiese admitiu: "Não consigo lembrar por que rimos, mas me lembro de termos rido com Mandela todo o tempo em que ele esteve ali."

Hennie le Roux decidiu de repente oferecer a Mandela um presente em sinal de gratidão por ter se incomodado em ir visitá-los. Quando o presidente chegou perto dele, ele lhe entregou seu boné do Springboks e disse: "Por favor, aceite este boné, Sr. Presidente; é para o senhor." Le Roux fez uma pausa e acrescentou: "Obrigado por ter vindo. Isso significa muito para o time."

Mandela pegou o boné, sorriu e disse: "Muito obrigado. Vou usá-lo!" E colocou o boné ali mesmo, diante de Le Roux.

François Pienaar encerrou a cerimônia no alto das montanhas com uma breve mensagem de despedida para Mandela. Referindo-se ao jogo do dia seguinte, declarou: "Agora sabemos que há um homem para quem devemos jogar: o presidente."

O encontro em Silvermine redefiniu os sentimentos dos jogadores do Springboks por seu presidente e seu país. Du Plessis quase ficou sem palavras ao descrever a cena de Mandela subindo no helicóptero e partindo. "Olhei para os jogadores enquanto observavam o helicóptero, e pareciam garotos acenando, cheios de... excitação. Aqueles caras já tinham visto milhões de helicópteros antes, mas Mandela... bem, ele os conquistou."

E também lhes fez um grande bem como time de rúgbi. Pienaar estava preocupado com a tensão entre seus companheiros de equipe na véspera do jogo. Normalmente ele tentaria encontrar um jeito de suavizar a tensão, às vezes com uma canção ou um filme, mas dessa vez Mandela tinha feito o trabalho por ele. Um ano antes, Mandela tinha posto Pienaar à vontade em seu gabinete presidencial. Agora havia feito o mesmo para o time como um todo. "Ele relaxou os jogadores. Sua interação com o time foi alegre, sempre sorridente, sempre soltando piadas. E dedicou um tempo a cada um. Parava e conversava, deixando os jogadores à vontade. Isso foi muito especial antes da partida de abertura."

Talvez Mandela tenha diminuído o nível de estresse do Springboks, mas não era possível eliminá-lo totalmente. Poucas pessoas de fato morreram num campo de rúgbi, mas nenhum esporte – em termos de dor infligida e brutalidade de colisão – estava mais perto da guerra. Os jogadores de rúgbi davam e levavam golpes tão fortes quanto os jogadores de futebol americano, mas sem usarem capacete, ombreiras ou qualquer outro acessório de proteção. E o rúgbi exigia muito mais energia que o futebol americano. Cada partida de rúgbi era jogada em dois tempos de 40 minutos, com um intervalo de apenas 10 minutos entre eles e sem interrupções, exceto em caso de ferimento. No entanto, o medo físico pesava menos sobre os jogadores que a expectativa nacional. Em menos de 24 horas, eles enfrentariam os Wallabies, da Austrália, um dos cinco times com grandes chances de vencer a Copa do Mundo, junto com a França, a Inglaterra, a Nova Zelândia e a África do Sul. Mandela pode tê-los feito se sentirem especiais, mas o que ainda faltava ver era se os jogadores do Springboks conseguiriam canalizar essa pressão a seu favor na hora do jogo, ou se seriam esmagados sob seu peso.

Além disso, ainda restava descobrir quanto os sul-africanos negros realmente torceriam pelo Springboks, quão eficaz Mandela tinha sido em seus esforços para convencer seu povo de que a velha camisa verde e dourada era deles também.

A Unidade de Proteção Presidencial proporcionava um termômetro do clima nacional tão bom quanto qualquer outro. Eles eram um grupo de sul-africanos que foram para a cama na noite antes do jogo contra a Austrália se sentindo tão tensos quanto os próprios jogadores do Springboks. Mas por motivos diferentes. "Para esse primeiro jogo contra a Austrália, o desafio era enorme e as providências para garantir a segurança eram complexas", disse Linga Moonsamy, ex-guerrilheiro do CNA e membro da PPU desde a posse de Mandela. "Passamos semanas planejando esse dia. Percorremos todos os lugares altos em torno do estádio. Colocamos atiradores de tocaia no alto dos prédios em pontos estratégicos, colocamos pessoas em pontos vulneráveis dentro do estádio."

A PPU estava unida em seu senso de missão, mas dividida ao meio entre negros e brancos, entre ex-membros do Umkhonto we Sizwe, como Moonsamy, e ex-membros da polícia de segurança. "Os caras do Umkhonto e os caras da polícia: pessoas que tinham sido inimigas mortais umas das outras, literalmente – quisemos nos matar durante anos", disse Moonsamy, "apesar de, diga-se de passagem, eles terem tido mais sucesso que nós."

A divisão chegou até o rúgbi. Estar na presença de Mandela todo santo dia por um ano tinha suavizado as arestas mais afiadas de Moonsamy. Mas ele ainda estava longe de torcer ativamente pelo Springboks ou, nesse sentido, entender do que se tratava o jogo.

"Houve muitos rumores de que a extrema direita branca usaria a competição como palco para um ato terrorista contra a nova democracia, contra o próprio Mandela", lembrou Moonsamy. "Nossos colegas brancos estavam tão cientes dessa possibilidade quanto nós e estavam preparados, como nós, mas a grande diferença era que eles estavam ainda mais nervosos com o resultado do jogo em si. Nós olhávamos para eles, sorríamos e balançávamos a cabeça. Mas não conseguíamos entender direito."

Durante o evento, toda a preparação da PPU foi compensada. O jogo África do Sul x Austrália transcorreu sem problemas. Mandela voou de helicóptero da residência presidencial na Cidade do Cabo até um prédio alto perto do estádio. Do prédio, seguiu numa BMW prata blindada, com Moonsamy, que era o guarda-costas número um naquele dia, sentado no banco do carona, na frente dele. Em meio a toda a excitação, Mandela não se esquecera do boné de Hennie le Roux. Ele o usou na cerimônia de abertura do torneio, na qual os 16 times participantes desfilaram no estádio Newlands junto com 1.500 dançarinos (ou 1.501, já que o próprio Mandela se juntou a eles e ensaiou passos animados), antes do jogo inaugural. E ainda o estava usando quando andou até o local de arremesso da bola para cumprimentar os dois times, o que provocou uma calorosa reação na impressionante multidão de 50 mil brancos, muitos deles agitando a nova bandeira sul-africana. Continuou usando o boné quando os jogadores do Springboks cantaram os dois hinos nacionais, aos quais imprimiram igual emoção, apesar de, no caso de "Die Stem", ainda mostrarem maior familiaridade com as palavras.

O próprio jogo foi um triunfo para o Springboks. Toda a pressão, no final, tinha funcionado a favor deles, que venceram a Austrália, invicta havia 14 meses, de forma mais confortável que o placar de 27 a 18 sugeriu. Joel Stransky foi a estrela do jogo, marcando 22 dos pontos do Springboks, 17 deles de chutes e um num *try* por sobre a linha. Os australianos, competidores ferozes em todos os esportes que praticavam, foram elegantes na derrota. "Não há dúvida de que o melhor time venceu", disse Bob Dwyer, treinador da Austrália. "Qualquer outro resultado teria sido injusto."

Naquela noite, os jogadores do Springboks comemoraram como os jogadores de rúgbi faziam, bebendo até as 4 horas da manhã, ovacionados – carregados nos braços – aonde quer que fossem. Kitch Christie, o treinador, não os poupou da corrida diária, às 9 horas, na manhã seguinte, do centro da cidade até a orla, mas a dor latejante do exercício foi amenizada pelos transeuntes que os cumprimentavam a cada passo do caminho.

Um dia depois, com a cabeça ainda confusa, eles se viram numa barca com destino à ilha Robben. Tinha sido ideia de Morné du Plessis, que começara a ver como o impacto do slogan "um time, um país" tinha sido grande, não só em termos do bem que iria fazer à nação, mas também ao time.

"Havia uma relação de causa e efeito entre o fator Mandela e nosso desempenho em campo", disse Du Plessis. "Foi causa e efeito em milhares de frentes. Nos jogadores, superando a dor, num desejo maior de vencer, na sorte proveniente de se fazer a própria sorte, em todo tipo de pequenos detalhes que, juntos ou em separado, fazem a diferença entre ganhar e perder. Tudo se encaixou perfeitamente: nossa vontade de ser o time do país e o desejo de Mandela de fazer do Springboks o time nacional."

A ilha Robben ainda era usada como prisão e todos os prisioneiros lá eram negros ou mestiços. Parte da programação do dia consistia em encontrar-se com eles, mas primeiro os jogadores se revezaram visitando a cela onde Mandela tinha passado 18 de seus 27 anos de cativeiro. Os jogadores entraram na cela um ou dois de cada vez; não caberia mais do que isso. Tendo acabado de conhecer Mandela, sabiam que ele era um homem alto como a maioria deles, só não tão largo. Não era preciso uma grande inteligência para imaginar os desafios, físicos e psicológicos, de ficar confinado num espaço tão pequeno por tanto tempo. Pienaar, que tinha lido um pouco sobre o passado de Mandela, também sabia que tinha sido dessa cela, ou pelo menos dessa prisão, que viera grande parte da energia e do planejamento por trás do boicote às turnês internacionais do Springboks. Morné du Plessis pensou na mesma coisa, só que de forma mais intensa, pois tinha sido um dos jogadores do Springboks mais afetados por isso. Steve Tshwete, agora ministro dos Esportes, tinha contado a Du Plessis que, nessas celas, eles ouviram no rádio os jogos do Springboks contra os Lions da Inglaterra em 1980. Os guardas gritaram com os prisioneiros para que parassem de torcer, mas eles continuaram mesmo assim. "Sabe", disse-me Du Plessis, "olhando para aquelas celas, vendo a que os submetemos, eu também teria torcido pelo Lions."

Depois da visita à cela, os jogadores do Springboks foram para fora, para o pátio onde Mandela um dia fora obrigado a quebrar pedras. Esperando por eles, estava um grupo de prisioneiros.

"Eles estavam tão felizes em nos ver", disse Pienaar. "Apesar de estarem confinados ali, estavam muito orgulhosos do nosso time. Falei com eles sobre nossa sensação de que estávamos representando o país inteiro agora, incluindo eles, e então cantaram uma música para nós. James Small – nunca vou me esquecer disso – ficou de pé num canto, com as lágrimas rolando pelo rosto. James tinha vivido uma vida conturbada e violenta e acho que deve ter pensado: 'Eu podia ter vindo parar aqui.' Sim, ele sentia que sua vida poderia muito facilmente ter tomado um outro caminho. Mas...", acrescentou Pienaar, lembrando-se das duras lutas em que ele tinha entrado quando jovem, do momento em que achou que tivesse matado um homem, "...eu também, não é? Eu poderia ter acabado ali também."

Small se lembrou do episódio. "Os prisioneiros não só cantaram para nós, eles nos aplaudiram muito e eu... caí no choro", disse ele, os olhos novamente ficando vermelhos com a lembrança. "Foi quando realmente fui tomado pela sensação de pertencer à nova África do Sul e percebi de fato a responsabilidade de ser um jogador do Springboks. Lá estava eu, sendo aplaudido e ao mesmo tempo pensando sobre a cela de Mandela, como ele tinha passado 27 anos na prisão e escapado movido por amor e amizade. Tudo isso me tocou, essa percepção enorme, e as lágrimas rolaram pelo meu rosto."

## CAPÍTULO 15
# VER PARA CRER

"Meus próprios simpatizantes: eles me vaiaram! Eles me vaiaram quando eu disse: 'Esses garotos agora são nossos, vamos incluí-los!'", lembrou-se Mandela, franzindo o cenho. "Ah, foi muito difícil..."

Ele estava se referindo a um incidente específico perto do final da Copa do Mundo, um comício do CNA no interior de KwaZulu, que representou para ele as dificuldades desanimadoras que tinha enfrentado para persuadir os sul-africanos negros a apoiarem o Springboks. Convencê-los a abraçar ativamente um símbolo tão sugestivo da dor e da indignidade que tinham sofrido por tanto tempo foi um exercício de persuasão política quase tão implausível quanto o que tinha realizado com Constand Viljoen. Justice Bekebeke, por exemplo, não cederia facilmente dessa vez. Como ele disse: "Esses africâneres do rúgbi eram os que nos tratavam pior. Eram esses caras que nos chutavam da calçada para o meio da rua. Eram esses caras – os grandalhões brancos – que diziam: 'Sai fora, *kaffir*.'"

Mas as circunstâncias de Bekebeke, alinhadas ao novo espírito do país, tinham mudado. Após ter escapado da forca ele estava, em maio de 1995, a caminho de obter o grau de bacharel em Direito no final daquele ano. Ele aprovou o compromisso histórico que Mandela tinha assumido, era a favor de seu governo de divisão de poderes entre negros e brancos, mas para tudo havia limites.

"Eu era um membro leal do CNA", disse ele, "um crente na filosofia do não racismo e um admirador de Mandela. O exemplo que Anton Lubowski me deixou era uma garantia sólida de que eu nunca seria racista. Mas o Springboks, aquele emblema de que as pessoas tinham tanto orgulho, eu o odiava. Ele ficou para mim como um símbolo potente e repulsivo do apartheid."

Foi exatamente esse símbolo que os apoiadores do CNA presentes no comício em KwaZulu viram Mandela pôr na cabeça no meio de seu discurso. Era o boné do Springboks que Hennie le Roux lhe dera. Mandela tinha ido àquela cidade para comemorar o aniversário do evento que detonara a revolução sul-africana, o dia em 1976 em que os estudantes de Soweto se rebelaram contra seus mestres do apartheid. Mas mesmo assim foi vaiado.

Ao escolher esse lugar, Ezakheni, para praticar esse gesto, Mandela talvez tenha arriscado demais a sua sorte. Em primeiro lugar, como ele ressaltou em seu discurso naquele dia, foi em áreas rurais como Ezakheni que pessoas tinham vivenciado o antigo sistema da pior forma. "Aqui", disse Mandela, "o apartheid deixara as comunidades em condições indescritíveis." Em segundo lugar, uma década de violência entre os zulus que apoiavam o CNA e os zulus que apoiavam o Inkatha, que não tinha sido encerrada apesar do surgimento do novo governo, levou Mandela a declarar: "A matança de zulus por zulus tem que acabar." Em terceiro lugar, a multidão odiava os fazendeiros brancos locais, a maioria deles simpatizante do Inkatha.

Buthelezi, o líder do Inkatha, era agora um ministro de Estado no governo de Mandela. A generosidade do presidente para com ele era pragmatismo político levado a extremos morais. Mas, em Ezakheni, as feridas permaneciam abertas e confraternizar com o inimigo não era bem-visto. Pedir que eles amassem o Springboks era quase indelicado. Mas foi o que Mandela fez. "Vocês estão vendo este boné que estou usando?", perguntou ele à plateia – "Ele é uma homenagem aos nossos rapazes que enfrentarão a França amanhã de tarde."

Foi essa declaração que fez com que a multidão começasse a vaiar. Mandela não aceitaria isso. "Vejam bem", repreendeu-os, "entre vocês existem líderes. Não tenham uma visão pequena, não sejam emocionais. Construir uma nação significa que nós, assim como os brancos, temos que pagar um preço. Ao abrirem os esportes para os negros, eles estão pagando um preço; ao dizermos que agora temos que apoiar o time de rúgbi, estamos pagando um preço. É isso que devemos fazer." Enquanto a vaia lentamente enfraquecia, ele continuou: "Quero que surjam líderes entre vocês, quero que homens e mulheres se levantem e promovam essa ideia."

Quando Mandela se lembrou daquele comício, falou dele quase nos mesmos termos de um caçador perseguindo sua presa. "Sabe", disse com um sorriso vitorioso, "no fim, conquistei a multidão." Já passara por isso antes: estar a ponto de perder a atenção da multidão e depois ganhá-la de volta. Certa vez isso tinha acontecido num território onde o Inkatha tinha infligido grandes perdas de vidas. Fazendo frente ao compreensível desejo de vingança da multidão, ele pediu que eles vissem a coisa sob uma perspectiva mais ampla e "jogassem as armas ao mar". Em outra ocasião, numa cidadezinha perto de Johanesburgo chamada Katlehong, onde o Inkatha também tinha sido violento com a população civil, ele silenciou 15 mil pessoas furiosas por ele ter se recusado a lhes dar armas perguntando se elas queriam que ele continuasse a ser seu líder. Porque, a menos que fizessem o que ele pedia e se esforçassem para ficar em paz com as pessoas que ele descrevia como sendo mais mal orientadas que más, ele renunciaria. Isso eles não queriam e, ao fim de seu discurso, estavam cantando seu nome e dançando em triunfo – comemorando o apelo bem-sucedido que ele fizera à parte mais sábia de suas naturezas.

Quase tão difícil foi convencer as pessoas que o Springboks realmente poderia vencer a Copa do Mundo. Todos os especialistas em rúgbi concordavam que essa era uma esperança vã. "Quando fui ver o time em Silvermine e disse-lhes que tinha certeza de que eles iam vencer, não queria estar errado", disse Mandela. "Pessoalmente, era muito importante para mim, porque eu sabia que a vitória mobilizaria os 'São Tomés'. Era por isso que eu estava ansioso para que a África do Sul ficasse em primeiro lugar! Seria uma recompensa por todo o trabalho duro – viajar pelo país, ser vaiado..."

Ele falou de "trabalho duro"; antes tinha usado a palavra "campanha": isso indicava como ele tinha deliberadamente empreendido seu objetivo de usar o rúgbi como instrumento político. Nicholas Haysom, o consultor jurídico de Mandela na presidência, era ex-jogador de rúgbi e a vida toda tinha sido fã do esporte. Ele e Mandela se tornaram companheiros de torcida no Union Buildings. Haysom reconheceu que Mandela tinha visto bem claramente como a Copa do Mundo seria um poderoso intrumento em relação ao "imperativo estratégico número um de seu mandato de cinco anos". Mas esse não era o quadro completo. De novo, o político e o pessoal, o cálculo e a espontaneidade se fundiram num só. "Perto do início da Copa do Mundo", lembrou Haysom, "passei a ouvi-lo falar dos 'rapazes', por exemplo 'os rapazes estão de bom humor' ou 'os rapazes vão vencer'. Primeiro, eu perguntava: 'Que rapazes?' E ele me olhava como se eu tivesse feito uma pergunta enigmática e respondia: 'Os *meus* rapazes.' Então acabei entendendo que se tratava dos jogadores do Springboks." Apesar de, no início da Copa do Mundo, Mandela não ter um histórico de profundo conhecedor de rúgbi, cada vez mais foi se informando e ficando mais apaixonado à medida que o campeonato avançava. "Ele percebeu uma oportunidade política, isso é fato, mas não era algo frio, porque, como pessoa, ele também foi arrebatado pelo fervor de tudo aquilo e se tornou mais um torcedor patriótico fanático."

• • •

A metade negra da guarda pessoal de Mandela levou mais tempo que ele para entrar no espírito do torneio. O primeiro jogo, contra a Austrália, segundo lembrou Moonsamy, tinha sido uma experiência terrível em termos de sua obrigação profissional para manter o presidente vivo. Mas, em termos esportivos, o jogo não os animou. "Depois do apito final, os colegas brancos enlouqueceram! Nós apenas ficamos olhando para eles, rindo, confusos. Não entendíamos o jogo, não tínhamos interesse nele, éramos indiferentes. O Springboks ainda era o time deles, não nosso." Moonsamy disse que a campanha de Mandela para tirar a carga negativa do Springboks tinha causado um impacto sobre todos, mas ele ainda tinha que sair da indiferença até se tornar torcedor. Sua transição, assim como a dos outros membros negros da PPU, durante as quatro semanas da Copa do Mundo, refletiu a evolução pela qual os sul-africanos negros passaram em sua relação com o antigo inimigo verde e dourado.

"Depois que o Springboks venceu seu segundo jogo, começamos a ficar um pouco curiosos", disse Moonsamy, referindo-se a um jogo relativamente fácil contra a Romênia. "A excitação de nossos companheiros brancos inevitavelmente nos intrigou, e então começamos a lhes fazer perguntas sobre o esporte. Para nossa surpresa, o rúgbi se tornou um assunto que nos unia." A cada duas semanas, a PPU tinha uma sessão de treinamento, para se reciclar e relembrar antigas rotinas. Eles praticavam tiro ao alvo, combate sem armas e outras habilidades. Na sessão depois do jogo contra a Austrália, um membro branco e forte da PPU chamado Kallis os apresentou à modalidade do *touch rugby*, que era uma versão do esporte com menos violência física, sem a ferocidade habitual na colisão. "Com essas aulas", disse Moonsamy, "os guarda-costas negros aprenderam os detalhes do jogo."

Eles aprenderam que são 15 jogadores em cada time; que oito deles são *forwards* e sete *backs*; que um *try* – que significa apoiar a bola no *in goal* (a área que fica atrás da linha de fundo) do adversário, como no esporte primo do rúgbi, o futebol americano – vale cinco pontos; que a conversão – que é um chute livre na direção do H a que a equipe tem direito após marcar um *try*, novamente como no futebol americano – vale dois pontos; que um pênalti – chute de bola parada na direção do H – vale três pontos; e que um *dropkick* – que é um chute de bate-pronto na direção do H feito em qualquer momento da partida – vale mais três pontos. "Mas, tão importante quanto o que aprendemos, foi que começamos a gostar de rúgbi. Jogávamos *touch rugby*, mas nos enfrentávamos. Às vezes tirávamos uns aos outros do jogo. Assim, começamos a entender o esporte e, de novo, para nossa grande surpresa, a gostar dele."

As imagens transmitidas por uma rede de TV sul-africana na véspera do jogo contra o Canadá começaram a convencer Moonsamy de que talvez ele também pudesse gostar do Springboks. Todo o time visitou uma cidadezinha chamada Zwide, perto da cidade de Port Elizabeth, na região de Eastern Cape. Cenas de enormes homens brancos conversando e jogando com animadas crianças negras emocionaram Moonsamy, assim como a todas as outras pessoas que as viram.

Cerca de 300 crianças se reuniram em torno do campo empoeirado para um treinamento dirigido por Morné du Plessis, que dividiu os garotos em grupos de 15, mas o centro das atenções foi Mark Andrews, porque ele era enorme e falava xosa. Balie Swart também estava lá, ensinando as crianças a passar a bola, alegremente mostrando aos espantados adultos negros que os bôeres grandalhões também podiam ser seus amigos. Naquela mesma noite, Du Plessis levou um grupo de atletas a um estádio pobre onde os times negros locais jogavam. Um jogo estava em andamento e Du Plessis achou que seria simpático se o Springboks fosse assistir. Foi um acontecimento, graças principalmente a James Small, cujo misto de talento e notoriedade o transformou no rosto mais reconhecido da partida. Small passou uma hora e meia dando autógrafos, tanto para crianças quanto para adultos.

Quando a África do Sul venceu o Canadá por 20 a 0 no estádio Boet Erasmus de Port Elizabeth, toda a cidade de Zwide comemorou, assim como Linga Moonsamy. O jogo seguinte, uma partida das quartas de final contra o difícil e talentoso Western Samoans, a equipe da ilha do Pacífico, fanática pelo esporte, apresentou o que pareceu ser um desafio mais difícil. Este também deve ter sido mais um teste para a adesão dos sul-africanos negros, que nos velhos tempos realmente tinham torcido por essa equipe, pois seus jogadores tinham a pele escura. No entanto, Chester Williams cuidou disso, agindo de acordo com o que até então parecia apenas uma propaganda exagerada a seu respeito, marcando quatro *tries*, ou 20 pontos, numa vitória de 42 a 14. "Quaisquer dúvidas que eu ainda pudesse ter a meu respeito ou a respeito do resto do time, ou que qualquer outra pessoa tivesse sobre mim, desapareceram naquele dia", lembrou Williams. "Recebi muito apoio, dentro e fora de campo, de François e Morné e daquele momento em diante passei a ser, aos olhos de todos, plenamente aceito e respeitado no time. Tudo mudou naquele dia. O fato de eu não ser branco agora era completamente irrelevante.".

Uma semana depois foi a semifinal, aquela que Mandela tinha mencionado em Ezakheni, contra um dos favoritos, a França. A partida seria no estádio King's Park de Durban, onde Pienaar estreara no Springboks dois anos antes, no dia seguinte ao ataque do Volksfront no World Trade Center. O clima político nos dias que antecederam esse jogo não podia ser mais diferente.

Nas idas e vindas do time entre o hotel e o campo de treinamento, o caminho ficava apinhado de pessoas e a cada dia havia mais negros. James Small lembrou que "olhávamos uns para os outros e pensávamos: 'Caramba! O presidente Mandela não estava brincando: talvez o país inteiro esteja mesmo conosco.'"

Hennie le Roux reiterou a ideia de Mandela a respeito de a vitória mobilizar os "São Tomés": "Podíamos ver que o país realmente estava se unindo em torno de nós, mas era ganhando que iríamos fortalecer esse vínculo. Quanto melhor fôssemos em campo, maior seria o efeito disso."

A adversidade e o drama antes e durante o jogo contra a França também ajudaram. Havia uma grande chance de que o jogo fosse cancelado e a vitória concedida à França. Na cidade de Durban, de clima ameno e à beira do Índico, houvera uma tempestade semi-tropical e o King's Park estava encharcado. Se o jogo não acontecesse naquele dia, o regulamento da Copa do Mundo dizia que a França deveria ser declarada vencedora, devido ao fato de a África do Sul ter sido, até então, o pior time do torneio em termos disciplinares. (Um jogador tinha sido expulso por violência em campo na disputadíssima partida contra o Canadá.) O país todo prestava atenção ansiosamente enquanto autoridades do rúgbi e até as Forças Armadas se lançavam numa corrida desesperada para deixar o campo em condições de jogo a tempo. Helicópteros militares foram recrutados para sobrevoar o campo, mas quem salvou o dia foi um batalhão de senhoras negras com rodos e baldes, cujo trabalho heróico convenceu o árbitro a deixar o jogo acontecer.

Apesar dos esforços das senhoras da limpeza, a partida foi um banho de lama, com homens enormes e imundos se esfolando violentamente pela posse de uma bola oval escorregadia que estava em algum lugar no meio do campo. Faltando dois minutos para acabar o jogo, com a África do Sul segurando o placar em 19 a 15, um francês robusto, do tamanho de Kobus Wiese, de procedência marroquina, chamado Abdelatif Benazzi, pensou que tivesse jogado a bola sobre a linha adversária, no que seria o *try* que garantiria a vitória. Mas, em vez disso, o árbitro deu ao francês um *scrum* – uma formação em três linhas composta pelos oito maiores jogadores de cada lado, na qual as equipes se empurram com o objetivo de fazer a bola sair do outro lado, por entre as pernas dos jogadores – a quatro metros e meio da linha sul-africana. Se os exaustos franceses empurrassem os exaustos sul-africanos para trás da linha, seria o fim: França na final. Fim de jogo para a Nação do Arco-Íris. Os jogadores do Springboks estavam prestes a recuar e assumir sua posição na confusão quando Kobus Wiese, do alto de seus dois metros de altura, posicionado na segunda fileira do *scrum*, soltou um grito de guerra que encorajou seus colegas de time. Dirigindo-se a seu grande amigo Balie Swart, que estava na primeira fila, disse: "Escute, Balie, neste *scrum* você não pode andar para trás. Você pode avançar, pode subir, pode descer ou passar por baixo. Mas não pode andar para trás!"

O Springboks não andou para trás e a África do Sul chegou à final. "Esse jogo foi, mais que qualquer coisa, uma guerra da vontade", disse Morné du Plessis. "Foi o jogo em que realmente sentimos a magia de Mandela tendo um impacto sobre nós dentro de campo. Porque tínhamos ficado sabendo do discurso de Mandela na véspera, em KwaZulu. Ouvimos falar que, num lugar onde as pessoas estavam morrendo, ele tinha feito um discurso no qual disse que era chegada a hora de toda a África do Sul apoiar o Springboks, e disse isso usando o boné do time. Isso realmente comoveu os jogadores."

Linga Moonsamy ficou mais comovido do que podia imaginar. "Estávamos tão tensos durante o jogo", lembrou ele. "E tão unidos ao fim dele, os grupos de negros e brancos em nossa unidade: éramos agora indistinguíveis. Todos nós, loucos de alívio e alegria."

• • •

Alguns anos mais tarde, Morné du Plessis cruzou com Benazzi, o grande atacante francês que quase deu a vitória para seu time, e ele insistiu que tinha sido um *try*, que a bola tinha cruzado a linha. Mas também disse: "Choramos desesperadamente quando perdemos para vocês. Mas, no fim de semana seguinte, quando fui à final, chorei de novo, porque sabia que era mais importante que não estivéssemos lá, que algo mais significativo que a vitória ou a derrota numa partida de rúgbi estava acontecendo diante dos meus olhos."

CAPÍTULO 16

# CAMISA NÚMERO SEIS

*24 de junho de 1995 – de manhã*

Na véspera da final da Copa do Mundo de Rúgbi contra a Nova Zelândia, logo após o último treino do Springboks, François Pienaar estava no vestiário prestes a tirar as botas quando seu celular tocou dentro de sua mochila. "Olá, François, como está você?" Era Mandela telefonando para desejar boa sorte ao time. Morné du Plessis fez questão de contar isso à imprensa. Mandela ficou encantado ao ler nos jornais, na manhã da final, a reação de Du Plessis ao seu telefonema. "O Sr. Mandela disse a François que estava quase tão nervoso quanto o time", todos os jornais citaram esta frase. "Esses telefonemas provam que ele agora faz parte de nosso time e de nossa campanha."

Tudo indicava que o dia transcorreria bem, que os sul-africanos tinham evoluído, que uma nova era de maturidade política se anunciava – mas nunca se sabe. Se ele tivesse falado com Niël Barnard, o velho espião bôer teria lhe dito que, em junho de 1995, "a situação política ainda era muito instável: muitos brancos se sentiam alienados, excluídos de tudo". Era difícil dizer como esses alienados, muitos dos quais certamente estariam no estádio, iriam reagir. Talvez fosse por isso que Mandela, relembrando a tensão na véspera do jogo, fez a surpreendente observação: "Nunca fui muito bom em previsão do futuro." Era sua forma de confessar suas apreensões. E se, por causa de todo o seu empenho, ele tivesse se enganado a respeito do humor dos africâneres? E se alguns torcedores zombassem durante a execução do "Nkosi Sikelele"? E se as pessoas começassem a desfraldar as velhas bandeiras da África do Sul, como tinham feito naquele jogo desastroso contra a Nova Zelândia três anos antes?

Essas perguntas passavam por sua mente ao se sentar para tomar seu café da manhã composto de papaia, kiwi, manga, mingau e café preto, como ele sempre fazia em sua casa em Houghton. Estava apreensivo, mas seria um erro dizer que estava consumido pela preocupação. As boas-novas pesavam mais que os maus presságios. Uma das razões pelas quais Mandela abriu mão de sua caminhada às 4h30 da manhã no dia da final do campeonato foi para ter mais tempo de ler os jornais matutinos. Normalmente devorava as páginas de política e pulava as de esportes. Dessa vez, ambas as seções demandaram sua atenção. Nunca antes tinha gostado tanto dos jornais como naquela manhã. O consenso nacional em torno do Springboks que ele tanto lutara para conseguir estava refletido na unânime celebração dos editoriais e dos analistas políticos. A África do Sul estava se vangloriando. E, apesar de haver cautela em relação ao resultado do jogo, devido ao grande respeito pelos adversários, o All Blacks da Nova Zelândia (o jornal *Die Burger* disse "O All Blacks se posta diante do Boks como o Himalaia"), havia uma confiança tranquila de que o destino estaria do lado da África do Sul. A manchete do principal jornal da Cidade do Cabo, o *Argus*, proclamava o clima nacional exultante. "Viva o Springboks!", dizia. "Viva" era um grito de guerra usado nos protestos negros havia décadas que, em algum momento ao longo do caminho, tinha sido tomado emprestado da Revolução Cubana. Mas melhor que a manchete era o artigo imediatamente abaixo dela, escrito pela "equipe política" do jornal.

"Pesquisadores e cientistas sociais relataram esta semana que a Copa do Mundo de Rúgbi gerou uma espetacular e repentina reconciliação nacional entre todas as raças na África do Sul." Em seguida, o artigo citava um famoso acadêmico africâner chamado Willie Breytenbach, dizendo que a ameaça de terrorismo da direita tinha sido "praticamente aniquilada" e que o clamor por um Estado africâner independente tinha se enfraquecido consideravelmente. "Ao mesmo tempo, as principais ruas negras de Johanesburgo tinham passado a ficar notavelmente vazias quando o Springboks jogava. Os habitantes dos vilarejos corriam para casa para assistir aos jogos pela TV... O rúgbi, o notável novo fenômeno de construção da nação, tinha surpreendido os analistas, pois todas as raças tinham se apegado ansiosamente à Copa do Mundo, que desencadeara uma onda de patriotismo latente por meio de um esporte tradicionalmente associado, na África do Sul, aos africâneres."

O *Argus* depois relacionava os cinco "fatores-chave" que possibilitaram que o rúgbi se tornasse "um catalisador unificador": a torcida fervorosa de Mandela por "nossos rapazes" e o fato de ele usar o boné do Springboks; o apoio público do arcebispo Tutu; o time de rúgbi agindo de acordo com o slogan "um time, um país"; o sucesso do time em campo; a execução dos dois novos hinos e o desfraldamento da nova bandeira.

Isso era fruto de toda a orquestração de Mandela nos bastidores e ele estava muito animado de ver variações patrióticas sobre os mesmos pontos feitas em todos os jornais. Estava satisfeito de ver os jornais negros entrando no mesmo espírito. O jornal *Sowetan*, de grande tiragem, tornou-se especialmente memorável, pois cunhou uma nova palavra sul-africana que atiçaria a imaginação de toda a África do Sul negra – "AmaBokoBoko", um novo nome para o Springboks, do qual o povo negro também se apropriou. Mas o que mais alegrou Mandela foram os jornais africâneres, pois quase não contiveram sua euforia com a maneira como a África do Sul negra tinha abraçado o Springboks. O *Die Burger* citou uma declaração da reconhecidamente radical Liga da Juventude do CNA que dizia: "Tragam a taça para casa, Boks! Estamos esperando!" O *Beeld* citou o negociador-chefe do CNA nas conversas constitucionais, o ex-dirigente sindical Cyril Ramaphosa, declarando: "Estamos orgulhosos de nosso time nacional, o Springboks." Mandela gostou especialmente de se ver citado nas primeiras páginas de ambos os jornais, *Beeld* e *Die Burger*. "Nunca tive tanto orgulho de nossos rapazes", ele leu em sua própria declaração. "Esperamos comemorar a vitória. Eles estarão jogando por toda a África do Sul."

A palavra "esperamos" revelava um quê de preocupação. A multidão que ele enfrentaria hoje seria a mais desafiadora de toda a sua vida. Aquela vez no estádio Newlands, na Cidade do Cabo, durante o primeiro jogo contra a Austrália, tinha sido diferente. A Cidade do Cabo era o reduto dos sul-africanos brancos liberais. Os africâneres de lá eram mais suaves e gentis. Eram os descendentes dos bôeres que tinham decidido não seguir a Grande Jornada rumo ao norte, que não tinham se ofendido com a decisão do Império Britânico de abolir a escravatura. Mas os habitantes do Transvaal que estariam no Ellis Park tinham Piet Retief e a Batalha do Rio de Sangue escritos em seu DNA. Muitas dessas pessoas teriam comemorado o ataque ao World Trade Center, pois, para algumas delas, como Bekebeke observou com amargura, a frase "Sai fora, *kaffir*!" tinha sido um hábito a vida inteira. Essas eram as pessoas que sempre tinham votado no Partido Nacionalista e, em alguns casos, redirecionado sua fidelidade para a extrema direita. Das 62 mil pessoas no Ellis Park naquela tarde, muitas, se não a maioria, pareciam ter saído direto de uma manifestação de desafio bôer. Elas usavam seus uniformes cáqui, com meias grossas e compridas, e exibiam barrigas salientes, bebendo inúmeras cervejas Castle e comendo salsichas *boerewors*. Mandela tinha sido a atração principal em mais manifestações de massa que qualquer outra pessoa viva, mas nunca tinha se aventurado diante de uma multidão como essa.

Olhando através da janela de sua sala de estar, Mandela viu seus guarda-costas do lado de fora, diante da garagem. Eram homens musculosos, 16 ao todo, e estavam verificando as armas, preenchendo formulários, olhando por baixo das carrocerias dos carros e conversando amigavelmente uns com os outros. Notou que, até algumas semanas antes, seus guarda-costas negros e brancos eram um frio retrato da segregação gerada pelo apartheid. Agora podia vê-los batendo papo, gesticulando enfaticamente, sorrindo e gargalhando.

"Estávamos falando sobre como deter o All Blacks. Alguns concluíam que não tínhamos nenhuma chance, outros que seríamos os melhores naquele dia", disse Moonsamy, "quando, do nada, surgiu a ideia de que seria ótimo se o presidente usasse a camisa verde e dourada do Springboks no estádio." Ao ser pressionado, Moonsamy admitiu que a sugestão tinha sido dele. O impacto sobre seus colegas, ele admitiu, foi eletrizante. "Todos gostamos da ideia, então combinamos que, quando eu entrasse na casa para apresentar o relatório de segurança, função do guarda-costas 'número um' do dia, deveria mencionar a ideia e ver o que ele diria."

Eles sairiam para o estádio às 13h30. Ao meio-dia, Moonsamy entrou para entregar o relatório a Mandela. Após as formalidades de segurança, ele disse: "*Tata*" – era como os guarda-costas negros o chamavam carinhosamente e significava "vovô" –, "estávamos pensando... por que o senhor não usa a camisa do Springboks hoje?"

Normalmente, quando alguém lhe apresentava uma proposta inovadora, Mandela assumia seu pensativo rosto de esfinge. Principalmente se a proposta acarretasse repercussões políticas e estivesse ligada à questão de sua imagem pública, sempre tão importante para ele. Mas, dessa vez, não hesitou na resposta. Abriu um sorriso de orelha a orelha. "Ele ficou radiante", disse Moonsamy. "Achou que era uma ideia brilhante."

Mandela imediatamente captou a importância daquele gesto. "Decidi usar a camisa", disse ele, "porque pensei: 'Quando os brancos me virem usando o uniforme do Springboks, verão um homem que agora apoia totalmente o nosso time."

Mas havia um problema. Ele não tinha uma camisa, e só faltava uma hora e meia para eles saírem para o estádio. Ao deixar Moonsamy, Mandela foi imediatamente procurar sua secretária, Mary Mxadana, e a mandou telefonar para Louis Luyt, diretor da Federação de Rúgbi Sul-Africana. Ele lhe disse que não queria uma camisa qualquer, mas – isso foi ideia dele – uma com o número seis de Pienaar, e um boné do Springboks também. (Ele tinha deixado o que Le Roux lhe dera em sua residência na Cidade do Cabo.)

Uma hora depois de Moonsamy ter proposto a ideia, a camisa estava na casa de Mandela, sendo passada por sua governanta. Agora o presidente voltava sua atenção para o jogo em si. Suas preocupações, como as de cada torcedor e jogador do Springboks, estavam centradas num negro forte chamado Jonah Lomu.

A Nova Zelândia tinha um time formidável, um dos melhores de todos os tempos. Seu capitão Sean Fitzpatrick e os veteranos Zinzane Brooke, Franck Bunce, Walter Little e Ian Jones eram jogadores famosos em todos os lugares onde se jogava rúgbi, além de serem, cada um deles, os melhores do mundo em suas respectivas posições. Porém sua arma secreta, sendo já alardeado como o jogador de rúgbi mais formidável da história, era o jovem de 22 anos Jonah Lomu. De origem tonganesa, de pele tão escura quanto a de Mandela, ele tinha 1,92m e pesava 118 quilos. Era tão grande quanto o maior jogador do Springboks, Kobus Wiese, e podia correr mais que Williams ou Small – 100 metros em menos de 11 segundos. Um jornal o chamou de "um rinoceronte de sapatilhas de balé". Na semifinal do All Blacks contra a Inglaterra, um dos favoritos do campeonato, ele tinha se mostrado praticamente impossível de deter. Conseguiu cruzar a linha quatro vezes, marcando um total de 20 pontos. Como os jornais londrinos disseram, ele fez com que o time inglês parecesse um bando de garotos.

A posição de Small na lateral do Springboks significava que ele seria o responsável por marcar Lomu. Os jornais fizeram diagramas comparando as estatísticas vitais dos dois jogadores, como se fossem boxeadores prestes a pisar no ringue. Small – pela primeira vez na vida fazendo jus ao seu sobrenome, que, em inglês, significa pequeno – era 10 centímetros mais baixo e pesava 27 quilos a menos que seu adversário.

Nos jornais, Mandela se leu opinando sobre o que fazer com o gigante do All Blacks. "Estrategicamente, seria um erro se concentrar nele. Nossos jogadores devem se concentrar no time todo", dissera Mandela antes de acrescentar, como se estivesse surpreso com a temeridade de se aventurar num terreno desconhecido, "mas tenho certeza de que o Springboks já pensou em toda a estratégia de jogo."

Poucos compartilhavam sua visão otimista, principalmente entre os neutros. O treinador australiano, Bob Dwyer, aparecia em todas as seções esportivas prevendo confiante que os All Blacks, "em forma e rápidos", fariam os fortes atacantes do Springboks correr atrás de suas sombras durante toda a tarde; o jornal *Sydney Morning Herald* tinha dito que os "iludidos" Boks "não chegariam nem perto da vitória"; uma ex-estrela do All Blacks, Grant Batty, parece ter resumido a opinião de todos os especialistas do mundo sobre o jogo ao dizer que "só uma arma para matar elefante" tiraria a vitória de Lomu e seus companheiros.

Uma arma para matar elefante – ou um esforço sobre-humano de vontade coletiva. E foi algo parecido com isso que os jogadores do Springboks descobriram que tinham dentro de si quando acordaram naquela manhã no Sandton Sun and Towers Hotel, um moderno complexo cinco estrelas numa movimentada área comercial de Johanesburgo, a cerca de 10 minutos de carro da casa de Mandela.

O grande Kobus Wiese dividia um quarto com seu companheiro igualmente pesado, e colega no coral, Balie Swart. Wiese foi o jogador que dera o lancinante grito de guerra no *scrum* na semifinal contra a França, mas agora estava em silêncio. "A pressão", disse Wiese, "era absolutamente inquietante. Era pesada. Na noite anterior eu tinha telefonado para minha mãe. Não queria falar nada demais, apenas ouvir a voz dela, o que me ajuda a me desligar de tudo.

Mas agora eu estava com medo – medo de desapontar todos os milhões de torcedores. Estávamos apreensivos por saber, pela primeira vez, que o país inteiro estava nos apoiando, e isso era bem assustador. Mas também era energizante. Eu tinha a profunda sensação de que tudo o que fizera toda a minha vida estava chegando a um ponto culminante."

Os jogadores tomaram café da manhã num clima de insuportável tensão, pressão e expectativa. Sentiam como se estivessem dentro de uma bolha, suspensos no tempo. Ou como astronautas prestes a serem lançados ao espaço. Precisavam aliviar a pressão ou explodiriam. Era para isso que servia a "corrida do capitão". No meio da manhã, todos se encontraram no saguão e, com Pienaar à frente, saíram para uma corrida de dois quilômetros nos arredores do hotel. Como François Pienaar lembrou: "Os rapazes estavam muito nervosos, mas, quando viramos à esquerda na saída do hotel, correndo num grupo coeso, ouvi barulho e gritaria, e quatro garotos negros que vendiam jornais nos reconheceram e vieram correndo atrás de nós, chamando nossos nomes – eles conheciam quase todos no time –, e eu senti um arrepio na nuca. Nem sabia se esses meninos eram alfabetizados, mas nos reconheceram e, para eles, erámos o seu time. Foi nesse momento que vi, com mais clareza que nunca, que isso era muito maior do que poderíamos imaginar."

Mandela olhou-se no espelho em sua camisa verde nova, pôs o boné e gostou do que viu. Um pouco antes de 13h30, saiu pela porta da frente de sua casa, pronto para embarcar na Mercedes-Benz cinza blindada para ir ao estádio. O pontapé inicial seria às 15h. Normalmente, ele não levaria mais de 15 minutos para chegar ao Ellis Park, mas, como certamente haveria um tráfego pesado, saíram mais cedo. Os guarda-costas agora eram pura eficiência muscular, alertas e em silêncio. Conforme a hora se aproximava, o bate-papo foi diminuindo, eles foram ficando mais solenemente ocupados, checando o caminho no mapa – um caminho que tinham feito mais de uma dúzia de vezes na semana anterior, atentos a quaisquer possíveis vulnerabilidades.

Estavam em contato constante com a polícia, certificando-se de que os atiradores de elite estivessem todos a postos em volta do estádio, confirmando a posição dos policiais de escolta nas motocicletas, verificando com o pessoal da segurança no Ellis Park se a entrada estaria livre para a chegada do comboio presidencial.

Mas, quando Mandela saiu de casa, todos os 16 guarda-costas ficaram paralisados, interrompendo seus intensos preparativos para olhar embasbacados o presidente em sua nova camisa verde. "Uau!", Moonsamy se ouviu dizendo depois de recobrar o fôlego. Mandela riu da surpresa deles e lhes deu seu costumeiro e alegre bom-dia, ao que todos balbuciaram "bom dia" e reassumiram a postura da PPU, rápida e eficiente, ao conduzirem Mandela para o carro, baterem as portas e tomarem seus lugares no comboio de quatro carros. O lugar de Moonsamy, como "número um", era na Mercedes cinza, rigidamente alerta no banco do carona, na frente de Mandela. Durante todo o dia, ele não ficaria a mais de um passo de distância do presidente. Os policiais nas motocicletas estavam esperando do lado de fora. Deram a partida, os pneus cantando na passagem para veículos. Os homens da PPU exibiam seus rostos inexpressivos de guarda-costas, mas por dentro estavam radiantes. "Olhamos para ele com a camisa verde do time de rúgbi", disse Moonsamy, "e sentimos muito orgulho, porque ele próprio estava muito orgulhoso."

• • •

Mandela não era o único negro com a camisa do AmaBokoBoko naquele dia. Muitos negros foram vistos por toda a África do Sul usando alegremente o símbolo dos antigos opressores, como Justice Bekebeke, para seu espanto, descobriu na manhã da final.

Se Mandela acordou acreditando que os negros estavam apoiando o Springboks, não tinha se baseado no homem que quase encontrara no Corredor da Morte cinco anos antes. Mandela estava preocupado com os brancos radicais, sem saber que também existiam radicais entre os negros.

"No início da Copa do Mundo, eu estava torcendo pelo All Blacks com tanta paixão quanto nos velhos tempos, quando eu era criança e eles vieram a Upington", disse Bekebeke. "Fiquei feliz quando fizemos o acordo político com os brancos. Aceitei que, naquele momento, precisávamos de um governo de poder compartilhado, com brancos como De Klerk no gabinete. Muito bem. Eu via tudo isso. Recebi tudo isso de bom grado. Mas minha posição era: 'Não me peçam para torcer pelo Springboks!' Não tinha intenção de ceder. Já tinha perdoado demais."

O que intrigava Bekebeke era que não parecia haver muitas pessoas em Paballelo compartilhando sua visão. Nem mesmo Selina, sua namorada, que ficara ao seu lado quando ele estava na prisão, que tinha trabalhado para financiar seus estudos. Em tese, ela era mais politicamente radical que ele. Não só pertencia ao CNA, mas à sua ala mais radical, o Partido Comunista Sul-Africano. Mas também tinha se alinhado com Mandela, abandonado os preconceitos justificados de uma vida inteira e decidido ver o Springboks como "nosso time". Os jogadores podiam ser praticamente todos brancos, a maioria bôeres, mas ela ia torcer por eles no jogo daquela tarde com tanto entusiasmo patriótico como se fossem todos negros como ela.

Isso apresentava um dilema a Bekebeke: como passar o resto do dia. Selina estava totalmente decidida a assistir ao jogo, mas ele não tinha certeza de que queria fazer o mesmo. Talvez fizesse o que havia feito a vida toda: torcer pelo time visitante, nesse caso, a Nova Zelândia. Ou talvez abrisse uma exceção dessa vez e simplesmente ficasse indiferente.

"Com o passar da manhã, conforme eu lia os jornais, ouvia o rádio, via a animação da minha namorada, comecei a me sentir dividido. Uma parte de mim pensava que talvez fosse melhor não assistir ao maldito jogo. Mas então pensei: 'Bem, todo mundo vai assistir. Minha namorada vai. Todos os meus amigos também. Até os camaradas que estavam na prisão comigo.' Eu não poderia perder isso."

Uma coisa que Bekebeke tinha bem clara na cabeça era que não deveria assistir ao jogo sozinho com Selina. "Minha preocupação era que, se fizéssemos isso, ficaríamos muito tensos e acabaríamos brigando", disse ele. "A sorte é que apareceu um convite para ver o jogo na casa de uns amigos. Eles tinham organizado um *braai* (churrasco) para a ocasião e pensei que, mesmo tendo que passar por isso, pelo menos a comida seria uma compensação." Haveria quatro casais, incluindo eles, no *braai*. Os outros três homens tinham estado na prisão com Bekebeke; um deles – Kenneth Khumalo, "principal acusado" do seu caso – tinha estado com ele no Corredor da Morte. Isso o animou, pois agora estava certo de que não seria o único a ter dúvidas sobre toda essa história de Springboks e confiante de que o entusiasmo de Selina seria uma exceção no grupo. Ela tinha ido antes dele para ajudar nos preparativos, então ele chegou sozinho, mais ou menos ao mesmo tempo que Mandela estava saindo para ir ao estádio.

"Nunca fiquei tão espantado em toda a minha vida", disse Bekebeke. "As portas se abriram. Entrei na casa e o que vi? Todos os sete usando camisas verdes do Springboks!"

## CAPÍTULO 17
# "NELSON! NELSON!"

*24 de junho de 1995 – de tarde*

Nos 60 minutos entre as 14 horas, quando Mandela chegou ao Ellis Park, e as 15 horas, quando o jogo começou, tudo aconteceu. Primeiro houve uma canção, depois um Boeing sobrevoou o estádio e, por fim, ouviu-se um clamor que balançou o mundo.

A canção se chamava "Shosholoza". Mandela a conhecia muito bem, assim como praticamente todos os sul-africanos negros. Originalmente cantada por trabalhadores que migravam das áreas rurais do Sul da África para atuar nas minas de ouro nos arredores de Johanesburgo, era uma melodia cadenciada e cheia de energia que tentava imitar o ritmo de um trem a vapor. A palavra *shosholoza* às vezes era traduzida por "abra caminho", às vezes por "siga em frente" e às vezes por "viaje rápido". O que quer que significasse, a canção era dinâmica – muito popular em jogos de futebol entre os torcedores do esporte, quase todos negros. Mandela costumava cantá-la com Walter Sisulu e outros prisioneiros enquanto trabalhavam na pedreira na ilha Robben. Mas agora, em mais um sinal do ritmo acelerado das mudanças na África do Sul, a federação de rúgbi de Louis Luyt escolhera "Shosholoza" como a canção oficial da Copa do Mundo e os torcedores brancos a tinham adotado animadamente.

No entanto, eles precisavam de uma ajudinha tanto com a música quanto com a letra. Precisavam, tal como os jogadores do Springboks com "Nkosi Sikelele", de um professor de canto. Foi quando Dan Moyane entrou em cena. Moyane tinha nascido em Soweto em 1959 e crescera sem qualquer interesse por rúgbi, a não ser pelo "registro", como disse ele, "de que era um símbolo da dominação africâner". Depois das manifestações estudantis de 1976, a maioria de seus amigos ou foi para o exílio ou para a prisão. Perseguido pela polícia, fugiu do país, passando disfarçado pela fronteira com Moçambique, quando entrou para o CNA, em 1979. Lá trabalhou como jornalista para a rádio BBC e a Reuters, entre outras, tendo sobrevivido às batidas no cruzamento da fronteira que as forças especiais do general Constand Viljoen empreenderam no início dos anos 1980, e voltou para casa em 1991, um ano depois de o CNA sair da clandestinidade. Quase imediatamente conseguiu um emprego na Rádio 702 de Johanesburgo (na qual Eddie Von Maltitz mais tarde teria sua conversa ao telefone com Mandela), e logo estava dividindo a apresentação de um programa das 18h às 21h com um ex-jogador de rúgbi irlandês chamado John Robbie, que tinha jogado pelo British Lions contra o Springboks em 1980. A dupla ficou muito popular e a mistura de brincadeiras leves e discussão política séria foi uma das contribuições mais palpáveis que surgiram da sociedade civil para as mudanças políticas na África do Sul. Com jeito, estimulavam seus ouvintes – principalmente os brancos – a assumirem uma atitude mais generosa para com a nova realidade do país.

A Copa do Mundo de Rúgbi lhes deu muito o que falar. Para Robbie, era um sonho se tornando realidade, uma oportunidade de unir suas duas paixões, o rúgbi e a reconciliação racial na África do Sul. Moyane não estava tão convencido no início. Livrar-se das associações que o Springboks suscitava em sua mente não era mais fácil para ele do que era para qualquer outro negro. Ele e Robbie discutiriam no ar sobre rúgbi. Até o jogo inaugural contra a Austrália.

"Quando soube que Nelson Mandela estaria lá, custei a acreditar", disse Moyane. "Mas ligamos a TV em casa e lá estava ele; então minha mulher disse: 'Bem, se Mandela está lá apoiando o Springboks, acho que nós também devemos torcer por ele. Vamos ter que assistir a esse jogo de rúgbi!' Era um pensamento surpreendente, mas foi o que aconteceu, e acredito que a mesma conversa, ou variações dela, foi travada em todos os lares negros de norte a sul do país."

Durante o mês seguinte, grande parte do programa de rádio consistiu de Moyane desempenhando o papel de um iniciante fazendo perguntas a Robbie, um homem do rúgbi famoso em todo o mundo. Um dia, tocaram "Shosholoza" no ar, uma versão que tinha sido gravada recentemente por um grupo internacionalmente conhecido, composto apenas por homens sul-africanos, o Ladysmith Black Mambazo. A execução foi linda, mas, quando Robbie perguntou a Moyane a sua opinião, este respondeu que, para ele, o espírito da canção tinha que ser mais puro. "Era uma canção de encorajamento, de esperança, cantada por homens longe de suas famílias, que estavam trabalhando duro agora, mas que logo pegariam o trem." Moyane disse a Robbie que achava que aquela não era uma canção projetada para arranjos de coral muito rebuscados. "Achava que era uma canção para ser cantada com satisfação, com paixão mundana ilimitada, com o coração e as entranhas." Então Robbie disse: "Tudo bem, então por que você não a canta, Dan? Mostre-nos como se faz." E Dan Moyane cantou. Cantou alto e forte. "Foi a primeira vez que cantei assim, no ar, e em poucos segundos as linhas telefônicas do estúdio ficaram congestionadas. Tanto negros quanto brancos telefonaram para dizer que tinham adorado."

Logo produtores musicais locais também estavam telefonando para Moyane. Dez dias depois, ele tinha gravado e produzido sua própria versão de "Shosholoza" com um coral de Soweto. "De repente, estava dando autógrafos. A canção foi um sucesso." Tudo isso foi surpreendente, mas nada comparado com o que viria a seguir.

Uma semana antes da final, depois que a África do Sul venceu a França, os organizadores da Copa do Mundo o convidaram a cantar no Ellis Park uma hora antes do jogo contra o All Blacks.

À primeira vista, Dan Moyane não parecia a escolha mais natural para uma ocasião de tamanha excitação popular. De estatura mediana e em boa forma, tinha traços suaves e arredondados e modos tão educados que não combinavam com o clima predominante nem com a aparência do torcedor de rúgbi branco sul-africano médio. No entanto, agiu como se tivesse nascido para isso.

Às 14 horas, entrou no campo. A versão de "Shosholoza" cantada por Moyane tocava nos alto-falantes enquanto os torcedores chegavam ao estádio. Agora todos cantariam juntos. Moyane pegou o microfone e perguntou: "Vocês estão me ouvindo?"

Sessenta e dois mil torcedores responderam alto: "SIM!"

"O.k., para ter certeza de que todos estão ouvindo, podemos ficar em silêncio agora?" De repente, todo o Ellis Park emudeceu. Então as palavras zulus da canção apareceram em dois telões, um de cada lado do estádio.

Rompendo o silêncio, Moyane declarou: "Vamos cantar a canção para enxotar o All Blacks para fora do estádio!" Então surgiu uma grande agitação. Primeiro, ele leu as palavras em voz alta com a multidão e depois todos começaram a cantar.

Ele fez a massa de herdeiros de Piet Retief se render duas vezes à canção zulu, cantando-a a plenos pulmões. "Todos os tipos de emoções e pensamentos passaram por minha cabeça", disse Moyane. "Relembrei imagens de 1976, de amigos sendo presos, conhecidos meus que estas mesmas pessoas – ou pessoas próximas delas, em alguma medida – tinham torturado e matado. Mas então também pensei: 'Que gesto por parte dessa gente!' Eles estavam nos recompensando por termos permitido que mantivessem a camisa verde. Esta era uma canção negra das ruas, um hino do futebol, uma música dos trabalhadores migrantes, dos prisioneiros. Era um grande exemplo de superação de limites, de corações se transformando."

• • •

E de pessoas se aquecendo para um grande jogo. O que veio em seguida aumentou ainda mais o nível de decibéis. O responsável pelo segundo ato do espetáculo que antecedeu o jogo foi um piloto da South African Airways chamado Laurie Kay.

Nascido em Johanesburgo em 1945, Kay cresceu totalmente protegido do mundo em que Dan Moyane vivia. Era um desses brancos de língua inglesa que, por estranhas circunstâncias familiares que afetaram dois milhões de pessoas como ele, acabaram indo viver na faixa mais ao sul da África. Obcecado por aviação desde a infância, entrou não para a Força Aérea Sul-Africana, mas para a Força Aérea Real Britânica, não por qualquer convicção política, mas por uma questão de praticidade. Acabou sendo mais fácil para ele entrar para essa instituição. "Não tenho orgulho de dizer isso agora", disse ele, "mas a verdade é que eu era um branco absolutamente apolítico que votava no Partido Nacionalista."

As primeiras sementes de consciência política brotaram dentro de Kay logo depois da libertação de Mandela. Ambos estavam num voo da South African Airways do Rio de Janeiro para a Cidade do Cabo. Era um Boeing 747 e Kay era o capitão. "Foi meu primeiro e último encontro cara a cara com Nelson Mandela. Recebi uma mensagem de que ele queria me ver. Então saí da cabine de comando e o encontrei com sua mulher, Winnie. Eles estavam nos assentos 1D e 1F – nunca vou me esquecer disso", disse Kay. "Assim que me viu, ele se levantou. Eu disse: 'Não se incomode, por favor', mas ele insistiu. Ficou de pé e me cumprimentou com um aperto de mão. Isso jamais tinha acontecido comigo antes com nenhum passageiro, e nunca mais aconteceu. Para mim, a cortesia e o respeito daquele gesto foram transformadores." Mandela havia desconcertado Kobie Coetsee e Niël Barnard à primeira vista, assim como fizera com o general Viljoen. Mas esses homens tiveram um precondicionamento político e, por isso, faziam alguma ideia do que esperar. Com o capitão Kay, ele estava diante de uma página em branco. Mais uma vez, o efeito foi automático. "Ele se levantou e já tinha me colocado no bolso. Reconheci que ele era um tipo diferente de homem. Até então era apenas mais um rosto e um nome negro que poderiam ser uma ameaça ao meu estilo de vida. Eu sempre estive exposto à mentalidade africâner e, apesar de pensar muito pouco em política, isso tinha me moldado."

Muitas vezes Mandela usava seu charme só por usar. Também com bastante frequência tentava conseguir alguma coisa em troca. Às vezes era puramente pessoal; outras, era político. Nessa ocasião, Mandela tinha um favor específico a pedir. "Explicou que o resto da sua delegação estava na classe econômica e queria ver se eles poderiam ter um *upgrade*." Kay não hesitou. "Imediatamente ordenei que eles fossem transferidos para a primeira classe."

Mandela obviamente o manipulara. Mas o fato de Kay ter percebido isso não diminuiu em nada sua admiração, em parte porque, como ele disse: "Vocês deviam ver os tipos frios, arrogantes e prepotentes que aparecem na primeira classe! Porém foi mais que isso. A partir desse dia, mudei para sempre. Ele é um mágico, sem dúvida."

Os caminhos de Kay e Mandela voltaram a se cruzar – ou quase – no dia da final da Copa do Mundo de Rúgbi. Poucas semanas antes, a South African Airways tinha começado a conversar com a federação de rúgbi para ver se havia um jeito de usar o evento para tirar alguma vantagem de marketing. De início, as discussões giraram em torno da ideia de fazer um pequeno avião controlado por rádio com as cores da SAA sobrevoar o estádio. Mas, conforme as conversas progrediram, os planos foram ficando mais ambiciosos, até que Kay recebeu um telefonema de um executivo da SAA perguntando-lhe se ele concordaria em pilotar um jumbo 747 na tarde da final com as palavras "Avante, Bokke" (o plural em africâner) pintadas na parte de baixo do avião. Kay não pensou duas vezes. Se Mandela se preparou a vida toda para esse momento, ele também. Ele não só era o piloto de 747 mais experiente da companhia como também tinha trabalhado 30 anos como piloto acrobático. Fazia espetáculos de acrobacias aéreas e até tinha participado de um filme estrelado por Jackie Chan.

A diferença dessa vez era que ele não estaria expondo apenas a si mesmo a um grande perigo. Também não eram só as 62 mil pessoas dentro do estádio, mas inúmeras outras do lado de fora, pois o Ellis Park ficava no perímetro urbano de Johanesburgo. Em volta dele havia prédios residenciais e comerciais.

Laurie Kay passou a semana anterior à final se preparando diligentemente para o que seria o voo mais ousado da história. Ele, o pessoal da aviação civil e as autoridades municipais, agora sob o comando do novo *premier* local, o carismático ex-prisioneiro da ilha Robben Tokyo Sexwale, se reuniram várias vezes. "Instalamos um centro de controle de tráfego aéreo militar no alto do Ellis Park e declaramos uma área de cinco milhas náuticas de céu em torno do estádio 'estéril' no dia da partida, o que significa que não seria zona de voo", disse Kay. Ele e seus colegas da South African Airways também tiveram que se reunir com a SABC, que transmitiria o evento ao vivo para o mundo todo, para se certificar de que o voo acontecesse exatamente no momento de maior cobertura da televisão. "Eles disseram que queriam que eu passasse voando exatamente às 14 horas, 32 minutos e 45 segundos. Era possível fazer isso. Mas depois disseram que eu teria que passar de novo 90 segundos depois. Isso me assustou porque eu não sabia se poderia manobrar um avião daquele tamanho tão rápido. Mas treinei no simulador e descobri que, sim, eu poderia."

Só que o simulador não dispunha de um programa que pudesse prepará-lo para a manobra específica que tinha em mente. Ele precisaria sair e fazer um treino à moda antiga. "Passei muito tempo no alto do Ellis Park e nas montanhas em volta dele para entender o que os torcedores veriam e escolher a melhor abordagem. O Ellis Park fica numa depressão e a aproximação é difícil. Percebi que seria necessária uma manobra radical."

Havia algo de Velho Oeste na África do Sul naquela época. Com tantas mudanças radicais acontecendo, o lugar parecia instigante e cheio de possibilidades. Foi nesse espírito que Laurie Kay encarou o desafio profissional mais perigoso de sua vida.

"A Agência de Aviação Civil, CAA (Civil Aviation Authority), tem normas para voos sobre áreas construídas e manifestações públicas. Acho que a altitude mínima é 609 metros. Bem, obviamente esses regulamentos tinham sido temporariamente suspensos. Cabia a mim decidir a que altitude voaria." Kay, seu copiloto e o engenheiro de voo decolaram e seguiram, como a tripulação de um bombardeiro da Segunda Guerra Mundial, para seu alvo.

"Éramos três homens na cabine de comando, mas, quando nos preparamos para a aproximação final, eu disse: 'Tudo bem, pessoal. A partir de agora assumo toda a responsabilidade.' Não valeria a pena, numa ocasião como aquela, voar tão alto que eles mal pudessem nos ouvir. Então desci num ângulo baixo para garantir que as palavras na parte inferior do avião pudessem ser lidas pela plateia, voando à menor velocidade possível para que a aeronave ainda se sustentasse no ar: 140 nós. Voei devagar, de forma que pudéssemos gerar máxima potência para subir no momento em que estivéssemos sobre o estádio. Então, quando chegamos lá – nosso tempo sobre o alvo era algo entre dois e três segundos – aumentamos a rotação dos motores, fazendo com que emitissem o máximo de barulho e transmitissem o máximo de energia para o estádio."

Kay voou tão baixo que teria sido preso se a CAA não tivesse concordado em suspender as normas. Voou a apenas 60 metros acima dos assentos mais altos do estádio – a mesma distância do comprimento entre as extremidades das asas do avião. "E voltamos para a segunda passagem tranquilamente dentro do tempo, em oitenta segundos", disse Kay, acrescentando modestamente: "Tínhamos as condições a nosso favor. A visibilidade estava ótima. Não havia vento. Mas, acima de tudo, queria que mandássemos para o estádio a mensagem de que éramos fortes e venceríamos. E, sim, transmitimos toda a energia que podíamos para o estádio."

A primeira reação da multidão, cuja maioria não percebeu a aproximação do jumbo, foi de terror absoluto. Foi como se uma enorme bomba tivesse sido lançada no estádio. O impacto dos quatro motores barulhentos do 747 deixou todo mundo no estádio surdo, fazendo suas paredes vibrarem. No momento do voo, Louis Luyt estava no camarote presidencial, com Mandela a seu lado.

"Dei um salto!", exclamou Luyt. "E Mandela também!" Assim como todo mundo no estádio. "Filho da mãe!", sorriu Luyt, referindo-se ao capitão Kay. "Ele não nos contou que voaria tão baixo. A 60 metros! Fiquei apavorado! Ele poderia facilmente ter tocado o alto do estádio."

Surpresa e choque deram lugar a uma exultação ensurdecedora. A energia que o capitão Kay jogara sobre o estádio eletrizou cada um dos presentes e fez a multidão continuar barulhenta até o final do jogo. Mas isso foi nada comparado ao impacto do terceiro ato do espetáculo antes da partida.

• • •

Cinco minutos antes do pontapé inicial, Nelson Mandela entrou no campo para cumprimentar os jogadores. Estava usando o boné e a camisa verde do Springboks, abotoada até o alto. Quando a multidão o viu ficou paralisada. "Era como se eles não acreditassem no que estavam vendo", disse Luyt. Então começou um coro, baixo no início, mas aumentando rapidamente em volume e intensidade.

Morné du Plessis o ouviu ao sair do vestiário e subir pelo túnel dos jogadores até chegar ao campo. "Caminhei em direção à luz brilhante do sol de inverno e, de início, não entendi o que estava acontecendo, o que as pessoas estavam cantando, por que havia tanta excitação antes mesmo que os jogadores entrassem em campo. Então entendi as palavras. Aquela multidão de brancos, de africâneres, como um só homem, uma só nação, gritava: 'Nel-son! Nel-son! Nel-son!'" Os olhos do grande jogador de rúgbi se encheram de lágrimas ao tentar achar as palavras certas para descrever o momento. "Acho que nunca", continuou ele, "nunca vou viver outro momento como aquele. Foi mágico, maravilhoso. Foi o momento em que percebi que realmente havia uma chance de este país funcionar. Esse homem estava mostrando que podia perdoar completamente, e agora eles – a África do Sul branca, a África do Sul branca do rúgbi – mostravam, com essa reação à sua presença, que também queriam retribuir, e foi assim que se expressaram, entoando 'Nelson! Nelson!'. Foi incrível. Foi uma coisa de conto de fadas! Era *sir* Galahad: 'Minha força é a força de 10 homens porque meu coração é puro.'"

"Depois olhei para Mandela em sua camisa verde, acenando com o boné no ar, ostentando aquele seu sorriso largo e especial. Ele estava tão feliz! Era a imagem da felicidade. Ele ria e ria e eu pensava: 'Se pelo menos o fizemos feliz por este único momento, já valeu.'"

Rory Steyn, um dos guarda-costas presidenciais, também estava sentado na primeira fila. Tinha recebido a missão de ser o chefe de segurança do All Blacks, o que significava que estava no campo com eles, do lado do banco de reservas. "Mandela, nesse ato único de generosidade, transformou a África do Sul numa nova nação", disse Steyn, um ex-policial de segurança cuja tarefa, durante anos, tinha sido perseguir o CNA e seus aliados. "A mensagem da população negra foi recebida com gratidão e alívio. 'Compartilhamos sua exaltação', eles estavam dizendo; 'perdoamos vocês pelo passado'."

Com o perdão veio a reparação. Também era isso que os gritos de "Nelson! Nelson!" significavam. Ao prestar uma homenagem ao homem cuja sentença de prisão tinha sido uma metáfora para a servidão da África do Sul negra, eles estavam reconhecendo seu pecado, livrando-se de sua culpa.

Linga Moonsamy, de pé um passo atrás de Mandela no gramado, absorvendo tudo, experimentou um excesso de sensações. Por um lado, estava saboreando o sonho ao qual tinha dedicado sua vida como jovem ativista do CNA; por outro, tinha uma missão fria a cumprir. "Lá estava eu, quase colado às costas dele. Havia todo aquele barulho e os gritos de 'Nelson! Nelson!' e, apesar de eu estar tão emocionado, mais que nunca em toda a minha vida, também tinha uma missão a cumprir, estava totalmente alerta, observando a multidão. E então, no canto direito do gramado, vi algumas antigas bandeiras sul-africanas sendo agitadas e isso causou uma reação totalmente negativa em mim. A visão fez com que um arrepio corresse pela minha espinha. Era um alerta de segurança repentino e alarmante. Sabia que teríamos que ficar de olho naquele setor da multidão e fiz questão de dizer isso ao resto da equipe. Mas fiquei dividido, porque estava absolutamente extasiado pela compreensão do que tudo aquilo significava politicamente."

O simbolismo em jogo confundia a mente. Durante décadas, Mandela representou tudo o que os sul-africanos brancos mais temiam. E, por ainda mais tempo, a camisa do Springboks tinha sido o símbolo de tudo o que os sul-africanos negros mais odiavam. Agora, de repente, diante dos olhos de toda a África do Sul e de grande parte do mundo, os dois símbolos negativos tinham se juntado para criar um novo, que era positivo, construtivo e bom. Mandela tinha empreendido a transformação, tornando-se a personificação não do ódio e do medo, mas da generosidade e do amor.

Louis Luyt não teria sabido como agir dois anos antes, mas agora ele também entendia. "Mandela sabia que aquela era a oportunidade política de sua vida e, por Deus, ele a agarrou!", disse Luyt. "Quando aquela multidão explodiu de excitação, podia-se ver que, naquele dia, ele era o presidente da África do Sul por unanimidade. Sim, a posse presidencial um ano antes tinha sido muito importante, mas foi a conclusão de uma eleição em que alguns venceram e outros perderam. Ali, no estádio, estávamos todos do mesmo lado. Nenhum voto contra. Ele foi nosso rei naquele dia."

Era essa a questão. Mandela tinha avaliado com exatidão a força de seu gesto quando disse que usar a camisa "teria um incrível impacto sobre os brancos". Ele se tornou o rei de todos com essa atitude. Já tivera uma coroação, no estádio de futebol em Soweto, no dia seguinte à sua libertação. Naquele dia, fora coroado rei da África do Sul negra. Cinco anos depois, sua segunda coroação acontecia no lugar mais sagrado do reino dos africâneres, o estádio nacional de rúgbi.

Van Zyl Slabbert, o jovem que inspirava Morné du Plessis e chefe de Braam Viljoen na instituição de pesquisa de Pretória, estava no estádio. "Você não tem ideia do que significou para mim ver todos aqueles bôeres clássicos à minha volta, com suas grandes barrigas, suas bermudas e meiões, verdadeiros homens do AWB, bebendo conhaque e coca-cola, aqueles branquelos do Transvaal do Norte cantando 'Shosholoza' liderados por um jovem negro e saudando Mandela", disse Slabbert, estupefato ao relembrar a cena. "Esperava-se que, quando ele se tornasse presidente, dissesse: 'Vou pegar vocês...' Mas não, ele contradisse todos os estereótipos de vingança e retribuição."

O arcebispo Tutu, que, quando garoto, ia assistir aos jogos no Ellis Park levando sanduíches feitos pela mãe, teve que conviver com a cruel ironia de não ter podido ir a esse jogo por causa de um compromisso previamente assumido nos Estados Unidos. Mas não teria perdido a partida por nada. Ele a assistiu, logo cedo, num bar em São Francisco.

"Nelson Mandela tem a destreza de fazer a coisa certa com segurança", disse Tutu. "Se algum outro líder político, chefe de Estado, tivesse tentado fazer algo assim, teria quebrado a cara. Mas era simplesmente a coisa certa. Não é algo que se possa arquitetar. Acho que esse foi um momento decisivo na vida de nosso país."

Ninguém captou tão bem a mudança de maré que Mandela empreendeu quanto Tokyo Sexwale, que passara 13 anos na ilha Robben, acusado de terrorismo e conspiração contra o governo; que, fora da prisão, tinha se tornado o amigo mais próximo de Chris Hani; que, na qualidade de *premier* da Província de Gauteng (antigo Transvaal), tinha se tornado uma das seis figuras mais importantes no CNA.

"Foi nesse momento que entendi mais claramente do que nunca

que a luta pela libertação de nosso povo não se tratava tanto de acabar com a servidão dos negros", disse Sexwale, lembrando da principal lição que aprendera com Mandela na prisão. "O mais importante era libertar os brancos do medo. E assim foi: 'Nelson! Nelson!' O medo foi se desmanchando."

E quanto ao último "São Tomé"? E quanto a Justice Bekebeke, o único da turma dos oito no churrasco em Paballelo que não estava usando uma camisa do Springboks? Também foi um momento decisivo em sua vida. Ele finalmente se rendeu, indefeso diante do novo sentimento sul-africano que Mandela tinha desencadeado.

"Uma hora antes do jogo, eu ainda estava dividido e confuso", disse ele. "Mas aí ligamos a televisão e vimos o pessoal cantando 'Shosholoza', depois aquele impressionante voo e depois o velho, meu presidente, usando a camisa do Springboks. Bem, fui vencido! Ainda não tinha conseguido me livrar completamente do antigo ressentimento e do ódio, mas algo estava acontecendo comigo e percebi que eu estava mudando, ficando mais suave, até que desisti, me rendi. Então disse para mim mesmo: 'Bem, esta é a nova realidade. Não há como voltar atrás: o time sul-africano agora é meu time, não importa quem sejam, não importa a sua cor.'"

"Foi um divisor de águas para mim. Para toda a minha relação com meu país, com os sul-africanos brancos. Daquele dia em diante, tudo mudou. Tudo foi redefinido."

CAPÍTULO 18

# SANGUE NA GARGANTA

"Não consegui cantar o hino", admitiu François Pienaar. "Não ousei." Ele queria estar à altura da ocasião, dar o exemplo, não desapontar Mandela. Repassara a cena várias vezes em sua cabeça. Mas, quando chegou a hora, quando os dois times se alinharam de cada lado do campo antes do jogo e a banda tocou as primeiras notas de "Nkosi Sikelele", ele não conseguiu abrir a boca.

"Porque eu sabia que, se fizesse isso, ia desmoronar ali mesmo. Estava tão comovido", disse o capitão do Springboks, "que tinha vontade de chorar. Sean Fitzpatrick (o capitão do All Blacks) depois me contou que olhou para cima e viu uma lágrima rolar no meu rosto. Mas isso foi nada comparado ao que eu estava sentindo. Foi um momento de muito orgulho na minha vida, eu estava lá de pé e o estádio inteiro reverberava. Foi demais. Tentei localizar minha noiva, me concentrar nela, mas não consegui encontrá-la. Então só fiquei mordendo o lábio. Mordi tão forte que senti o sangue descer pela garganta."

O que deixou Pienaar tão emocionado foi a visita de Mandela ao vestiário do Springboks 10 minutos antes. Entre o voo do Boeing e sua entrada em campo com a camisa verde, Mandela tinha pedido a Louis Luyt para levá-lo até o subsolo do estádio para dizer algumas palavras aos jogadores.

Pienaar relembrou a cena: "Eu tinha acabado de me trocar e estávamos todos lá, num estado de tensão que nunca tínhamos sentido. Tanta coisa passava pela minha cabeça, sabendo que aquele era o momento mais grandioso da minha vida – uma oportunidade para conseguir tudo o que sempre quis. Eu pensava em tudo isso, mas ao mesmo tempo estava muito atento a todos os detalhes do jogo. Então, de repente, lá estava ele. Não sabia que ele iria, menos ainda que estaria usando a camisa do Springboks. Ele desejou boa sorte a todos os jogadores, então ficou de costas para mim e atrás de sua camisa havia o número 6, o meu número..."

"Sabe, são os torcedores apaixonados que usam a camisa do time. Eu o vi entrar no vestiário, nesse grande momento, vestido como um torcedor inveterado, e depois vi que era a minha camisa que ele estava usando. Não tenho palavras para descrever a emoção que senti."

Como tinha feito um ano antes em Silvermine, Mandela pegou o Springboks de surpresa. Como Morné du Plessis lembrou, antes de ele entrar, o vestiário estava no mais absoluto silêncio. "De repente os jogadores o viram e todo mundo estava dando risada, sorrindo, aplaudindo. A tensão simplesmente desapareceu." Dessa vez, o discurso de Mandela foi mais curto, mais íntimo e mais direto do que tinha sido na véspera do jogo contra a Austrália. "Vejam bem, rapazes", disse ele. "Vocês estão jogando contra o All Blacks. Eles são um dos times mais poderosos do mundo do rúgbi, mas vocês são ainda mais poderosos. Lembrem-se apenas de que toda essa multidão, tanto negros quanto brancos, está torcendo por vocês e eu estou torcendo por vocês."

Mandela deu uma volta pelo vestiário, cumprimentando todo mundo e trocando algumas palavras com cada jogador. Quando ele estava saindo, François Pienaar falou alto: "Senhor, gostei de sua camisa."

Mandela sabia que sua visita poderia ter feito a pressão sobre os jogadores ultrapassar um nível já perigoso. No entanto, disse ele mais tarde, suas observações "foram calculadas para estimulá-los".

Seus cálculos foram exatos. Stransky, que, como médio de abertura, certamente sofreria o maior estresse naquele dia, confirmou que "ele deixou todos de bom humor. Foi tão inspirador. Eu achava que era impossível nos deixar mais de 'alto-astral' antes do jogo, mas Mandela conseguiu. Ele nos colocou ainda mais 'para cima'."

Louis Luyt, que tinha acompanhado Mandela ao vestiário, concordou. "Ele os estimulou ao dizer que o país inteiro estava torcendo por eles. Foi um discurso curto, mas, meu Deus, fez com que aqueles rapazes jogassem como loucos!"

• • •

Três minutos depois, enquanto o coro de "Nelson! Nelson!" ainda tomava o estádio, foi a vez de os jogadores entrarem em cena. Agora seria com eles. A responsabilidade pelo bem-estar do país passou para as mãos dos jogadores. Nada mais importaria na próxima hora e meia. Se a África do Sul perdesse, ainda restaria alguma coisa. Já era uma honra ter levado o time até a final. A nação tinha se unido como nunca antes. "Um time, um país" tinha deixado de ser apenas um slogan de marketing. Mas, ainda assim, tudo terminaria num anticlímax vacilante, uma lembrança agridoce que seria melhor esquecer. O grande momento "Nelson! Nelson!" perduraria, mas sem as alegres associações com a Nona Sinfonia de Beethoven que a vitória evocaria.

Para encerrar o dia com chave de ouro, torná-lo eterno, o Springboks tinha que vencer, mesmo contra as probabilidades. O que significava que teriam que deter Jonah Lomu. Eles o tinham visto pessoalmente pela primeira vez ao saírem do vestiário para o túnel dos jogadores, quando as duas equipes se preparavam para entrar em campo lado a lado. O All Blacks era um time formidável, cheio de nomes famosos do rúgbi. Mas todos os olhos estavam voltados para Lomu, assim como a maioria dos pensamentos dos jogadores do Springboks desde que tinham visto o gigante reduzir o orgulho da Inglaterra a uma ralé de rapazotes despreparados, uma semana antes.

"Ele era *tão* grande", disse Stransky. "Era impossível não admirá-lo. Não pude tirar os olhos de cima dele no túnel. Ele parecia uma montanha. Uma montanha que teríamos que escalar!"

Uma montanha que, para ser mais específico, James Small teria que escalar. "Lembro-me de ter visto Jonah e pensado: 'Ferrou!'", disse Small, com sua concisão característica. O time todo estava ciente da responsabilidade do "inglês", designado para marcar Lomu. Eles notaram que Small estivera mais silencioso do que nunca no ônibus a caminho do estádio. "Era só nisso que eu pensava. Sabia que, se ele avançasse dois ou três metros, não haveria como detê-lo. Mas os outros jogadores realmente estavam me apoiando, fazendo questão de mostrar sua boa vontade em me ajudar sempre que Jonah pegava a bola." Chester Williams, cujas diferenças com Small foram superadas pela solidariedade do momento, deu o primeiro passo para deixá-lo mais tranquilo: "Tudo o que você tem que fazer é segurá-lo e nós chegaremos junto. Não se preocupe. Estaremos lá para apoiar você."

Durante a semana anterior, a imprensa sul-africana tinha testemunhado o surgimento de um novo tipo de especialista em rúgbi, o lomulólogo. Todos tinham suas próprias teorias sobre como detê-lo. Uma delas era a abordagem direta proposta por Chester Williams. Se Small conseguisse segurá-lo por um segundo, se impedisse o seu avanço, o resto do time se amontoaria em cima dele. Outros sugeriram que Lomu não era tão forte psicológica quanto fisicamente. Talvez ele tivesse algo de Sonny Liston, o temível campeão peso-pesado a quem Muhammad Ali tinha derrotado não batendo em seu corpo, mas pregando peças em sua mente, abalando sua frágil autoestima. Dois dias antes do jogo, a imprensa sul-africana tinha citado várias vezes as palavras de um ex-capitão de rúgbi australiano, que disse que o segredo para neutralizar a ameaça de Lomu era "tentar acabar com sua confiança logo no início do jogo". A ideia era que Lomu se tornaria invencível se acreditasse que era invencível. Se ele deixasse de acreditar nisso, desmoronaria. O australiano disse que seria útil, por exemplo, Stransky chutar algumas bolas altas e difíceis na direção dele, fazendo com que ele se atrapalhasse, ou, melhor ainda, jogá-lo no chão uma ou duas vezes nos primeiros 10 minutos. Logo após o pontapé inicial, o objetivo do Springboks deveria ser "confundir o cara", "abalar sua confiança".

Há evidências de que o próprio Mandela tentou abalar a confiança de Lomu. Como Linga Moonsamy revelou mais tarde, antes de entrar no vestiário do Springboks, Mandela visitou o do All Blacks. "Jonah Lomu visto de perto era enorme", lembrou Moonsamy. "Mas dava para ver imediatamente que ele era tímido. Meio assustado com Mandela. Os jogadores da Nova Zelândia estavam todos sem camisa e, quando Mandela parou perto de Lomu, o ouvi dizer 'Uau!'." Ele cumprimentou todos os jogadores com um aperto de mão e desejou-lhes boa sorte. Mandela nunca fora menos sincero e todos eles sabiam disso. "Houve um detalhe que os neozelandeses não tinham como não registrar", disse Moonsamy, exultante. "Ele estava usando a camisa do Springboks! Depois fiquei pensando se ir visitá-los não foi uma forma de enviar-lhes uma mensagem deliberadamente ambígua."

Quinze minutos depois, Mandela estava no campo, caminhando pela fila de jogadores da Nova Zelândia, cumprimentando-os. Quando parou diante de Lomu, cumprimentou-o como se fosse um amigo que não via há muito tempo, mesmo tendo acabado de encontrá-lo. "Ah, oi, Jonah! Como você está?" Mandela estava radiante. Segundo um jornalista de televisão que estava por perto: "Lomu parecia que ia sujar as calças!"

O último ato de ostentação antes do começo do jogo foi o tradicional Haka do All Blacks. O time realizava esse ritual antes do início de jogos internacionais havia mais de 100 anos. Era uma dança de guerra maori criada para instilar medo nas fileiras inimigas. Os 15 jogadores se posicionavam no meio do campo em formação ampla, todos com as pernas bem abertas, meio acocorados. A um grito do capitão, a dança começava. Em meio a muitos rosnados, línguas esticadas, pés batendo no chão, tapas nas coxas, peitos estufados e gesticulação ameaçadora em geral, os jogadores entoavam um canto que soava muito mais alarmante quando cantado no original maori do que quando traduzido. O vibrante final era assim:

*T nei te tangata p huruhuru*
*N na nei i tiki mai whakawhiti te r*
*upane, ka upane*
*upane, ka upane*
*Whiti te r , h!*

Foi este homem peludo que está aqui
Que trouxe o sol e fez com que ele brilhasse
Um passo à frente, mais um passo à frente
Um passo à frente, mais um passo à frente!
O sol brilha!

Felizmente para todos os jogadores do All Blacks, seus adversários não tinham acesso à tradução. O que os adversários tendiam a fazer era tentar olhar fixamente para eles, ou sorrir demonstrando desprezo ou fingir indiferença. Nada disso era totalmente convincente, pois o espetáculo era hipnoticamente ameaçador. No entanto, nessa ocasião, houve uma quebra leve mas significativa do protocolo. No meio do ritual, que durava cerca de um minuto e 20 segundos, Jonah Lomu rompeu o padrão da dança e começou a avançar devagar mas certeiro, com olhos fixos, na direção de James Small. Mas então aconteceu uma coisa, percebida apenas por algumas poucas pessoas no estádio ou que assistiam pela televisão, mas por todos os jogadores em campo. Kobus Wiese, em pé ao lado de Small, também quebrou o protocolo e deu dois ou três passos na direção de Lomu, passando diagonalmente na frente de Small. "Kobus saiu da formação em linha como que dizendo para Lomu: 'Para chegar a ele, terá que passar por mim primeiro'", foi como Pienaar recordou o episódio. Foram pequenos gestos de dois homens grandes, pueris no esquema mais amplo dos acontecimentos do dia, mas que tiveram seu impacto. Mesmo antes de o apito do árbitro anunciar o início da partida, o placar era 1 para o Springboks, 0 para Lomu.

Se o foco dos torcedores do Springboks estava em James Small, a maior pressão recaía sobre Stransky. Por causa da natureza de sua posição, os holofotes estariam mais sobre ele do que sobre qualquer outro jogador. François Pienaar e Kobus Wiese poderiam, até certo ponto, se esconder na confusão barulhenta do *scrum*. Se cometessem um erro, poucos fora do time ou da esfera de especialistas notariam. A má notícia era que, em contrapartida, raramente recebiam o merecido crédito. O que Stransky fazia ou não, por outro lado, era percebido por absolutamente todo mundo. Sua posição de médio de abertura era a mais visível do time. Ele também era o jogador responsável pelos chutes. E em geral era o fato de um chute passar por cima ou entre os postes – valendo dois pontos ou, mais frequentemente, três – que definia o resultado do jogo. Se o chute atingisse a meta, você era um herói. Se não, corria o risco de cair em eterna desonra ou, na melhor das hipóteses, autorrecriminação perpétua, como um jogador de futebol que perde um pênalti – tanta coisa de repente transformada em nada. A diferença entre a glória e o fracasso reside numa mudança sutil na direção do vento, nos movimentos quase microscópicos dos músculos, tendões e nervos no tornozelo, joelho, quadril e dedão do pé.

O rúgbi pode ser um jogo espetacular de se ver, mesmo para quem não está familiarizado com sua complexidade. Ele combina a tática, a força e a velocidade do futebol americano com o ritmo, a expansividade, o esforço coletivo e o talento individual do futebol. Para praticar o rúgbi em seu mais alto nível, é preciso combinar a força exigida pelo futebol americano com o condicionamento físico exigido pelo futebol. Quando bem jogado, com ritmo e habilidade, o espetáculo do rúgbi é ao mesmo tempo selvagemente gladiatório e agradável de se ver. Se a disputa é acirrada, melhor ainda, pois então arte e teatro se combinam.

A final da Copa do Mundo de Rúgbi de 1995 produziu mais teatro que arte. Foi uma partida pesada. Uma guerra de trincheiras nada bonita de se ver. Mas, em termos de efeito dramático, foi imbatível.

Toda a África do Sul estava ligada no jogo: uma gama de raças, religiões e tribos colada em seus aparelhos de TV. De Kobie Coetsee, que assistia ao jogo num bar lotado perto de sua casa na Cidade do Cabo, a Constand Viljoen, que o assistia com amigos, também na Cidade do Cabo, passando por Tutu, que o assistia com estranhos na Califórnia, por Niël Barnard, que o assistia em sua casa, em Pretória, com a mulher e os três filhos, por Justice Bekebeke, com seus velhos camaradas em Paballelo, pelo juiz Basson, o homem que os sentenciou à morte, que estava assistindo ao jogo em sua casa, em Kimberley – todos estavam, finalmente, no mesmo time. Assim como Eddie von Maltitz, que assistia com seus velhos companheiros de luta na fazenda, no Estado Livre de Orange. Ele agora estava tão comprometido com a causa do Springboks e de Nelson Mandela quanto estivera em outras épocas com o AWB de Eugene Terreblanche.

"Estávamos rezando naquele dia, cara", disse ele. "Estávamos tão tensos. Rezando, rezando. Se conseguíssemos vencer aquele time da Nova Zelândia, nós, como nação, poderíamos fazer muito mais. Estávamos muito unidos e agora havia uma chance de ficarmos ainda mais. Vencer era muito importante para a África do Sul."

Tão importante que as ruas ficaram desertas, como apenas o piloto Laurie Kay e os membros de sua tripulação puderam testemunhar. Ele aterrissou o avião antes do início do jogo, mas não havia equipe de solo para recebê-los no aeroporto. A menos que tomassem uma atitude extrema como acionar a rampa de emergência, não teriam como desembarcar. Por fim, o motorista deles chegou, achou uma escada e a aproximou do avião. "Não havia absolutamente ninguém nas ruas. Cheguei em casa em exatos 10 minutos." O que significa que ele deve ter andado mais rápido em terra que no ar, sobre o Ellis Park.

Mas o jogo em si teve menos energia. Não chegou a fluir, em

parte porque a África do Sul simplesmente não deixou que Jonah Lomu fizesse seu trabalho. James Small não precisou se preocupar; o time inteiro se encarregou de Lomu. Se a primeira vez que se atracaram com ele não o tivessem jogado no chão, a segunda, a terceira ou a quarta o teriam feito. Houve momentos no jogo em que Lomu parecia um búfalo sendo atacado por um bando de leões. Antes que o ataque em grupo tivesse sido concluído, houve jogadas individuais de grande valor. Na primeira vez em que Lomu recebeu a bola, um dos jogadores sul-africanos mais leves, o *half scrum* Joost van der Westhuizen, o derrubou com um *tackle* logo abaixo dos joelhos. ("*Aquilo* determinou o tom do jogo", disse Pienaar.) Um pouco mais tarde, quando parecia que Lomu tinha encontrado tempo e espaço para imprimir velocidade ao jogo, foi derrubado com precisão semelhante por Japie Mulder, o *back* emparelhado com Hennie le Roux. Quando o gigante estava se levantando, Mulder – um pigmeu perto dele – empurrou seu rosto contra o gramado do Ellis Park.

"Foi meio deselegante da parte de Japie fazer isso", disse Morné du Plessis, sem qualquer traço de desaprovação. "Mas era um recado que estava sendo dado a Lomu e a todos os jogadores do All Blacks. Ninguém vai passar por nós hoje."

E ninguém passou. O All Blacks estava farto de marcar *tries* durante o campeonato – mas não conseguiu marcar nenhum contra o Springboks. John Robbie, o ex-comentarista esportivo de rádio, resumiu muito bem: "O Springboks definiu o jogo, brigou por cada centímetro do campo e derrubou o adversário como nunca. Contra esse time, era a única maneira de terem uma chance de ganhar."

O problema foi que os sul-africanos também não marcaram nenhum *try*. A linha do All Blacks se manteve tão firme quanto a do Springboks. Foi realmente o equivalente esportivo à Primeira Guerra Mundial – nenhuma brecha, linhas obstinadamente mantidas, bolas rebatidas de um lado a outro. Foi um jogo decidido nos chutes. Apenas chutes de pênaltis e *dropkicks*, valendo três pontos cada, fizeram girar o placar.

Até o final do primeiro tempo, Joel Stransky tinha acertado três chutes no H, enquanto Andrew Mehrtens, o abertura do All Blacks, tinha acertado apenas dois. O placar, ao fim do primeiro tempo de 40 minutos, quando pararam para o intervalo obrigatório de 10 minutos, era de 9 a 6 para a África do Sul. Mas Mehrtens empatou no segundo tempo e o tempo regular acabou, num clima de insuportável tensão, em que tudo poderia acontecer a qualquer momento, com o empate em 9 a 9. Pela primeira vez numa Copa do Mundo de Rúgbi, o jogo teve que ir para a prorrogação, dois tempos de 10 minutos cada. Nenhum jogador em campo tinha passado por essa experiência. Estavam exaustos física e mentalmente. Mas os torcedores estavam sofrendo mais ainda, inclusive Mandela, mesmo que – junto com a maioria de novos adeptos negros do esporte em todo o país – não entendesse perfeitamente todas as minúcias do jogo. "Ele não sabia tanto sobre o jogo, apenas o suficiente para acompanhá-lo", lembrou o ríspido Louis Luyt, sentado ao lado dele. "Ele ficava me fazendo perguntas, como 'Por que esse pênalti foi marcado?' Mas, cara, ele estava nervoso! Muito nervoso! À flor da pele!"

Mandela não hesitou em confirmar as impressões de Luyt sobre como estava se sentindo. "Você não sabe o que passei naquele dia! Você não faz ideia!", disse ele, falando por todos os seus compatriotas. "Nunca tinha visto uma partida de rúgbi em que nenhum *try* fosse marcado. Apenas pênaltis ou *dropkicks*. Nunca tinha visto uma coisa assim. Mas, quando eles decidiram nos dar mais 10 minutos, quase desmaiei. Sinceramente, nunca tinha estado tão nervoso."

Morné du Plessis, ele próprio um veterano de uma centena de partidas de rúgbi, se sentiu a ponto de desmaiar ao se imaginar na pele dos jogadores. "Aquilo era muito mais que uma partida de rúgbi e eles sabiam disso – era como pegar um grupo de soldados que tivesse acabado de passar pelo trauma do campo de batalha e mandá-los de volta para a linha de frente."

Durante o intervalo, antes que o time voltasse a campo, Pienaar, o capitão de 28 anos, lembrou a seus companheiros o objetivo mais elevado que tinham. "Olhem em torno", falou para sua tropa exausta. "Estão vendo aquelas bandeiras? Joguem para esse povo. É uma oportunidade única. Temos que fazer isso pela África do Sul. Vamos ser campeões do mundo."

Porém sua eloquência não impediu que o All Blacks saísse na frente com um chute de Mehrtens logo no primeiro minuto após o reinício do jogo. A Nova Zelândia estava na frente com 12 a 9, mas, perto do 10º minuto, quando o primeiro tempo da prorrogação estava prestes a terminar, Stransky cobrou outro pênalti alto e direto entre os postes. O placar foi a 12 a 12. O árbitro apitou o intervalo e, cinco minutos depois, os jogadores exaustos voltaram à batalha para os 10 últimos minutos de jogo.

"Poucos dias antes da final, Kitch Christie (o treinador do time) tinha me dito: 'Não se esqueça dos *dropkicks*', lembrou Joel Stransky. "E aquilo me fez treinar *dropkicks* durante os dois dias antes do grande jogo. Foi sorte eu ter feito isso."

"Só me lembro de três dos cinco chutes que dei naquele dia. O último é um deles. A sete minutos do final do jogo, o placar ainda estava 12 a 12. Fizemos um *scrum* a 22 metros da linha deles. François ordenou uma jogada na última linha. Uma jogada que tínhamos praticado muitas vezes."

Isso significava que os *forwards* estavam tentando passar pelas densas linhas do All Blacks para fazer um *try*. "Mas Joel cancelou minha ordem", disse Pienaar. "Ele disse que queria a bola imediatamente." E foi isso que eles fizeram. Segundo Wiese: "Joel precisava de um *scrum* específico, tínhamos que virar para uma direção em particular, para ele fazer um *dropkick*. Estávamos muito cansados, mas tentamos e a jogada funcionou."

A bola surgiu do amontoado humano do *scrum* e Joost van der Westhuizen, na segunda linha da formação, a ligação entre os *forwards* e os *backs*, lançou a bola para Stransky. Ele tivera 30 segundos entre o momento em que pediu a jogada e a recepção da bola para ter a consciência aterrorizante de que aquele poderia ser o maior momento de sua vida, e da vida de muita gente. A pressão mental, a enorme responsabilidade, combinada com a dificuldade física de deixar a bola cair e pegá-la com o pé no instante em que tocasse o chão de forma a lançá-la bem alto e reto, percebendo com clareza que dois ou três homens muito fortes estavam vindo a toda velocidade na sua direção, com fome de sangue... Stransky tinha se apresentado como voluntário para uma das funções mais arriscadas de qualquer esporte.

"Recebi a bola com precisão e a chutei com muita suavidade", disse Stransky, relembrando o momento mais importante de sua vida. "Ela estava mantendo a linha. Estava girando, mas sem se desviar nem um pouco. Nem olhei para ver se ela passaria por cima. Eu sabia, desde o momento em que saiu da ponta da minha bota, que não ia errar. E fiquei absolutamente extasiado."

O mesmo sentiram todos os sul-africanos que estavam assistindo: Justice Bekebeke, Constand Viljoen, Arnold Stofile, Niël Barnard, Walter Sisulu, Kobie Coetsee, Tokyo Sexwale, Eddie von Maltitz, Nelson Mandela – todos eles. Mas ainda faltavam seis minutos para o apito final. E Lomu ainda estava lá. Assim como os outros 14 jogadores do All Blacks, segundo o jornal *Daily Telegraph* de Londres, o time de rúgbi "mais impressionantemente talentoso" já visto.

A ordem de Pienaar para seus homens era segurar o jogo e fazer o máximo possível para manter a bola do lado da Nova Zelândia, segurá-los no chão, não lhes deixar ver nem um raio de luz.

"Quando Joel Stransky deu aquele *dropkick*, um inglês ao meu lado disse: 'Tenho certeza de que é a jogada decisiva'", lembrou Mandela. "Mas não queria me permitir acreditar nisso. E a tensão, ah, a tensão! Vou lhe contar, foram os seis minutos mais longos da minha vida! Ficava olhando para o relógio o tempo todo e pensando: 'Quando é que esse apito final vai soar?'"

Os seis minutos se passaram, o Springboks segurou o jogo e o apito soou. François Pienaar pulou para fora do *scrum* e jogou as mãos para o alto. De repente, caiu ajoelhado e pôs o rosto nas mãos e todos os outros jogadores caíram ajoelhados em torno dele. Por um momento, rezaram, depois se levantaram, pularam e se abraçaram, que era o que todo mundo no estádio estava fazendo, inclusive Nelson Mandela, que normalmente não era dado a abraços.

"Ele estava em êxtase", disse Moonsamy. "Eu acompanhei Nelson Mandela por cinco anos, durante todo o seu mandato, e nunca o tinha visto mais feliz. Ele estava tão animado, elétrico. Quando o apito final soou, todo mundo no camarote pulou de alegria. Se as pessoas pensam que nós, guarda-costas, somos robôs, bem, deviam ter nos visto naquele momento. Nós também nos abraçamos e alguns choraram."

Mandela riu tão alto ao se lembrar do momento que até teve dificuldade de se expressar. "Quando o apito soou, Luyt", disse ele, "Louis Luyt e eu... de repente nos vimos... nos abraçando! Sim, nos abraçando!" Luyt confirmou a história: "Quando o juiz deu o apito final e os jogadores caíram de joelhos, nos abraçamos. E ele disse: 'Conseguimos, cara! Conseguimos!' Nos abraçamos tão apertado – talvez ele não tenha mencionado esta parte – que o levantei do chão!"

Nas arquibancadas, 62 mil torcedores extasiados voltaram a entoar: "Nel-son! Nel-son!" A emoção da vitória fez com que gritassem mais alto, de forma mais visceral que antes. Lá embaixo, no campo, mergulhado no êxtase da multidão, de seus companheiros e no seu próprio, Kobus Wiese estava absorvendo a grandiosidade do momento. "Estava bem consciente de que apenas uns poucos afortunados um dia terão essa sensação e farão parte de uma coisa assim. Chorei de alegria. Acho que todos choramos. Ficamos apenas absorvendo a emoção desses momentos após a vitória, sem falar. Só nos abraçamos e ninguém tinha nada a dizer. Percebemos naquele campo, comovidos como estávamos, que agora fazíamos parte da história."

"Era impossível dizer qualquer coisa que expressasse o que estávamos sentindo. Só ficamos pulando e pulando, rindo e rindo", disse Joel Stransky. "Fiquei rindo uma semana inteira. Não conseguia parar de sorrir."

CAPÍTULO 19

# AMAI VOSSOS INIMIGOS

"Quando o jogo acabou", Morné du Plessis disse, "me virei e comecei a correr na direção do túnel, e lá estava Edward Griffiths, que tinha inventado o slogan 'um time, uma nação', e ele me disse: 'As coisas nunca mais serão as mesmas.' Concordei imediatamente, porque sabia bem que o melhor tinha ficado para trás, que a vida jamais ofereceria algo melhor que aquilo. 'Hoje vimos tudo que havia para ser visto.'"

Mas Du Plessis estava errado. Houve mais. Houve Mandela descendo ao campo, usando a camisa e o boné do time, para entregar a taça para seu amigo François. E houve a multidão de novo – "Nelson! Nelson!" – arrebatada, quando Mandela apareceu na linha lateral, rindo de orelha a orelha, acenando para a multidão, ao se preparar para subir num pequeno pódio colocado no campo, onde entregaria o troféu da Copa do Mundo a François Pienaar.

Van Zyl Slabbert, o africâner liberal que, segundo ele mesmo, estava rodeado no estádio por homens barrigudos do AWB, ficou espantado com a nova paixão sul-africana de seus compatriotas renascidos. "Você precisava ter visto os rostos daqueles bôeres à minha volta. Lembro-me de olhar para um deles e ver lágrimas rolando em seu rosto, enquanto dizia, em africâner: 'Este é o meu presidente... Este é o meu presidente...'"

E aplaudiram com ainda mais lágrimas quando Pienaar lhes ofereceu o que seria o primeiro de dois memoráveis momentos de discurso improvisado. Um repórter do canal de televisão SABC se aproximou dele no campo e perguntou: "Qual é a sensação de ter 62 mil torcedores apoiando vocês aqui no estádio?"

Sem pestanejar, ele respondeu: "Não tivemos 62 mil torcedores nos apoiando. Tivemos 43 milhões de sul-africanos."

Linga Moonsamy, caminhando para o campo um passo atrás de Mandela, olhou para a multidão acima, o antigo inimigo, gritando o nome de seu líder e se esforçou para se lembrar de que estavam de serviço e que, enquanto todos à sua volta estavam fora de si, ele tinha que manter a cabeça no lugar. Mas seu sangue frio profissional foi suficiente para se lembrar de que, antes de o jogo começar, tinha visto aquelas antigas bandeiras sul-africanas no canto direito do estádio. Então olhou novamente naquela direção. "Mas não", disse ele, "aquelas bandeiras tinham desaparecido. Havia apenas novas bandeiras sul-africanas. E as pessoas naquela área estavam se abraçando e chorando, como todo mundo. Então relaxei um pouco e me permiti pensar como aquele momento era importante para o país, como eu tinha feito tudo o que fizera na juventude, me arriscado, lutado por isso, sem nunca imaginar que tudo pelo que eu batalhara um dia se manifestaria em tão grande escala."

Tokyo Sexwale, que estava no estádio, compartilhou os sentimentos de Moonsamy. "Sentado lá, percebi que valeu a pena. Todos os anos na clandestinidade, nas trincheiras, deixando a vida pessoal de lado, longe de casa, na prisão, tudo tinha valido a pena. Aquilo era tudo que queríamos ver. E, de novo, 'Nelson! Nelson! Nelson!'. Ficamos lá e não sabíamos o que dizer. Eu tinha orgulho de estar sentado ao lado daquele homem com quem passara um tempo na prisão. Veja aonde ele chegou! Eu estava orgulhoso, muito orgulhoso, por ter ceado com os deuses..."

Os deuses, naquele momento, eram Mandela e Pienaar, o velho de verde, coroado rei de toda a África do Sul, entregando a taça a Pienaar, o jovem de verde, ungido naquele dia líder espiritual do reino africâner renascido.

Quando o capitão segurou a taça, Mandela pôs sua mão esquerda no ombro direito dele, olhou-o fixamente, apertou sua mão direita e disse: "François, muito obrigado pelo que você fez por nosso país."

Pienaar, olhando Mandela nos olhos, respondeu: "Não, Sr. Presidente. Eu que agradeço pelo que *o senhor* fez por nosso país."

Se tivesse se preparado para esse momento por toda a vida, não poderia ter se expressado de forma mais sincera. Segundo Desmond Tutu: "Aquela resposta foi elaborada no céu. Os seres humanos dão o melhor de si, mas aquelas palavras, naquele momento, bem... não podiam ter sido mais bem escolhidas."

Talvez, num roteiro de Hollywood, eles tivessem se abraçado. Esse foi um impulso que Pienaar confessou mais tarde quase ter seguido. Em vez disso, os dois apenas se olharam e deram uma gargalhada. De pé ao lado deles, vendo os dois juntos, Pienaar levantando a taça bem acima dos ombros enquanto Mandela, rindo, erguia os punhos fechados no ar, Morne du Plessis teve dificuldade de acreditar em seus próprios olhos. "Nunca tinha visto alegria tão completa", disse. "Ele estava olhando para François e só continuava sorrindo... e François olhando para Mandela... Que vínculo entre os dois!"

Foi demais para o teimoso Slabbert, veterano inflexível de milhares de batalhas políticas. "Quando François Pienaar disse aquilo no microfone, com Mandela lá ouvindo, rindo e acenando para a multidão com o boné, bem", disse Slabbert, "*todo mundo* estava chorando. Não restou um único rosto seco no estádio."

• • •

Não restou um rosto seco no país inteiro. O antigo ministro da Justiça e das Prisões do governo do "grande crocodilo", sentado em seu bar lotado na Cidade do Cabo, soluçava feito uma criança. Kobie

Coetsee não conseguia parar de pensar em seu primeiro encontro com Mandela, 10 anos antes. "Foi muito além de tudo o que tinha sido realizado. Foi o momento em que meu povo, adversário dele, aceitou Mandela. Senti que o momento era comparável à criação da nação americana. Foi a maior realização de Mandela. Vi os dois, ele e Pienaar, lá e chorei. Disse para mim mesmo: 'Agora valeu a pena. Toda a dor, tudo o que vivi valeu a pena. Isso confirma o milagre.' Foi assim que me senti."

Bem longe dali, na poeirenta Paballelo, Justice Bekebeke sentiu o mesmo. Cinco anos antes, estava no Corredor da Morte, mandado para lá por um dos juízes de Coetsee, mas aquilo de repente pareceu muito distante. "Eu estava no céu!", disse ele.

"Quando Joel Stransky marcou o *dropkick*, meus amigos comemoraram e pularam, assim como este "São Tomé". Eu me senti 100% sul-africano, mais que nunca. Estava tão eufórico quanto qualquer outro na sala. Ficamos completamente enlouquecidos. E depois que o apito final soou, depois que Mandela entregou a taça a Pienaar, saímos correndo pelas ruas. Assim como todo mundo em Paballelo. Cornetas soavam e toda a cidade foi para a rua dançar, cantar e comemorar."

Nessas mesmas ruas, Bekebeke matara o policial que tinha atirado contra uma criança; os policiais de choque tinham entrado em ação loucos de raiva na noite anterior ao proferimento das sentenças de morte dos 14 de Upington, dando cacetadas em todos que passavam pela frente, mandando 20 pessoas para o hospital.

"Foi surreal. E imaginar que essas cenas estavam sendo repetidas por toda a África do Sul negra só cinco anos após a libertação de Nelson Mandela, dois anos desde o assassinato de Chris Hani. Imaginar que eu estaria comemorando uma vitória do Springboks teria sido a coisa mais improvável no mundo. Mas, olhando para trás, não acreditava na minha indiferença naquela manhã da final, no meu descaso. Porque só havia uma maneira de descrever meus sentimentos agora: extrema euforia."

Em Paballelo, em Soweto, em Sharpeville e em milhares de outros vilarejos, grupos de jovens percorriam as ruas desarborizadas executando seu próprio Haka, a antiga dança bélica, o Toyi Toyi. Mas não eram desafiadores agora. Em vez disso, estavam tomados de orgulho nacional multirracial, comemorando a vitória do AmaBokoBoko.

Dos subúrbios ricos da Cidade do Cabo, Durban, Port Elizabeth e Johanesburgo surgiam relatos de senhoras brancas repudiando gerações de preconceitos e restrições e abraçando suas empregadas negras, dançando com elas nas ruas arborizadas de bairros sofisticados como Houghton. Pela primeira vez, os mundos paralelos do apartheid tinham se fundido, as duas metades tinham se juntado, mas em nenhum lugar de forma mais patente que em Johanesburgo e, principalmente, nas cercanias do Ellis Park, onde o Carnaval do Rio se juntou à liberação de Paris na comemoração verde do Springboks. Um senhor negro ficou no meio da rua fora do estádio, balançando uma bandeira sul-africana, gritando inúmeras vezes: "A África do Sul está livre agora. O Springboks nos libertou e nos encheu de orgulho."

Do outro lado da rua do Ellis Park ficavam os escritórios do jornal dominical negro, *City Press*. Khulu Sibiya, o editor do jornal, olhava boquiaberto para o espetáculo que via de sua janela. "Nunca tinha visto tantos negros comemorando nas ruas. Nunca. Na verdade, os artigos no dia seguinte falaram mais da surpreendente comemoração dos negros do que sobre Pienaar e a taça em si. Foi incrível."

O arcebispo Tutu, que também tinha faro para notícias, concordou. As comemorações negras *foram* a história. "O que vimos naquele dia foi uma revolução", disse Tutu, alegre por ter vivido para ver seu país dar origem a um novo modelo de revolução, uma revolução em que o inimigo não era combatido, mas transformado em aliado; uma revolução que, em vez de dividir as pessoas, as unia. "Se você tivesse previsto um ano – ou até mesmo meses – antes que as pessoas estariam dançando nas ruas de Soweto para comemorar uma vitória do Springboks, a maioria teria dito: 'Você ficou muito tempo sentado debaixo do sol da África do Sul, ele afetou seu cérebro.'", disse Tutu. "Aquela partida fez por nós o que discursos de políticos ou religiosos não conseguiram fazer. Ela nos deu vida, nos fez perceber que de fato era possível ficarmos do mesmo lado. Ela nos disse que era possível nos tornarmos uma nação."

A inevitável histeria patriótica nos jornais sul-africanos na manhã seguinte, a sensação de que o país tinha mudado para sempre, foi resumida num artigo de oito colunas na primeira página de um jornal que teve a boa sorte de nascer naquele mesmo dia, o *Sunday Independent*. "Triunfo dos Guerreiros Arco-Íris", anunciava a primeira edição do jornal. A imprensa estrangeira também aproveitou a deixa, com os comentaristas esportivos quase se esquecendo de escrever sobre o jogo em si, como o repórter especialista em rúgbi do *Sydney Morning Herald,* que começou sua matéria da seguinte forma: "A África do Sul enfaticamente tornou-se 'um time, um país' ontem, quando a Nação Arco-íris entrou em êxtase." Acrescentando, numa referência ao final da Segunda Guerra Mundial: "Foi como reviver o Dia da Vitória, envolvendo ondas semelhantes de paixão e a sensação de que algo solene e inesquecível tinha acabado de acontecer."

Van Zyl Slabbert, um homem grande, bôer até a raiz dos cabelos, se viu no meio de uma histeria pós-jogo. "Saí nas ruas, repletas de negros dançando, e tive dificuldade de chegar em casa, então peguei um táxi de negros." "Um táxi de negros" é metade um ônibus, metade um táxi tradicional, um veículo que se chama na rua, mas que percorre um caminho regular e leva uma dúzia de pessoas. É "de negros" porque sempre foi um meio de transporte usado pelos negros sul-africanos; os brancos quase sempre tinham seu próprio carro. O que Slabbert fez, acenar e pegar um desses veículos, foi uma coisa sem precedentes, principalmente para habitantes dos bairros sofisticados ao norte, perto de Houghton, onde ele vivia. "Subi e as pessoas estavam rindo e gritando, comemorando com tanta alegria quanto os bôeres dentro do Ellis Park. Falei para o motorista que ele podia me deixar no Centro Cívico, no centro da cidade, mas ele me perguntou para onde eu estava indo. Disse que minha casa ficava nos subúrbios ao norte, mas que no Centro Cívico estava ótimo, imaginando que provavelmente estaria na sua rota. Mas o motorista foi muito persistente. Disse que não, que me levaria em casa, que ficava cerca de meia hora saindo do caminho dele, e, com o trânsito e o tumulto daquele dia, provavelmente mais. Então eu disse que tudo bem, mas e 'quanto a todas aquelas pessoas no táxi, que estava lotado?'. Todos gritaram que não tinha problema nenhum. Que aproveitariam o passeio. Estavam tão felizes, disseram eles, que nada mais importava. Por fim, chegamos em casa e, ao descer, perguntei ao motorista: 'Quanto é?' Ele sorriu e disse: 'Nada. Hoje é de graça para todo mundo.'"

Ninguém no táxi, lembrou Slabbert, entendia muito de rúgbi, mas isso não prejudicou a comemoração geral em Johanesburgo, muito menos a 800 quilômetros dali, em Paballelo. "No meu vilarejo, entre o meu povo, não havia ninguém que gostasse de rúgbi", disse Bekebeke. "Mas, naquele dia... até a minha mãe estava comemorando. Estávamos festejando como sul-africanos, como uma nação. E no fundo sabíamos que o Springboks tinha vencido porque tínhamos incentivado os jogadores. Foi um dia fenomenal! Uma democracia jovem e imatura, mas havia um símbolo de nossa transformação, Mandela. Quando ele levantou a taça, a vitória foi nossa. Sabíamos enfim que éramos uma nação vencedora."

Arrie Rossouw, o jornalista africâner que se encontrou com Mandela em Soweto no dia seguinte à sua libertação, endossa essa ideia, mas ainda com mais emoção porque ele, como sul-africano branco, também se sentira um fracassado, um pária, aos olhos do mundo. "Não éramos mais os vilões", disse Rossouw. "Não só tínhamos ganhado, mas o mundo realmente queria que ganhássemos. Percebe o que isso significava para nós? Que alegria? Que enorme alívio?"

Tokyo Sexwale disse que Mandela tinha libertado os brancos do medo. Era verdade, mas foi mais profundo que isso. Ele os libertou num sentido mais amplo. Foi uma redenção, aos seus próprios olhos e aos olhos do mundo.

E então ele os tornou campeões do mundo. Kobus Wiese, François Pienaar, Hennie le Roux, Chester Williams, James Small: todos eles concordaram, o fator Mandela tinha sido decisivo. Eles tinham vencido o jogo por ele e por meio dele. "Os jogadores sabiam que o país tinha um rosto e um nome", disse Le Roux. "Estávamos jogando para a África do Sul, mas também estávamos jogando para não decepcioná-lo, o que acabava dando no mesmo."

"Tudo se encaixou perfeitamente: nossa vontade de ser o time da nação e o desejo dele de nos tornar o time nacional", disse Morné du Plessis. "Veio no momento certo. E estou convencido de que foi por isso que ganhamos a Copa do Mundo."

Até Louis Luyt concordou: "Não teríamos vencido sem Mandela. Quando desci com ele para ver os jogadores no vestiário antes da partida, fui testemunha de que ele os colocou 100% para cima. Acima de tudo, foi por ele que aqueles garotos venceram."

Morné du Plessis sentiu que aquele seria o dia da África do Sul no momento em que viu Mandela na beira do campo com a camisa do Springboks sendo aclamado pela multidão. "Digo isso sem qualquer desrespeito ao time verdadeiramente memorável do All Blacks, mas a grandiosidade do homem que estava nos apoiando e a força que emanava dele me pareceram um pouco injustas." Sean Fitzpatrick, o formidável capitão do All Blacks, admitiu mais tarde que Du Plessis tinha razão, que ele realmente sentiu uma certa admiração ao ouvir a reação da multidão diante de Mandela. "Nós os ouvimos gritar seu nome", disse Fitzpatrick, "e pensamos: 'Como vamos derrotar esses caras?'"

Fitzpatrick entendeu, tarde demais, que seu time podia ter Jonah Lomu, mas os outros estavam jogando com um homem a mais; eles tinham uma arma secreta contra a qual o melhor time de rúgbi da história não podia fazer nada. Joel Stransky pode ter levado o crédito pela vitória, mas o atribuiu ao 16.º homem do Springboks. "O impacto que ele exerceu sobre os jogadores foi imensurável. Aquele dia foi a realização de um conto de fadas, com Mandela como protagonista. Ele venceu por nós."

E naquele dia ele se regozijou com o feito. O percurso do estádio para casa levou três vezes mais tempo do que o esperado, mas, como disse Moonsamy, podia ter levado seis vezes mais tempo e Mandela teria pedido mais. "Todos os nossos planos foram por água abaixo. Nosso caminho estava absolutamente engarrafado. A cidade toda estava tomada por uma grande festa nas ruas. Mas ele estava adorando cada minuto."

Moonsamy continuou alerta, mas agora a ideia de que alguém pudesse querer assassinar Mandela parecia improvável até para ele. Quando o comboio de quatro carros finalmente voltou a Houghton, uma pequena multidão estava de pé do lado de fora de sua casa, comemorando. Quando Mandela desceu da Mercedes para cumprimentar as pessoas, uma senhora idosa veio até ele. Moonsamy ficou um pouco assustado ao ouvir o pequeno discurso que ela fez para Mandela, declarando que até aquela tarde tinha sido membro do AWB, mas agora, completou: "Vou pedir afastamento."

Estava escuro, por volta de 18h30. Mandela liberou seus guarda-costas. "Rapazes", disse ele, "saiam e se divirtam."

Eles cumpriram a ordem ao pé da letra. "Fui para casa, passando pelas multidões", disse Moonsamy, "e então meu cunhado, sua esposa e seus filhos junto comigo e minha família fomos andando até Randburg Waterfront, onde as multidões estavam se reunindo para comemorar. Lá, vi a África do Sul se transformar numa só. Brancos e negros se abraçando, rindo e chorando até tarde da noite."

• • •

Mandela optou por uma noite tranquila em sua casa. "Voltei do jogo e fiquei aqui em casa, feliz e refletindo" – e seguindo suas rotinas invioláveis. Assistiu ao noticiário na TV em inglês às 19 horas e depois em xosa às 19h30. Às 19h50 jantou sua refeição leve – coxa de frango com osso e pele, batata-doce e cenouras. Só isso. Antes de ir para a cama, uma hora mais tarde, sentou-se sozinho na sala de estar para refletir, como fazia na prisão todas as noites antes de dormir. O que o surpreendeu e gratificou foi como acabara sendo o centro das atenções. Pois entendeu que, por trás daquele clamor espontâneo da multidão de brancos no Ellis Park – aquele "Nelson! Nelson!" –, residia uma evidência clara de que seu trabalho árduo tinha valido a pena. Ao homenageá-lo, estavam rendendo tributo ao alto valor do "não racismo" pelo qual tinha suportado 27 anos de prisão. Eles estavam pedindo perdão e aceitando sua inclusão e, por meio dele, a inclusão generosa de toda a África do Sul negra. Tudo tinha começado com Kobie Coetsee naquele dia no hospital, em novembro de 1985, o primeiro de seus inimigos cujos coração e mente ele havia conquistado. Depois Niël Barnard, P. W. Botha, a mídia africâner, De Klerk e seus ministros, o alto comando da SADF, Constand Viljoen e seus companheiros generais radicais do Volksfront africâner, Eddie Von Maltitz, John Reinders e o resto da equipe no Union Buildings, Morné du Plessis, Kobus Wiese, François Pienaar: um após outro, todos se renderam até o dia da final da Copa do Mundo, quando conquistou todos eles.

"Foi um dia para ser lembrado", disse Mandela, com um sorriso que iluminou toda a sala de estar, a mesma em que ele se sentou e saboreou a vitória naquela noite de 24 de junho de 1995. "Nunca imaginei que a vitória na Copa do Mundo teria tal impacto direcionado para um indivíduo. Nunca esperei isso. E tudo o que estava fazendo era continuar meu trabalho de mobilização dos sul-africanos para apoiar o rúgbi e influenciar os africâneres, principalmente para a construção da nação."

"Influenciar" era uma forma de ver a coisa. A maior missão de seu mandato, garantir as fundações da nova nação, "construir sul-africanos", tinha sido concluída não em cinco anos, mas em um. De um só golpe, ele matara a ameaça da direita. A África do Sul estava politicamente mais estável agora do que em qualquer momento desde a chegada dos primeiros colonizadores brancos, em 1652.

O jornal *Die Burger* resumiu tudo muito bem. Notando que "o isolamento esportivo tinha sido uma das principais pressões que precipitaram a mudança política", o jornal disse: "Não é irônico que o rúgbi tenha se tornado uma força unificadora quando, por tanto tempo, serviu para nos isolar do mundo? Pois não há mais dúvida de que o Springboks uniu o país mais do que qualquer fato desde o nascimento da África do Sul."

John Robbie, que tivera direitistas belicosos telefonando para seu programa de rádio todo dia, explicou em palavras mais simples: "A partir daquele dia, soubemos que tudo ficaria bem."

Mais direto ainda foi Constand Viljoen. As preocupações que o atormentaram, o pensamento de que poderia ter errado ao escolher as eleições em vez de uma guerra bôer pela liberdade, ou que uma guerra ainda poderia ser deflagrada sem ele, se foram. "Esse evento esportivo me convenceu de que tinha tomado a decisão certa", disse. O alívio do general Viljoen surgiu da compreensão de que, quando as hordas de torcedores entoaram "Nelson! Nelson!", uma enorme responsabilidade tinha sido retirada de seus ombros. Com aquele gesto, o povo africâner estava transferindo a responsabilidade do general para eles mesmos, tornando a devoção dele por Mandela a devoção de todo um povo.

"Vê-lo, o ícone do povo negro, usar radiante a camisa do Springboks foi profundamente estimulante para mim. Tinha sido muito difícil tomar uma decisão e nunca imaginei que me veria justificado de uma forma tão espetacular."

Nesse sentimento, seu irmão Braam, o gêmeo "bom", finalmente encontrou algo em comum com Constand. "Estivera exposto à ira da política africâner toda a minha vida, e o fato de que isso possa ter acontecido é, para mim, um milagre", refletiu. "O carisma desse homem! A liderança de Mandela! Ele pegou meu irmão pelo braço e não o deixou ir embora."

Mandela tinha algum defeito? Sisulu o conheceu melhor que ninguém. Sua resposta é que seu velho amigo tende a confiar demais nas pessoas, a acreditar em boas intenções rápido demais. "Quando confia em alguém, vai até o fim." Mas então Sisulu pensou um pouco no que tinha dito e acrescentou: "Mas talvez isso não seja um defeito... Porque a verdade é que ele não nos decepcionou por conta dessa confiança que tinha nas pessoas."

A fraqueza de Mandela foi sua maior força. Ele venceu porque escolheu ver o bem em indivíduos que 99 em cada 100 pessoas teriam julgado sem salvação. Se as Nações Unidas consideraram o apartheid um crime contra a humanidade, então ninguém seria mais criminoso que o ministro da Justiça, o chefe da Inteligência, o alto comandante militar e o chefe de Estado do apartheid. Mas Mandela voltou sua atenção para a parte essencial onde se escondiam os melhores sentimentos de cada pessoa e extraiu a bondade de dentro delas. Não só Coetsee, Barnard, Viljoen e P. W. Botha, mas os partidários políticos ignorantes do apartheid – os guardas da prisão, Badenhorst, Reinders – e seus cúmplices desatentos – Pienaar, Wiese, Luyt. Ao mirar e trazer à tona o que havia de melhor neles e em cada sul-africano branco que assistiu ao jogo de rúgbi naquele dia, ele lhes ofereceu o presente inestimável de fazer com que se sentissem pessoas melhores, em alguns casos transformando-os em heróis.

Sua arma secreta era que pressupunha não só que iria gostar das pessoas que encontrasse, mas também que elas gostariam dele. Essa sua grande confiança em si mesmo e nos outros era uma combinação irresistível e capaz de desarmar qualquer um.

Esta era uma arma tão poderosa que fez surgir um novo tipo de revolução. Em vez de eliminar o inimigo e começar do zero, o inimigo era incorporado numa nova ordem deliberadamente construída sobre as fundações da antiga. Concebendo sua revolução não como a destruição do apartheid, mas, de forma mais resistente, como a unificação e a reconciliação de todos os sul-africanos, Mandela rompeu com os moldes históricos.

Porém, como sua reação à resposta da multidão no Ellis Park mostrou, ele se surpreendeu ao longo do caminho. Ele subestimou o poder de seu charme.

Num domingo, poucas semanas após a vitória do Springboks,

Nelson Mandela visitou uma igreja em Pretória. Era um templo da Igreja Reformada Holandesa, a instituição que outrora buscara uma justificativa bíblica para o apartheid; que tinha convencido Constand Viljoen de que havia paraísos separados para brancos e negros; que tinha exilado seu irmão Braam por ter chamado a nova doutrina de heresia. "Foi nessa ocasião", disse Mandela, com os olhos brilhando, "que vi que o impacto da partida de rúgbi ia durar, que a atitude dos africâneres em relação a mim tinha realmente mudado por completo." Durante o serviço religioso, dirigiu-se aos fiéis em africâner e depois eles o rodearam do lado de fora da igreja, se amontoando como se estivessem numa jogada de rúgbi. Isso era exatamente o que tinha acontecido com ele numa centena de manifestações do CNA em vilarejos de norte a sul do país. Aonde quer que ele fosse, os negros o tratavam como se fosse uma mistura de Michael Jordan, Evita Perón e Jesus Cristo. Agora os brancos estavam fazendo a mesma coisa. "Da multidão, mãos esticadas queriam me cumprimentar. E as mulheres queriam beijar o meu rosto! As pessoas eram tão espontâneas, tão entusiasmadas. Elas se acotovelavam e fui levado pela multidão. Perdi um sapato. Você acredita? Perdi um sapato!"

Mandela estava se dobrando de rir ao contar o caso. Ria porque era engraçado, mas também porque estava descrevendo a realização do sonho de uma vida, o momento em que entendeu que a África do Sul finalmente era um só país.

# EPÍLOGO

Doze anos depois da final da Copa do Mundo de Rúgbi, em agosto de 2007, uma estátua de bronze de Nelson Mandela foi inaugurada na Praça do Parlamento, em Londres, ao lado das de Abraham Lincoln e Winston Churchill. Ao cobrir o evento, um jornal britânico descreveu Mandela como um "líder negro". Presumo que a intenção não era ofendê-lo, mas ainda soava vagamente insultante. Era como descrever Lincoln ou Churchill apenas como "líderes brancos".

Identificar Mandela por sua raça é diminuí-lo e perder o foco. Tony Benn, um parlamentar britânico veterano, foi mais bem-sucedido ao descrever Mandela na cerimônia de inauguração da estátua como "o presidente da humanidade".

Contudo, também não era preciso imaginar que Mandela, então com 89 anos, fosse algum tipo de aberração da natureza. Quando chegou sua vez de falar, ele se expressou numa voz baixa mas firme: "Apesar de essa ser a estátua de um homem, ela deve simbolizar todos aqueles que resistiram à opressão, principalmente no meu país."

A modéstia de Mandela às vezes pode ter sido afetada, mas não o foi nessa ocasião. Ele era a expressão do melhor que seu país tinha a oferecer. Vi isso por mim mesmo várias vezes nos seis anos em que morei na África do Sul, entre 1989 e 1995, uma época em que, em meio ao esperançoso movimento de progresso, uma incrível violência ainda acontecia nos vilarejos negros, principalmente nos próximos a Johanesburgo, onde vivi. A melhor coisa da África do Sul não era Mandela, mas que o país estava cheio de mini-Mandelas, de pessoas como Justice Bekebeke, sua namorada, Selina, ou "Terror" Lekota, o governador do Estado Livre de Orange que convidou Eddie von Maltitz para sua festa de aniversário.

A primeira vez que entrevistei Mandela, no início de 1993, perguntei a ele como a mensagem de "não racismo" do CNA tinha atraído a África do Sul à custa do vingativo slogan "um colonizador, uma bala" do partido adversário, o PAC. Ele respondeu que a história tinha mostrado que seu povo era caloroso, gentil e generoso, mesmo ao lidar com seus inimigos. "A amargura não entra em cena", disse, "mesmo quando combatemos algo que achamos errado." A mensagem do Congresso Nacional Africano tinha "apenas consolidado esse padrão histórico".

Pude constatar que isso era verdade por experiência própria. Mas não era uma verdade absoluta. Uma liderança diferente no CNA poderia ter escolhido a opção mais fácil de insistir na indignidade e no sofrimento pelos quais a África do Sul negra tinha passado e canalizar isso para um confronto violento. Foi necessária uma rara sabedoria para que Mandela dissesse a seu povo, como repetiu para mim nessa mesma entrevista: "Entendo a sua raiva. Mas, se você está construindo uma nova África do Sul, tem que estar preparado para trabalhar com pessoas de que não gosta."

Seu pragmatismo generoso era muito improvável, dado o padrão histórico de sua própria vida. Albert Camus escreveu em seu livro *O homem revoltado*:[1] "Vinte e sete anos na prisão, de fato, não produzem uma inteligência muito conciliatória. Um confinamento tão longo transforma o homem num fraco ou num assassino – às vezes nos dois." Em sua defesa, deve-se dizer que o filósofo francês morreu em 1960,

[1] CAMUS, Albert. *O homem revoltado*. Rio de Janeiro: Record, 2005.

antes mesmo de Mandela ser preso. Poucos teriam negado a lógica do que Camus escreveu. Mandela foi o primeiro e muito provavelmente o último. Ele foi para a África do Sul o que George Washington foi para os Estados Unidos, o homem indispensável. Como o arcebispo Tutu observou: "Sabe, nunca teríamos conseguido fazer isso sem ele."

Mandela evitou que uma guerra fosse deflagrada, mas isso não quer dizer que ele tenha legado à África do Sul um estado de perfeita paz e harmonia, não mais do que Washington fez com os Estados Unidos. Depois do apartheid, a África do Sul difundiu sua singularidade no mundo, deixou de ser um exemplo de injustiça e de deter o título (totalmente merecido) de bode expiatório da incapacidade humana de superar seus antagonismos raciais, tribais, nacionalistas, ideológicos e religiosos. Tornou-se um país com os mesmos desafios que outros em circunstâncias econômicas semelhantes: como fornecer habitação para os pobres, como combater a criminalidade, como lutar contra a AIDS. E havia corrupção, havia exemplos amargos de favorecimentos políticos, havia dúvidas quanto à eficiência do CNA no governo. E a desgraça eterna da humanidade, o problema retrógrado da cor da pele, também não desapareceu num passe de mágica, apesar de, no início do século XXI, a transformação ser tão grande que não há muitos outros países em que cidadãos negros e brancos se misturam tão naturalmente quanto na África do Sul.

Também foi verdade que os fundamentos políticos permaneceram tão sólidos quanto Mandela os tinha deixado no final de seu mandato de cinco anos como presidente: o país permanecia um modelo de estabilidade democrática e a imposição da lei continuava firme.

Se vai ser assim para sempre, não há como saber. O que perdurará é o exemplo de Mandela e aquele lampejo de utopia que seu povo teve do alto da montanha para a qual ele os guiou em 24 de junho de 1995. Quando perguntei a Tutu qual seria o exemplo duradouro daquele dia, ele respondeu: "É simples. Um amigo de Nova York deu a resposta quando me disse: 'Sabe, o mais importante de tudo de bom que aconteceu é que pode acontecer de novo.' Simples assim."

# ONDE ESTÃO ELES?

Nelson Mandela: poucas semanas antes de seu aniversário de 86 anos, em junho de 2004, convocou uma coletiva de imprensa para anunciar sua aposentadoria. No final da entrevista, disse: "Muito obrigado por sua atenção, e obrigado por sua gentileza com um velho homem – permitindo-lhe ter um descanso, mesmo que muitos de vocês achem que depois de vadiar por aí numa ilha e em outros lugares por 27 anos o descanso não seja merecido de verdade." Desde então tem se dedicado a seus três projetos sociais pessoais: a Mandela Rhodes Foundation, a Nelson Mandela Foundation e o Nelson Mandela Children's Fund, dedicados respectivamente a promover a educação, combater a pobreza e lutar contra o HIV e a AIDS.

AWB: um editorial no informativo da organização, o *Storm*, publicado em 2002, disse: "Desde a eleição de 1994, as organizações africâneres patrióticas ficaram debilitadas pela incerteza existente entre seus apoiadores sobre se deveriam votar ou não. A unidade que existia antes da eleição de 1994 foi destruída. Nosso povo está desapontado que o CNA tenha assumido o poder e um sentimento de impotência se apoderou de nós. Desde então a atitude tem sido de 'cada um por si' e todo o interesse pela política desapareceu."

BRAAM VILJOEN: dedica suas horas de trabalho à sua fazenda ao norte de Pretória. Ele e o irmão estão mais próximos do que jamais estiveram desde a infância. Eles gostam de conversar sobre política.

CHRISTO BRAND: dirige a loja de turismo oficial na ilha Robben. Seu filho Riaan, o bebê que Mandela segurou em segredo na prisão, morreu num acidente de carro em 2005. Mandela, cujo filho também morreu num acidente de carro, quase com a mesma idade, enquanto ele ainda estava preso na ilha Robben, viajou para a Cidade do Cabo para confortar seu ex-carcereiro.

CONSTAND VILJOEN: dirige uma fazenda pacificamente no que agora é chamada de Província de Mpumalanga (antigo Transvaal Oriental) e às vezes tira férias na Cidade do Cabo, onde se hospeda com sua mulher numa casa no litoral, própria para militares aposentados, chamada de "El Alamein".

EDDIE VON MALTITZ: ainda vive em sua fazenda no Estado Livre de Orange, usa uniforme militar camuflado, carrega sua arma e liga para estações de rádio sul-africanas para denunciar injustiças.

EUGENE TERREBLANCHE: o líder da extrema direita do Movimento de Resistência Africâner (AWB) foi preso em 1997 por lesão corporal grave e tentativa de assassinato, ambas envolvendo negros indefesos. Foi solto em 2004 e agora faz sermões pregando o arrependimento e a salvação.

FRANÇOIS PIENAAR: trabalha como executivo sênior do First National Bank, na Cidade do Cabo. Mandela, que é padrinho de seu filho mais velho, Jean, convidou François, sua esposa, Nerie, e seus filhos para se hospedarem em sua casa várias vezes. Mandela apelidou o filho mais novo de Pienaar, Stephane, de "Gora", que significa "corajoso" em xosa.

Justice Bekebeke: tornou-se comissário eleitoral chefe da Província de Northern Cape e em 2004, fez parte de uma equipe de monitores internacionais independentes que viajaram para os Estados Unidos para ajudar a atestar que as eleições presidenciais naquele ano foram livres e justas.

Kobie Coetsee: morreu de ataque cardíaco aos 69 anos, em 2000. Mandela disse: "Sempre lembraremos com carinho de Kobie Coetsee como um dos maiores arquitetos da transição para uma África do Sul democrática. Entristece-nos que tenha falecido antes de nós, e quem dera o país pudesse prestar o tributo adequado a esse homem calmo e despretensioso por suas contribuições pioneiras cujos frutos saboreamos agora."

Linga Moonsamy: é chefe de segurança da companhia aérea South African Airways e continua amigo de Mandela. É casado com uma sobrinha da esposa de Mandela, Graça Machel, e está sempre no almoço de domingo da casa do amigo.

Morné du Plessis: dirige o Instituto de Ciências do Esporte da África do Sul e é membro da Academia Mundial de Esportes, uma organização de ex-grandes atletas que inclui Jack Nicklaus, Dan Marino, Martina Navratilova e *sir* Bobby Charlton. Uma vez por ano eles se reúnem para escolher os vencedores do Prêmio Mundial Esportivo Laureus, o equivalente mais próximo nos esportes ao Oscar.

Nicholas Haysom: trabalhou para as Nações Unidas na resolução de conflitos e construção da nação no Líbano, Nigéria, Indonésia, Filipinas, Timor Leste, Sudão, Somália, Sri Lanka, Lesoto, Colômbia, Congo, Tanzânia, Zimbábue, Quênia, Nepal, Mianmar e Iraque, antes de ser nomeado diretor para assuntos políticos do Gabinete Executivo do Secretário Geral da ONU.

NIËL BARNARD: ocupou um cargo importante no Partido Nacionalista durante o governo de poder compartilhado de Mandela e permaneceu nele até agosto de 1996, quando Mandela lhe ofereceu um banquete de despedida em sua residência oficial em Pretória para homenagear sua contribuição à mudança pacífica. Hoje trabalha como consultor, usando sua "experiência e conhecimento", como ele próprio explica, aconselhando líderes africanos por todo o continente "sobre governo e governança".

P. W. BOTHA: morreu de ataque cardíaco aos 90 anos, em 2006. Mandela enviou as condolências à sua família e disse: "Enquanto para muitos o Sr. Botha permanecerá um símbolo do apartheid, também o lembraremos pelas providências que tomou para abrir o caminho para as negociações que possibilitaram o acordo pacífico em nosso país."

SPRINGBOKS: o time voltou a vencer a Copa do Mundo de Rúgbi em 2007, derrotando a Inglaterra na final, ainda usando a camisa verde e dourada. Novamente, o país inteiro – negros, brancos e todos os tons intermediários – explodiu em comemorações.

TOKYO SEXWALE: filantropo e homem de negócios milionário, com participações em empresas de diamantes e platina, continua sendo o líder do CNA.

# AGRADECIMENTOS

Antes de tudo, muito obrigado a todos os envolvidos no drama sul-africano que se dispuseram a conversar comigo para que eu pudesse escrever este livro.

Agradeço a Pearlie Joubert, por marcar as entrevistas e por ter sido tão legal; a Stephen Glover e a Andreas Whittam Smith por terem me nomeado chefe da sucursal sul-africana do jornal londrino *Independent* – se não tivessem depositado tanta confiança em mim em 1989, este livro nunca teria acontecido; e a Javier Moreno, meu chefe atual no *El País*, por me conceder tempo para escrevê-lo.

Obrigado a minha editora em Barcelona, Elena Ramírez, por sua contribuição imensurável.

Zelda la Grange foi muito gentil. Assim como Moegsien Williams e Kathy Macfarlane, do *Star* de Johanesburgo, Amanda Oosthuizen, do *Die Burger*, e Marietta Van Wyk.

Indra Delanerolle, David Fanning, Sara Blecher, Sharon Cort, Cliff Bestall, Lindy Wilson e todo o pessoal que fez o documentário para TV sobre Mandela: muito obrigado.

Obrigado a amigos e conhecidos que incentivaram, sugeriram e encorajaram, e a quem devo muito, incluindo (aqueles a quem esqueci, por favor me perdoem) Daniel Tanzer, James Lemoyne, Peter Ettedgui, Mark Phillips, Wim Trengrove, Stephen Robinson, Jorge

Valdano, Jeremy Thompson, Tony O'Reilly, Teresa Rioné, Morgan Freeman, Sebastian Spear, Jayendra Naidoo e Tony Peckman.

Agradecimentos especiais a Lauren Jacobson e Keith Coleman, Michael Shipster, Joaquín Villalobos e Kobus Jordaan, amigos queridos e muito generosos.

Anne Edelstein, minha agente em Barcelona residente em Nova York, foi decisiva. Sem o encorajamento entusiasmado que ela me deu talvez este livro nunca tivesse acontecido. Graças a ela, encontrei meu editor, Eamon Dolan. Se este livro tem algum valor, grande parte do crédito deve ir para Eamon – um trabalhador brilhante, incansável e apaixonado. Ainda não posso acreditar como tive sorte.

Por fim, agradeço à África do Sul por ter compartilhado seus segredos e seus gênios comigo. Obrigado a Nelson Mandela e aos milhares de Mandelas menos famosos, de todos os tons de pele, a quem tive a imensa sorte de encontrar no tempo em que passei lá, cujo espírito generoso infunde o melhor que este livro tem a oferecer. Penso em Justice Bekebeke, penso em Walter Sisulu e Ahmed Kathrada, penso em meu velho amigo Mandla Mthembu (que salvou minha vida pelo menos uma vez), penso em Kader Asmal, Terror Lekota, John Battersby, Dudu Chili, Cyril Ramaphosa, Shaun Johnson, Ronnie Kasrils, Jacques Pauw, Gill Marcus, Debora Patta, Carl Niehaus, Max du Preez, Henrietta Mqokomiso, Halton Cheadle, Aziz Pahad, Ali Bacher, Anton Lubowski, Andy Durbach, Brian Currin, Desmond Tutu, Tim Smith, John Allen, Helen Suzman, e penso no falecido grande Bhezi Mkhize, o homem mais educado, corajoso e nobre e com o maior coração que conheci em todos os tempos. Ele iluminou a África do Sul para mim como o sol.

# NOTA SOBRE FONTES

Praticamente todo o material usado nesta edição foram as entrevistas que fiz ou especificamente para este livro, entre 2000 e 2007, ou no curso do meu trabalho jornalístico geral, depois que fui morar na África do Sul em 1989. Um projeto no qual estive envolvido, um documentário para a TV sobre Mandela, transmitido pela PBS (*The Long Walk of Nelson Mandela*), pela SABC (*The First Accused*) e por outras estações em 1999, foi especialmente valioso. Alguns livros também se mostraram muito úteis, entre eles: a autobiografia de Mandela, *Longo caminho para a liberdade*; *Mandela: The Authorized Biography*, de Anthony Sampson; *Rainbow Warrior*, de François Pienaar; *Days of the Generals*, de Hilton Hamann; *One Team, One Country*, de Edward Griffiths; *Anatomy of a Miracle*, de Patti Waldmeir; *One Step Behind Mandela*, de Rory Steyn e Debora Patta; *Apartheid: The Lighter Side*, de Ben Maclennan; *The Other Side of History*, de Frederick van Zyl Slabbert; e *A Common Purpose: The Story of the Upington 25*, de Andrea Durbach.

# INFORMAÇÕES SOBRE OS PRÓXIMOS LANÇAMENTOS

Para receber informações sobre os lançamentos da Editora Sextante, basta cadastrar-se diretamente no site www.sextante.com.br

Para saber mais sobre nossos títulos e autores, e enviar seus comentários sobre este livro, visite o nosso site www.sextante.com.br ou mande um e-mail para atendimento@esextante.com.br

Editora Sextante
Rua Voluntários da Pátria, 45 / 1.404 – Botafogo
Rio de Janeiro – RJ – 22270-000 – Brasil
Telefone (21) 2286-9944 – Fax (21) 2286-9244
E-mail: atendimento@esextante.com.br